Xin Bian
Jichu Kuaijixue

新编
基础会计学

主　编　王　霞　段雪梅
副主编　张春国　曾馨瑢　古力

西南财经大学出版社

图书在版编目(CIP)数据

新编基础会计学/王霞,段雪梅主编.—成都:西南财经大学出版社,2012.8(2014.2重印)

ISBN 978-7-5504-0819-7

Ⅰ.①新… Ⅱ.①王…②段… Ⅲ.①会计学 Ⅳ.①F230

中国版本图书馆 CIP 数据核字(2012)第 194235 号

新编基础会计学

主　编:王　霞　段雪梅
副主编:张春国　曾馨瑢　古　力

责任编辑:张　岚
助理编辑:高小田
封面设计:杨红鹰
责任印制:封俊川

出版发行	西南财经大学出版社(四川省成都市光华村街55号)
网　　址	http://www.bookcj.com
电子邮件	bookcj@foxmail.com
邮政编码	610074
电　　话	028-87353785　87352368
照　　排	四川胜翔数码印务设计有限公司
印　　刷	郫县犀浦印刷厂
成品尺寸	185mm×260mm
印　　张	18
字　　数	395 千字
版　　次	2012 年 8 月第 1 版
印　　次	2014 年 2 月第 2 次印刷
印　　数	3001—5000 册
书　　号	ISBN 978-7-5504-0819-7
定　　价	36.00 元

1. 版权所有,翻印必究。
2. 如有印刷、装订等差错,可向本社营销部调换。
3. 本书封底无本社数码防伪标志,不得销售。

前　言

在现代经济社会中，会计的作用不言而喻。会计作为一门通用的"商业语言"，是身处现代经济社会中的人才必须具备的外语、计算机以外的语言素质之一。

近年来，四川理工学院会计学院的会计学专业发展势头良好，2009年本院的"会计学专业省级特色专业建设"成功立项，2011年会计学院的"会计学专业综合改革"申报四川省高等教育质量工程也得以成功立项，而教材的建设是其中一个重要的子项目。

基础会计课程是会计学知识体系中的入门课程，对于后续相关课程的学习以及职业素质的培养具有十分重要的奠基意义。该课程对于初学者具有理论较为抽象、基本原理与方法应用性要求高、理论与单位经济活动实践联系紧密等特点。然而，对于没有经济活动实际感受的初学者，一直以来，基础会计课程的教与学都脱离不了"空洞"的困扰。因此，教材的适用性就显得十分重要了。

基础会计教学的基本价值取向应该是为学生的终身学习奠定基础，要以培育学生的未来职业竞争力为导向，以激发学生学习会计的兴趣，培养会计应用能力为根本出发点。因此，本教材以专业理论知识传授与应用技能培养为主旨，在编写过程中融会了编者多年课堂教学经验和教学改革成果体会，以会计工作过程与企业经济活动规律为导向，运用链条化设计理念，并充分考虑了会计实践和会计职业岗位基础内容的要求，对会计基本理论进行了精炼的传承，也对当代会计学科的发展进行了严谨诠释与尽可能形象化的呈现。

具体来看，本教材主要在以下几方面进行了尝试：

（1）在内容的编排上，综合体现两个循环的需要。经济组织中的会计工作是一个从经济业务和事项确认到系列凭证填制再到报表编制的一个受到规范约束、有序、周而复始的循环；而会计工作具体反映的内容又是经济组织经济活动的循环过程。本教材教学内容及顺序安排源于会计工作实践，按照会计工作过程来组织，根据会计工作要求来设置，意在让学生知道所有内容均是会计工作服务于经济组织经济活动反映及管理所必需的，贯穿其中的基本理论与技能都是会计这一重要经济管理手段得以实施的要件，是会计职业必备的基本能力。

（2）对于理论的阐述，本教材努力做到"简练而不简单""深入而又浅出"。经济组织中的经济现象十分复杂，作为经济现象反映载体的财务信息也纷繁复杂，变幻莫测。权责发生制、复式记账法、财务报表的结构与勾稽关系等会计基础理论则是会计殿堂的"敲门砖"，这些理论的理解与掌握将直接决定学习者的职业判断水平，本教材对这些具有奠基意义的基本理论的阐述尽可能做到准确而深入；同时，在具体介绍时尽可能把复杂问题简单化，通过案例、图示等方法把理论问题立体化、形象化，以方便读者学习掌握。

(3) 职业技能和岗位规范的训练重点突出。本教材在设置会计科目与账户、复式记账、填制与审核会计凭证、登记会计账簿、财产清查和编制会计报表等完成日常会计工作所必需的会计核算基本方法和基本技能方面进行了突出强调，同时为专业后续教学奠定必要的基础。

(4) 经济业务与事项的设计与示范力求做到规范、典型、务实。本教材严格按照新会计准则的要求编定，采用了最新的会计业务处理方法，充分反映了会计理论与会计实务改革发展的新成果和会计职业资格考试的新动向。通过大量典型案例，使经济组织（本教材主要针对工业企业）中基本经济业务与事项的会计处理的讲解能够达到有的放矢，把抽象化为实务，使难点变得更加容易理解。

(5) 在具体的撰写方法上，力求实现多种元素的有机结合，相辅相陈。在语言表达上，尽力做到既专业又通俗易懂；本教材出案例外，还大量运用了示意图、结构图、数据表格、对比表格等元素，尤其是凭证、账表样本图片的编入，使得对文字性的重难点有进一步直观的说明，也能帮助学习者更直观地感知会计日常工作要素，能更好地理解会计循环的进行。

本书可以作为高等院校会计专业和开设有会计学课程的非会计学专业的学生学习会计学入门知识的教材，也可以作为企业会计工作者以及相关人员学习、培训和应试的参考用书。本教材通过大量图表、案例表述相关内容，简明扼要地总结了会计基础理论和操作的相关要点。初学者为了更好地理解本书相关知识点及操作要点，建议配合王霞副教授主编的《基础会计习题集》使用，将有助于会计基础知识和技能的掌握与巩固。

本书由王霞副教授和段雪梅教授主编，负责全书写作大纲的拟定和编写的组织，由王霞副教授对全书进行最后总纂。其具体分工如下：第一、二、三、四章由王霞副教授撰写；第五至第七章由张春国副教授撰写；第八章由曾馨瑢副教授撰写；第九章由段雪梅教授撰写；第十章由古力讲师撰写。

由于时间和作者水平有限，书中难免存在失误和不足之处，欢迎广大读者和同行批评指正。

编者

2012年5月

目 录

第一章 绪论 ……………………………………………………………… (1)
 第一节 会计概述 ……………………………………………………… (1)
 第二节 会计核算的基本前提和会计信息质量要求 ………………… (7)
 第三节 会计方法 ……………………………………………………… (12)

第二章 会计要素与会计等式 ………………………………………… (15)
 第一节 会计对象 ……………………………………………………… (15)
 第二节 会计要素 ……………………………………………………… (16)
 第三节 会计等式 ……………………………………………………… (20)

第三章 账户与复式记账 ……………………………………………… (26)
 第一节 会计科目和账户 ……………………………………………… (26)
 第二节 复式记账原理 ………………………………………………… (30)
 第三节 借贷记账法 …………………………………………………… (32)

第四章 主要经营业务的核算 ………………………………………… (41)
 第一节 主要经济业务概述 …………………………………………… (41)
 第二节 资金筹集业务的核算 ………………………………………… (42)
 第三节 供应过程的核算 ……………………………………………… (45)
 第四节 生产过程的核算 ……………………………………………… (52)
 第五节 销售过程的核算 ……………………………………………… (57)
 第六节 利润的形成和分配 …………………………………………… (63)
 第七节 存货的发出计价 ……………………………………………… (67)
 第八节 存货按计划成本核算 ………………………………………… (72)
 第九节 交易性金融资产 ……………………………………………… (75)

第五章　会计凭证 (82)

第一节　会计凭证的意义和种类 (82)
第二节　原始凭证的填制和审核 (87)
第三节　记账凭证的填制和审核 (94)
第四节　会计凭证的传递和保管 (101)

第六章　会计账簿 (104)

第一节　会计账簿的意义和种类 (104)
第二节　账簿的设置与登记 (108)
第三节　账簿登记和使用的规则 (127)
第四节　结账和对账 (131)

第七章　会计核算程序 (136)

第一节　会计核算程序的意义 (136)
第二节　记账凭证会计核算 (138)
第三节　科目汇总表会计核算程序 (159)
第四节　汇总记账凭证会计核算程序 (171)
第五节　多栏式日记账会计核算程序 (175)
第六节　日记总账会计核算程序 (177)

第八章　财务会计报告 (179)

第一节　财务会计报告概述 (179)
第二节　资产负债表 (183)
第三节　利润表 (191)
第四节　现金流量表 (198)
第五节　所有者权益变动表 (210)
第六节　附注 (212)
第七节　报表编制综合案例 (218)

第九章 财产清查 ……………………………………………………（228）
    第一节 财产清查的意义 …………………………………………（228）
    第二节 货币资金的清查 …………………………………………（230）
    第三节 实物财产的清查 …………………………………………（233）
    第四节 债权债务的清查 …………………………………………（238）

第十章 会计工作的组织 …………………………………………（242）
    第一节 会计工作组织的意义与要求 ……………………………（242）
    第二节 会计机构 …………………………………………………（243）
    第三节 会计人员 …………………………………………………（249）
    第四节 会计法规 …………………………………………………（260）
    第五节 会计档案与会计工作交接 ………………………………（262）
    第六节 会计电算化 ………………………………………………（265）

附录 ……………………………………………………………………（268）
    Accounting Standards for Business Enterprises Basic Standard …（268）
    常用的会计专业术语 ……………………………………………（275）
    企业会计准则会计科目中英文对照简表 ………………………（277）

参考文献 ………………………………………………………………（280）

第一章 绪论

第一节 会计概述

一、会计的产生与发展

(一) 我国会计的产生与发展

会计是适应社会生产实践和经济管理的客观需要产生的，并随着社会生产的发展而发展。它的产生和发展经历了很长的历史时期。

在原始社会，会计只是"生产职能的附带部分"，会计不是一项独立的工作。

随着社会生产的发展，生产规模的日益扩大、复杂，会计逐渐"从生产职能中分离出来，成为特殊的、专门委托的当事人的独立的职能。"

我国在西周奴隶社会，有"司书""司会"等官吏专门从事会计工作。"司书"是记账的，主要对财物收支进行登记。"司会"是进行会计监督的。

在奴隶社会和封建社会，逐步建立和完善了官厅政府的收付会计。官厅会计便成为我国古代会计的中心，主要计量、记录、计算和考核朝廷的财物赋税收支，这是古代会计的显著特点。

唐宋时期，生产力发展，逐步形成了一套记账、算账的古代会计结算法，即"四柱结算法"，亦称"四柱清册"。所谓"四柱"是指旧管（相当于"上期结存"）、新收（相当于"本期收入"）、开除（相当于"本期支出"）、实在（相当于"本期结存"）四个部分。"四柱结算法"把一定时期内财物收支记录，通过"旧管+新收＝开除+实在"（即上期结存+本期收入＝本期支出+本期结存）这一平衡公式，加以总结，既可检查日常记账的正确性，又可系统、全面和综合地反映经济活动的全貌。这是我国古代会计的一个杰出成就，即使在现代会计中，仍然运用这一平衡关系。

明末清初，出现了以四柱为基础的"龙门账"，用以计算盈亏。把全部账目分为"进"（相当于各项收入）、"缴"（相当于各项支出）、"存"（相当于各项资产）、"该"（相当于资本、各项负债）四大类，运用"进－缴＝存－该"的平衡公式计算盈亏，分别编制"进缴表"和"存该表"。在两表中计算求出的盈亏数应当相等，称为合"龙门"，以此勾稽全部账目的正误。

清朝，"天地合账"。在这种方法下，账簿采用垂直书写，直行分为上下两格，上格记收，称为"天"，下格记付，称为"地"，上下两格所登记的数额必须相等，即所谓"天地合"。

"四柱结算法""龙门账"和"天地合账"充分显示了我国历史上各个时期传统中式簿记的特点。

会计从实物计量到货币综合反映，经历了一个较长的过渡时期。

19世纪中叶以后，以借贷复式记账法为主要内容的"英式会计""美式会计"传入我国，我国会计学者也致力于"西式会计"的传播。这对改革中式簿记，推行近代会计，促进我国会计的发展起到了一定的作用。

中华人民共和国成立之后，国家在财政部设置了主管全国会计事务的会计司。实行高度集中的计划经济体制，引进了与此相适应的苏联计划经济会计模式，对旧中国会计制度与方法进行改造与革新。

改革开放以后，为适应社会主义市场经济发展的需要，先后制定了分行业的会计制度，强化了对会计工作的组织和指导。

1985年颁布《中华人民共和国会计法》（以下简称《会计法》）。

1993年对《会计法》进行第一次修订。

目前执行的是第二次修订并自2000年7月1日施行的《会计法》。

财政部于1992年11月公布了《企业会计准则》和《企业财务通则》，自1993年7月1日起执行；2000年12月和2001年11月先后发布了《企业会计制度》和《金融企业会计制度》，并先后于2001年1月1日和2002年1月1日暂时在股份有限公司和股份制金融企业范围内执行，继而逐步扩大。

财政部于2006年2月重新公布了《企业会计准则》和《企业会计准则——应用指南》，自2007年1月1日起在上市公司范围内执行，鼓励其他企业执行。执行《企业会计准则——应用指南》的企业，不再执行《企业会计制度》。

（二）国外会计的产生与发展

会计在外国也有很长久的历史。据马克思的考察，在"原始的规模小的印度公社"里，已经有了"一个记账员，登记农业账目，登记和记录与此有关的一切事项。"无论在中国和外国，会计的起源都很早。

在12世纪前后，意大利出现复式簿记。15世纪末，即1494年，意大利数学家卢卡·帕乔利（Luca Paciolo）所著《算术、几何比及比例概要》一书在威尼斯出版，书中专设"簿记论"篇。"簿记论"的问世，标志着近代会计的开始，卢卡·帕乔利被称为"现代会计之父"。

18世纪末和19世纪初的产业革命，股份有限公司这种新的经济组织应运而生。社会上出现了以查账为职业的特许会计师或注册会计师。簿记逐渐成长为会计，成本计算、会计报表分析和审计等新的内容也相继出台。

20世纪30年代以后，西方各国先后研究和制定了会计准则，把会计理论和方法推上了一个新的台阶。1973年国际会计准则委员会成立，并制定和发布了一系列国际会计准则。

综上所述，会计是社会经济发展到一定阶段的产物，经济的发展推动了会计的发展。

会计经历了一个由简单到复杂，由低级到高级的发展过程。从早期实物数量的简单的记录和计算，逐渐发展成为用货币作为计量单位来综合核算和监督经济活动过程。会计的技术和方法，也逐渐完善起来。整理会计资料，从全部手工操作，到利用机械操作，又发展到现在的部分或全部计算机操作。

二、会计的定义

什么是会计？或者说，会计的内涵是什么？尽管会计从产生到现在已有几千年的历史，但是，对于这一基本问题，古今中外却一直没有一个明确、统一的说法。究其原因，关键在于人们对会计本质的认识存在着不同的看法，而不同的会计本质观对应着不同的会计含义。

针对会计本质问题所展开的理论研究，是20世纪以来会计理论研究中争论最集中且分歧最大的一个方面，至今仍众说不一，无法定论。以下我们将回顾中外会计学界针对会计本质问题所形成的两种主流学派进行讨论并给出我们的观点，以便在此基础上得出会计的含义。

（一）会计信息系统论

所谓会计信息系统论，就是把会计的本质理解为是一个经济信息系统。具体地讲，会计信息系统是指在企业或其他组织范围内，旨在反映和控制企业或组织的各种经济活动，而由若干具有内在联系的程序、方法和技术所组成，由会计人员加以管理，用以处理经济数据、提供财务信息和其他有关经济信息的有机整体。

会计信息系统论的思想最早起源于美国会计学家A. C. 利特尔顿。他在1953年编写的《会计理论结构》一书中指出："会计是一种特殊门类的信息服务""会计的显著目的在于对一个企业的经济活动提供某种有意义的信息"。

20世纪60年代后期，随着信息论、系统论和控制论的发展，美国的会计学界和会计职业界开始倾向于将会计的本质定义为会计信息系统。如1966年美国会计学会在其发表的《会计基本理论说明书》中明确指出："实质地说，会计是一个信息系统。"从此，这个概念便开始广为流传。

20世纪70年代以来，会计被定义为"一个经济信息系统"的观点在许多会计著作中流行。如S.戴维森在其主编的《现代会计手册》一书的序言中写道："会计是一个信息系统。它旨在向利害攸关的各个方面传输一家企业或其他个体的富有意义的经济信息。"此外，在《斐莱和穆勒氏会计原理——导论》、凯索和威基恩特合著的《中级会计学》等一些著作中也都有类似的论述。

我国较早接受会计是一个信息系统的会计学家是余绪缨教授。他于1980年在《要从发展的观点看会计学的科学属性》一文中首先提出了这一观点。

目前在我国具有代表性的提法是由葛家澍、唐予华教授于1983年提出的。他们认为："会计是为提高企业和各单位的经济效益，加强经济管理而建立的一个以提供财务信息为主的经济信息系统。"

(二) 会计管理活动论

会计管理活动论认为会计的本质是一种经济管理活动。它继承了会计管理工具论的合理内核，吸收了最新的管理科学思想，从而成为在当前国际国内会计学界中具有重要影响的观点。

将会计作为一种管理活动并使用"会计管理"这一概念在西方管理理论学派中早已存在。"古典管理理论"学派的代表人物法约尔把会计活动列为经营的六种职能活动之一；美国人卢瑟·古利克则把会计管理列为管理化功能之一；20世纪60年代后出现的"管理经济会计学派"则认为进行经济分析和建立管理会计制度就是管理。

我国最早提倡会计管理活动论的当数杨纪琬、阎达五教授。1980年，在中国会计学会成立大会上，他们作了题为《开展我国会计理论研究的几点意见——兼论会计学的科学属性》的报告。在报告中，他们指出：无论从理论上还是从实践上看，会计不仅仅是管理经济的工具，它本身就具有管理的职能，是人们从事管理的一种活动。

在此之后，杨纪琬、阎达五教授对会计的本质又进行了深入探讨，逐渐形成了较为系统的"会计管理活动论"。杨纪琬教授指出，"会计管理"的概念是建立在"会计是一种管理活动，是一项经济管理工作"这一认识基础上的，通常讲的"会计"就是"会计工作"。他还指出，"会计"和"会计管理"是同一概念，"会计管理"是"会计"这一概念的深化，反映了会计工作的本质属性。

阎达五教授认为，会计作为经济管理的组成部分，它的核算和监督内容以及应达到的目的受不同社会制度的制约，"会计管理这个概念绝不是少数人杜撰出来的，它有充分的理论和实践依据，是会计工作发展的必然产物"。

自从会计学界提出"会计信息系统论"和"会计管理活动论"之后，这两种学术观点就展开了尖锐的交锋。然而，我们经过反思，却发现这场论战的本身就存在问题。前者将会计视为一种方法予以论证；而后者则将会计视为一种工作，从而视为一种管理活动来加以论证。两者的出发点不同，怎么可能得出一致的结论呢？

我们认为，讨论会计的本质，首先应明确"会计"是指什么？是指"会计学"，还是指"会计工作"或是"会计方法"？如果不明确界定这一前提，则必将引起一场不必要的或者是无结果的辩论。在本书中，我们将"会计"界定为"会计工作"。基于这一前提，我们认为"会计管理活动论"的观点代表了我国会计改革的思路与方向，是对会计本质问题的科学论断，因此，我们倾向于选择"会计管理活动论"。在"会计管理活动论"前提下，我们完全有理由认为会计是经济管理的重要组成部分，是以提供经济信息、提高经济效益为目的的一种管理活动。它以货币为主要计量单位，采用一系列专门的程序和方法，对社会再生产过程中的资金运动进行反映和监督。

综上所述，会计是以货币为主要计量单位，对企事业、机关单位或其他经济组织的经济活动进行连续、系统、全面地反映和监督的一项经济管理活动。它也是一项经济管理工作。

(三) 会计的特点

1. 以货币作为主要计量尺度

计量单位包括：实物计量、劳动计量和货币计量。货币计量有其特殊作用，主要因为：

（1）货币是衡量其他一切有价物价值的共同尺度；
（2）货币是交换的媒介物；
（3）价值的储藏物（金属货币）；
（4）清算债权和债务的支付手段。

因此，以货币作为主要的、统一的计量单位来进行核算，就成为会计的特点之一。当然实物量和劳动量两种计量单位在会计核算中也被应用着，但货币量计量单位是最主要的。

2. 以凭证为依据，记录经济活动过程，并明确经济活动的责任

企业等单位在经济活动过程中，每发生一项经济业务，都必须取得或填制合法的书面凭证。这些凭证不仅记录着经济业务的过程，而且明确经济活动的责任。

3. 会计对经济活动所作反映是连续的、系统的、全面的、综合的

连续是指按经济业务发生（确认）的顺序来反映，自始至终不可间断；

系统是指会计运用一套专门的方法对各种经济活动进行科学的、有规律的、不是杂乱无章的归类、整理和记录，最后提供系统化的信息；

全面是指对决策有用的信息均应作出详尽的反映，以便决策者选用，反映不带有某种偏向性，不能任意取舍，更不得遗漏；

综合是指会计运用货币计量来综合反映经济活动的情况，以便对不同种类、不同名称、不同度量的物质消耗，以及各种错综复杂的经济活动进行反映，借以提供总括的价值指标。

4. 运用一系列专门方法

会计运用着一系列科学的专门的核算方法，且这些专门方法相互联系，相互配合，各有所用，构成一套完整的核算经济活动过程和经营成果的方法体系，有效地发挥会计应有的作用。

三、会计的职能

会计的职能是会计在经济管理过程中所具有的功能。现在，人们一般认为会计的基本职能包括进行会计核算和实施会计监督两个方面。会计的这两项基本职能已写入《中华人民共和国会计法》，对会计工作的开展具有重要的指导意义。

生产力发展水平和经营管理水平的高低，对会计的职能具有决定性的影响。例如，在生产力水平较低的时代，会计的主要功能在于简单的计量、记录，以反映为主；而在生产力水平较发达、管理水平较高的今天，记账、算账、报账已不能满足经济管理的需要，发挥会计的经济监督作用便成为会计的一项重要功能。因此，我们可从如下两方面对会计的基本职能展开分析。

（一）进行会计核算

会计核算贯穿于经济活动的全过程，是会计最基本的职能，也称反映职能。它是指会计以货币为主要计量单位，对特定主体的经济活动进行确认、计量、记录和报告，为有关各方提供会计信息。会计核算的内容具体表现为生产经营过程中的各种经济业务，包括：①款项和有价证券的收付；②财物的收发、增减和使用；③债权、债务的发生和结算；④资本、基金的增减和经费的收支；⑤收入、费用、成本的计算；⑥财务成果的计算和处理；⑦其他需要办理会计手续、进行会计核算的事项。会计核算的要求是真实、准确、完整、及时。

确认是运用特定会计方法，以文字和金额同时描述某一交易或事项，使其金额反映在特定主体财务报表的合计数中的会计程序。确认分为初始确认和后续确认。

计量是确定会计确认中用以描述某一交易或事项的金额的会计程序。

记录是指对特定主体的经济活动采用一定的记账方法，在账簿中进行登记的会计程序。

报告是指在确认、计量和记录的基础上，对特定主体的财务状况、经营成果和现金流量情况（行政、事业单位是对其经费收入、经费支出、经费结余及其财务状况），以财务报表的形式向有关方面报告。

（二）实施会计监督

会计监督职能也称控制职能，是指对特定主体经济活动和相关会计核算的合法性、合理性进行审查，即以一定的标准和要求利用会计所提供的信息对各单位的经济活动进行有效的指导、控制和调节，以达到预期的目的。

会计监督的内容包括如下几个方面：

（1）合法性监督。合法性监督是指依据财务收支的监督标准，对企业单位发生经济业务而引起的现金、银行存款的收入和支出、应收和应付款项、投资等在进行会计确认、计量、记录和报告的同时，是否符合党和国家有关的法律法规的监督，会计人员对于违反法律和国家统一的会计标准规定的会计事项，有权拒绝办理或者按照职权予以纠正。

（2）真实性监督。真实性监督是指通过相关的会计法规制度，来规范会计行为，使会计在对经济活动进行确认、计量和报告时所生成的会计资料真实和完整。会计资料作为重要的社会资源和"商业语言"，为政府管理部门、投资者、债权人及社会公众进行评价财务状况、防范经营风险、提供重要依据。因此，保证会计资料真实、完整是维护社会经济秩序正常运转的客观要求。

（3）合理性和有效性的监督。合理性和有效性的监督是指依据提高工作效率和经济效益的监督标准，对经济活动进行会计确认、计量和报告的同时，对其是否符合节约和效率原则的监督，揭露经济管理中的矛盾，促进企业开展增产节约，挖掘内部潜力，堵塞漏洞，防止损失和浪费，更好地提高经济效益。

会计监督是一个过程，它分为事前监督、事中监督和事后监督。

（1）事前监督。事前监督是指依据会计的监督标准，主要采用预测的方法，预测和分析将要发生的经济活动可能达到的预期结果，是否与决策和计划的目标一致。

（2）日常监督。日常监督亦称事中监督，是指按照会计的监督标准，主要采用控制和审核的方法，对进行中的经济活动进行审核和分析，对已发现的问题提出建议，督促有关部门采取措施，调整经济活动，使其按照预定的目标和要求进行。

（3）事后监督。事后监督是指依据会计的监督标准为准绳，通过检查和分析已取得的会计资料，对已完成的经济活动的合法性、合理性和有效性进行的考核和评价。

上述两项基本会计职能是相辅相成、辩证统一的关系。会计核算是会计监督的基础，没有核算所提供的各种信息，监督就失去了依据；而会计监督又是会计核算质量的保障，只有核算，没有监督，就难以保证核算所提供信息的真实性和可靠性。

除具有核算和监督两项基本职能外，会计还具有预测经济前景、参与经济决策、计划组织以及绩效评价等职能。随着生产力水平的日益提高、社会经济关系的日益复杂和管理理论的不断深化，会计所发挥的作用日益重要，其职能也在不断丰富和发展，会计的职能将随着经济的发展而不断发展变化。

通过了解会计的基本职能及其特点，可以看出会计在经济管理中的特殊作用：会计是为决策者提供信息，并利用这些信息对经济活动进行监督的一种管理活动，目的就是提高经济效益。但是这种管理活动又区别于其他管理，如生产管理、物资管理、劳动管理等，会计不直接处理供产销、人财物等业务工作，而是处理能用货币反映的这些业务活动的信息；会计核算又与统计、业务核算不同，它主要利用货币计价，并具有完整性、连续性、系统性的特点。

第二节 会计核算的基本前提和会计信息质量要求

一、会计核算的基本前提

会计核算的基本前提，是指在特定的经济环境（也要考虑政治、社会等因素）下，决定会计运行和发展的基本前提和制约条件。会计核算的基本前提包括会计主体、持续经营、会计分期、货币计量。

（一）会计主体

会计主体是指财务工作为之服务的特定单位或组织。它要求会计核算区分自身的经济活动与其他单位的经济活动，区分企业的经济活动与企业投资者的经济活动。会计核算时，必须首先明确会计主体。会计主体是持续经营、会计分期前提和全部会计准则的基础。因为，如果不限定会计的空间范围，会计工作就无法进行。《企业会计准则——基本准则》明确规定：企业应当对其本身发生的交易或者事项进行会计确认、计量和报告。会计只记录本主体的账，只核算和监督本主体所涉及的经济业务。

会计主体与法律主体并不是同一概念。一般来说，法律主体都应是会计主体，但会计主体不一定是法律主体。会计主体可以是独立法人，也可以是非法人；可以是一个企业，也可以是一个企业内部的某一个特定的部分（如企业的分公司）；可以是几个企业组成的企业集团等。会计主体的三个条件：①具有一定数量的资金；②进行独立的生产经营活动或其他活动；③实行独立决算。

法律主体是指在政府部门注册登记，有独立的财产、能够承担民事责任的法律实体，它强调企业与各方面的经济法律关系。

会计主体则是按照正确处理所有者与企业的关系，以及正确处理企业内部关系的要求而设立的。尽管所有经营法人都是会计主体，但有些会计主体就不一定是法人。

（二）持续经营

持续经营指会计主体在可以预见的将来，不会面临破产和清算，而是持续不断地经营下去。会计核算中所确定的会计政策和所采用的一系列会计处理方法都是建立在会计主体持续经营的前提下的。有了持续经营这个前提条件后，对资产按实际成本（历史成本）计价，折旧、费用的分期摊销才能正常进行；否则，资产的评估、费用在受益期分配、负债按期偿还，以及所有者权益和经营成果将无法确认。因此《企业会计准则——基本准则》第六条中规定：企业会计确认、计量和报告应当以持续经营为前提。持续经营假设明确了会计工作的时间范围。

（三）会计分期

会计分期是指将会计持续不断的经济活动分割为一定的期间。

在《企业会计准则——基本准则》第七条中规定：企业应当划分会计期间，分期结算账目和编制财务会计报告。会计期间分为年度和中期。中期是指短于一个完整的会计年度的报告期间。因此会计期间具体划分为年度、半年度、季度、月份。

会计分期假设是持续经营假设的补充，由于有了会计分期，才产生了本期与非本期的区别，才产生了权责发生制和收付实现制。会计核算方法和原则只有建立在持续经营的前提下，按照会计期间分期记录、计算、汇总和报告，才能达到会计预定的目标。

（四）货币计量

货币计量是指会计主体在会计核算过程中采用货币作为计量单位，记录、反映会计主体的经营情况。《企业会计准则——基本准则》第八条规定：企业会计应当以货币计量。

我国的会计核算应当以人民币作为记账本位币。根据企业的实际需要，也允许企业选定某种外国货币作为记账本位币，但企业对外提供会计报表时，应当折合人民币反映，提供以人民币表示的会计报表。

货币计量以货币价值不变、币值稳定为条件。因为只有在币值稳定或相对稳定的情况下，不同时点资产的价值才具有可比性，不同时间的收入和费用才能进行比较。

上述会计核算的四项基本前提，具有相互依存、相互补充的关系。会计主体确立了会计核算的空间范围，持续经营与会计分期确立了会计核算的时间长度，而货币计量则为会计核算提供了必要手段。没有会计主体，就不会有持续经营；没有持续经营，就不会有会计分期；没有货币计量，就不会有现代会计。

二、会计信息质量要求

(一) 客观性原则

《企业会计准则——基本准则》第十二条规定：企业应当以实际发生的交易或事项为依据进行会计确认、计量和报告，如实反映符合确认和计量要求的各项会计要素及其他相关信息，保证会计信息真实可靠、内容完整。客观性是市场经济对会计核算工作和会计信息的基本质量要求。

(二) 相关性原则

相关性原则是指会计核算所提供的经济信息应当有助于信息使用者做出经济决策，会计提供的信息要同决策相关联。

《企业会计准则——基本准则》第十三条规定：企业提供的会计信息应当与财务会计报告使用者的经济决策需要相关，有助于财务会计报告使用者对企业过去、现在或未来的情况作出评价或者预测。

(三) 明晰性原则

《企业会计准则——基本准则》第十四条规定：企业提供的会计信息应当清晰明了，便于财务会计报告使用者理解和使用。

明晰性原则要求会计的数据记录和文字说明必须清晰、简明、易懂，对复杂的经济业务应该用规范文字加以表述，便于有关部门和人员理解和利用。

(四) 可比性原则

《企业会计准则——基本准则》第十五条规定：企业提供的会计信息应当具有可比性。

同一企业不同时期发生的相同或者相似的交易或者事项，应当采用一致的会计政策，不得随意变更。

不同企业发生的相同或者相似的交易或者事项，应当采用规定的会计政策，确保会计信息口径一致、相互可比。

(五) 实质重于形式的原则

实质重于形式原则，要求企业应按照交易和事项的经济实质进行会计核算，而不应当仅仅按照它们的法律形式作为会计核算的依据。

《企业会计准则——基本准则》第十六条规定：企业应当按照交易或者事项的经济实质进行会计确认、计量和报告，不应仅以交易或者事项的法律形式为依据。

(六) 重要性原则

《企业会计准则——基本准则》第十七条规定：企业提供的会计信息应当反映与企业财务状况、经营成果和现金流量等有关的所有重要交易或事项。

重要性是指在会计核算过程中，对交易或事项应区别其重要程度，采用不同的核算方式。对资产、负债、损益等有较大影响，进而影响财务会计报告使用者据以作出合理判断的重要会计事项，必须按规定的会计方法和程序进行处理，并在财务会计报告中予以充分、准确地披露；对于次要的会计事项，则可在不影响会计核算真实性的情况下，作适当简化，合并反映。

（七）谨慎性原则

《企业会计准则——基本准则》第十八条规定：企业对交易或事项进行会计确认、计量和报告应当保持应有的谨慎，不高估资产或者收益、低估负债或者费用。

谨慎性原则，要求企业在进行会计核算时，不得多计资产和收益，少计负债和费用，也不得计提秘密准备。不得以虚增利润和夸大所有者权益的会计处理方法和程序进行利润调整。

（八）及时性原则

及时性原则，要求企业的会计核算及时进行，不得提前或延后。会计人员应及时收集信息，及时加工信息，及时传递信息。

《企业会计准则——基本准则》第十九条规定：企业对于已经发生的交易或事项，应当及时进行会计确认、计量和报告，不得提前或者延后。

三、权责发生制原则与收付实现制原则

权责发生制原则要求，凡是当期已经实现的收入和已经发生或应当负担的费用，不论款项是否收付，都应作为当期的收入和费用处理；凡是不属于当期的收入和费用，即使款项已在当期收付，也不应当作为当期的收入和费用。

收付实现制是以款项的实际收付作为确认收入和费用的标准。

例如，甲公司2004年3月份，用银行存款一次性支付本年度固定资产修理费10 000元，预计下年度1月份要对固定资产进行再次修理。其费用尽管是一次支付的，但因为其受益期为10个月，所以其费用应该分10个月分摊。3月份应该负担的费用为1 000元，其余9 000元应归以后各月负担，而不能将10 000元的费用全部记入3月份。又如，2004年3月31日收到一季度委托贷款利息收入1 200元，尽管款项是在3月份收到的，而实际上企业的款项在1、2、3三个月份都被别人使用，其收入应分属于三个月份，不能将其只算作3月份的收入，而应当在1、2、3各月分别确认400元的收入。

《企业会计准则——基本准则》第九条规定：企业应当以权责发生制为基础进行会计确认、计量和报告。

例1-1　某企业2011年3月份发生下列经济业务内容，按权责发生制和收付实现制原则计算企业3月的收入和费用。

（1）3月5日企业销售产品70 000元，收到货款50 000元存入银行，其余尚未收到；

（2）3月8日企业用银行存款支付下个季度的仓库租金4 800元；

（3）3月10日企业收回上月赊销款15 000元；

（4）3月12日企业支付上月应付的水电费4 000元；

(5) 3月15日企业用现金支付本月的办公费800元；

(6) 3月20日企业本月赊销商品收入20 000元；

(7) 3月21日企业预收货款10 000元；

(8) 3月31日企业分摊上季度已经预付的应由本月负担的保险费400元。

收付实现制：

收入 = 50 000 + 15 000 + 10 000 = 75 000（元）

费用 = 4 800 + 4 000 + 800 = 9 600（元）

利润 = 收入 − 费用 = 75 000 − 9 600 = 65 400（元）

权责发生制：

收入 = 70 000 + 20 000 = 90 000（元）

费用 = 800 + 400 = 1 200（元）

利润 = 90 000 − 1 200 = 88 800（元）

四、会计计量属性

会计在记录企业的经济业务时应当按照规定的会计计量属性进行计量，确定其金额。

会计计量属性主要包括：

（一）历史成本

在历史成本计量下，资产按照购置时支付的现金或者现金等价物的金额或者按照购置资产时所付出的对价的公允价值计量。负债按照因承担现时义务而实际收到的款项或者资产的金额，或者承担现时义务的合同金额，或者按照日常活动中为偿还负债预期需要支付的现金或者现金等价物的金额计量。

以历史成本为计价基础有助于对各项资产、负债项目的确认和对计量结果的验证和控制；同时，按照历史成本原则进行核算，也使得收入与费用的配比建立在实际交易的基础上，防止企业随意改动资产价格造成经营成果虚假或任意操纵企业的经营业绩。

用历史成本计价比较客观，有原始凭证作证明，可以随时查证和防止随意更改。但这样做是建立在币值稳定假设基础之上的，如果发生物价变动导致币值出现不稳定情况，则需要研究使用其他的计价基础，如现行成本、重置成本等。

（二）重置成本

在重置成本计量下，资产按照现在购买相同或者相似资产所需支付的现金或者现金等价物的金额计量。负债按照现在偿付该项债务所需支付的现金或者现金等价物的金额计量。

（三）可变现净值

在可变现净值计量下，资产按照其正常对外销售所能收到现金或者现金等价物的金额扣减该资产至完工时估计将要发生的成本、估计的销售费用以及相关税金后的金额计量。

（四）现值

在现值计量下，资产按照预计从其持续使用和最终处置中所产生的未来净现金流入量的折现金额计量。负债按照预计期限内需要偿还的未来净现金流出量的折现金额计量。

（五）公允价值

在公允价值计量下，资产和负债按照在公平交易中熟悉情况的交易双方自愿进行资产交换或者债务清偿的金额计量。

企业在对会计要素进行计量时，一般应当采用历史成本、重量成本、可变现净值、现值、公允价值进行计量，应当保证所确定的会计要素金额能够取得并可靠计量。

第三节 会计方法

会计方法是核算和监督会计对象，完成会计任务的手段。会计方法包括会计核算方法、会计分析方法和会计检查方法。各种方法具有相对的独立性，又是相互依存，互相配合，密切联系的，形成了一个完整科学的方法体系。

关系：会计核算方法是基础；会计分析方法是会计核算方法的继续和发展，会计检查方法则是正确实施前述方法的保证。

会计核算方法一般包括设置账户、复式记账、填制和审核凭证、登记账簿、成本计算、财产清查和编制财务会计报告等几个方面。

一、会计核算方法

（一）设置账户

设置账户是对会计对象的具体内容进行科学的归类，记录不同的会计信息资料的一种专门方法。其目的是为了分类反映。

会计所核算和监督的内容是多种多样的，如财产物资就有各种存在的形态，厂房建筑物、机器设备、各种材料、半成品等，它们在生产中各有作用，管理的要求也不同；又如取得这些财产物资所需的经营资金来自不同的渠道，有银行贷款，有投资者投入等。为了对各自不同的内容进行反映和记录，会计上必须设置一系列的账户。一个账户表示会计对象的某一方面，以便取得不同的会计信息。如"原材料""库存商品"账户分别记录资产要素某一部分的会计信息。

（二）复式记账

复式记账是对每一项经济业务，用相等的金额，同时通过两个或两个以上相互对应的账户进行全面登记的一种专门方法。任何一项经济活动都会引起资金的增减变动或财务收支的变动，采用复式记账，将每项经济业务至少在两个账户中相互对应地、平衡地登记，就可以全面地、相互联系地反映资金增减变化和财务收支变化情况，并掌握经济业务的来龙去脉。

（三）填制和审核会计凭证

填制和审核凭证是为了保证会计记录完整、可靠，审查经济业务（或称会计事项）是否合理合法，而采用的一种专门方法。会计凭证是记录经济业务，明确经济责任的书面证明，是登记账簿的依据。会计凭证必须经过会计部门和有关部门的审核。只有经过审核并确认是正确无误的会计凭证，才能作为记账的依据。填制和审核会计凭证，不仅可以为经济管理提供真实可靠的会计信息，也是实行会计监督的一个重要方面。所以它既是会计核算的一种方法，也是会计检查（内部控制）的一种方法。其目的是为了进行对"过程的控制"。

（四）登记账簿

登记账簿是指在账簿上连续地、完整地、科学地记录和反映经济活动与财务收支的一种专门方法。账簿是指用来连续、系统、全面、综合地记录各项经济业务的簿籍，是保存会计数据资料的重要工具。登记账簿必须以会计凭证为依据，利用所设置的账户和复式记账的方法，把所有的经济业务分门别类而又相互联系地加以反映，以便提供完整而又系统的核算资料。其目的主要是通过账簿所提供的数据资料来编制会计报表。

（五）成本计算

成本计算是指在生产经营过程中，按照一定的成本计算对象归集和分配各种费用支出，以确定各成本计算对象的总成本和单位成本的一种专门方法。生产过程同时也是消耗过程，成本计算的目的是通过成本计算可以确定材料采购成本、产品生产成本（或产品成本、制造成本）、产品销售成本以及在建工程成本等，可以核算和监督发生的各项费用是否合理、合法，是否符合经济核算的原则，以便不断降低成本，增加企业的盈利。

（六）财产清查

财产清查是指通过盘点实物，核对往来款项来查明财产物资实有数额，保证账实相符的一种专门方法。通过财产清查，可以查明各项实物和现金的保管和使用情况，以及银行存款和往来款项的结算情况，监督各项财产物资的安全与合理使用。在清查中如发现账实不符，应及时查明原因，通过一定的审批手续进行处理，并调整账簿记录。财产清查的目的是为保护社会主义财产，挖掘物资潜力，加速资金周转，提高会计核算信息的质量。

（七）编制财务会计报告

编制财务会计报告是指对日常核算资料定期加以总结，总括地反映经济活动和财务收支情况、考核计划、预算执行结果的一种专门方法。财务会计报告主要是根据账簿记录定期编制的、总括反映企业、行政事业等单位一定时期财务状况、经营成果和现金流量的书面文件。编制财务会计报告的目的不仅是分析考核财务计划和预算执行情况及编制下期财务计划和预算的重要依据,也是进行经营决策和国民经济综合平衡工作必要的参考资料。

会计核算方法之间是相互联系、密切配合的,构成了一个完整的方法体系。以上各种方法之间的关系如图1-1所示。

其中,填制和审核凭证、登记账簿是记账过程,填制和审核凭证是会计核算的最初环节,登记账簿是会计核算的中心环节;成本计算是算账过程,是对初级会计信息资料的加工过程;会计报表是报账过程,是会计核算的最终环节。

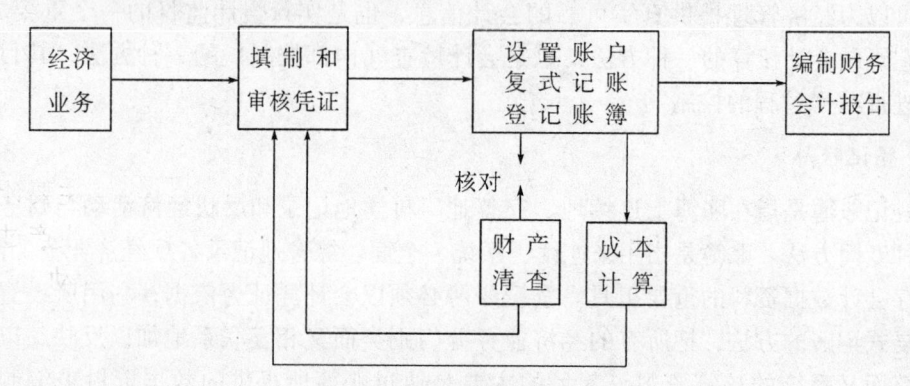

图1-1 会计核算方法关系图

会计凭证中的经济业务内容分别记录在账簿中的不同账户上,再通过成本计算将记录在账簿中的初级信息资料加工之后再登记在账簿中,这是会计信息加工再储存的天字第一号;期终经过财产清查后,确认账簿记录是否正确,是否符合实际情况,则需要编制会计报表,以最终输出和传递财务信息。在实际工作中会计核算的各种方法有些是交叉重复进行的,但基本上是按照以上顺序,相互配合地加以运用,以实现会计目标。

二、会计分析和会计检查的方法

会计分析的方法是指运用已经取得的会计核算资料,结合调查的情况,根据国家的方针、政策,比较、研究和评价经济活动状况,查明原因,挖掘潜力,改善管理,谋求满意经济效益所采用的方法。一般包括比较法、比率分析法、因素分析法(主要是用连环替代法)、帕累托(activity based classification,ABC)分析法、因果分析法、趋势分析法、量本利分析法、决策树分析法、差量分析法等。

会计检查的方法是利用会计核算资料(主要是会计凭证)检查经济活动的合理性和合法性,以及会计记录的完整性和正确性的方法。其目的是为了保证会计核算信息的客观性和公正性。它是属于会计监督的非日常监督,或者说是属于审计的范畴。一般包括核对法、审阅法、分析法以及控制计算法等。

第二章 会计要素与会计等式

第一节 会计对象

一、会计对象的定义

会计对象是指会计核算和监督的内容。前已述及,会计需要以货币为主要计量单位,对特定主体的经济活动进行核算与监督。从宏观来说,会计对象是再生产过程中的资金运动;从微观上来说,会计对象是一个单位能够用货币表现的经济活动。

二、会计对象的内容

会计对象是指会计所核算和监督的内容,即特定主体能够以货币表现的经济活动。以货币表现的经济活动通常又称为价值运动或资金运动。资金运动包括各特定主体的资金投入、资金运用(即资金的循环与周转)和资金退出等过程,而具体到企业、事业、行政单位又有较大差异。即便同样是企业,工业、农业、工业、商业、交通运输业、建筑业及金融业等也均有各自资金运动的特点,其中尤以工业企业最具代表性。下面以工业企业为例,说明企业会计的具体对象。

工业企业是从事工业产品生产和销售的营利性经济组织。为了从事产品的生产与销售活动,企业必须拥有一定数量的资金,用于建造厂房、购买机器设备、购买材料、支付职工工资、支付经营管理中必要的开支等,生产出的产品经过销售后,收回的货款还要补偿生产中的垫付资金、偿还有关债务、上交有关税金等。由此可见,工业企业的资金运动包括资金的投入、资金的循环与周转(包括供应过程、生产过程、销售过程三个阶段)以及资金的退出三部分,既有一定时期内的显著运动状态(表现为收入、费用、利润等),又有一定日期的相对静止状态(表现为资产与负债及所有者权益的恒等关系),如图2-1所示。

资金的投入包括企业所有者投入的资金和债权人投入的资金两部分,前者属于企业所有者权益,后者属于企业债权人权益——企业负债。投入企业的资金一部分构成流动资产,另一部分构成非流动资产。

资金的循环和周转分为供应、生产、销售三个阶段。在供应过程中,企业要购买材料等劳动对象,发生材料买价、运输费、装卸费等材料采购成本,与供应单位发生货款结算关系。在生产过程中,劳动者借助于劳动手段将劳动对象加工成特定的产品,发生材料消耗的材料费、固定资产磨损的折旧费、生活工人劳动耗费的人工费等,构成

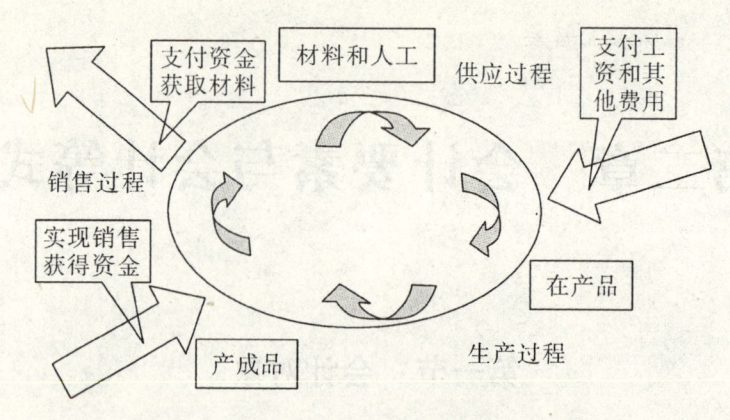

图 2-1　工业企业生产活动资金运动示意图

产品使用价值与价值的统一体，同时，还将发生企业与工人之间的工资结算关系、与有关单位之间的劳务结算关系等。在销售过程中，将生产的产品销售出去，发生有关销售费用、收回货款、缴纳税金等业务活动，并同购货单位发生货款结算关系、同税务机关发生税务结算关系等。企业获得的销售收入，扣除各项费用后的利润，还要提取盈余公积并向所有者分配利润。

资金的退出包括偿还各项债务、上交各项税金、向所有者分配利润等，这部分资金离开本企业，退出本企业的资金循环与周转。

上述资金运动的三个阶段，构成了开放式的运动形式，是相互支撑、相互制约的统一体。没有资金的投入，就不会有资金的循环与周转；没有资金的循环与周转，就不会有债务的偿还、税金的上交和利润的分配等；没有这类资金的退出，就不会有新一轮的资金投入，就不会有企业进一步的发展。

上述资金运动呈现出显著的运动状态，同时还具有某一时点上的相对静止状态。仍以工业企业为例：为了维持生产经营活动，企业必须拥有一定量的经济资源（即资产），它们分布在企业生产经营过程的不同阶段（供应、生产、销售等阶段）和不同方面（表现为厂房、机器设备、原材料、在产品、库存商品及货币资金等），我们称之为资金占用。另一方面，这些经济资源的取得需要通过一定的途径，包括来自投资者投入的资金或是债权人提供的供款等，我们称之为资金的来源。从任一时点上看，资金运动总处于相对静止的状态，即企业的资金在任一时点上均表现为资金占用和资金来源两方面，这两个方面既相互联系，又相互制约。

第二节　会计要素

会计要素是指为实现会计目标，以会计核算基本前提为基础，对会计对象进行的基本分类，它是会计核算对象的具体化，是反映会计主体财务状况、确定经营成果的基本单位。我国《企业会计准则——基本准则》分别列示了资产、负债、所有者权益、收入、费用和利润六个会计要素。

一、反映财务状况的会计要素

（一）资产

1. 资产的定义

资产是指过去的交易、事项形成的、由企业拥有或者控制的、预期会给企业带来经济利益的资源。资产具有以下特征：

（1）资产是由过去交易或事项所产生的。

企业过去的交易或者事项包括购买、生产、接受投资、接受捐赠或其他交易或者事项。预期在未来发生的交易或者事项不形成资产。

（2）资产是企业拥有或者控制的。

企业拥有资产的所有权，通常表明企业拥有从资产中获取预期经济利益的权利。有些情况下，虽然企业不享有一些资源的所有权，但能实际控制这些资源，同样也能够从这些资源中获取经济利益，根据实质重于形式的原则，这部分经济资源也应作为企业的资产。

（3）资产会给企业带来未来经济利益。

资产预期会给企业带来经济利益，是指直接或者间接导致现金和现金等价物流入企业的潜力。这种潜力既可以来源于企业的日常经营活动，也可以来源于非日常经营活动。带来的经济利益，既可以是现金和现金等价物的直接流入，也可以是转化为现金和现金等价物的间接流入，还可以是现金和现金等价物流出的减少。

资产预期会给企业带来经济利益是资产最重要的特征。凡预期不能给企业带来经济利益的，均不能作为企业的资产确认。前期已确认的资产项目，如果预期不再为企业带来经济利益的，也不能再作为企业的资产。

2. 资产的分类

企业的资产按其流动性可分为流动资产和非流动资产。流动资产是指可以在一年或超过一年的一个营业周期内变现或耗用的资产，包括货币资金（库存现金、银行存款）、交易性金融资产、应收票据、应收及预付款项、待摊费用、存货等。

非流动资产是指流动资产以外的资产，包括长期应收款、固定资产、无形资产、投资性房地产、持有至到期投资和其他资产。

固定资产是指同时具有以下特征的有形资产：①为生产商品、提供劳务、出租或经营管理持有的；②使用寿命超过一个会计年度。

无形资产是指企业拥有或者控制的没有实物形态的可辨认非货币性资产。包括专利权、非专利技术、商标权、著作权等。

（二）负债

1. 负债的定义

负债是指由于过去的交易或事项所形成的、预期会导致经济利益流出企业的现时义务。这种义务需要企业在将来以转移资产或提供劳务加以清偿。

负债具有以下特征：
（1）负债是由于过去交易或事项形成的现实债务。
（2）负债是企业将来要清偿的义务。
（3）负债需要在将来通过转移资产或提供劳务予以清偿。

2．负债的分类

负债按偿还期限的长短分为流动负债和非流动负债。

流动负债是指在一年内或超过一年的一个营业周期内偿还的债务。包括短期借款、应付票据、应付账款、预收账款、应付职工薪酬、应交税费等。

非流动负债是指流动负债以外的负债，包括长期借款、应付债券、长期应付款等。

（三）所有者权益

1．所有者权益的定义

所有者权益是指企业资产扣除负债后由所有者享有的剩余权益。公司的所有者权益又称为股东权益。

对于任何企业而言，其资产形成的资金来源不外乎两个：一个是债权人；一个是所有者。债权人对企业资产的要求权形成企业负债，所有者对企业资产的要求权形成企业的所有者权益。所有者权益的来源包括所有者投入的资本、直接计入所有者权益的利得和损失、留存收益等。

所有者权益具有以下特征：
（1）除非发生减资、清算或分派现金股利，企业不需要偿还所有者权益；
（2）企业清算时，只有在清偿所有的负债后，所有者权益才返还给所有者；
（3）所有者凭借所有者权益能够参与企业利润的分配。

2．所有者权益的内容

所有者权益按其构成的内容，可以分为以下四个项目：
（1）实收资本（股本），即所有者投入的，构成注册资本或股本的部分。
（2）资本公积，即投资人投入的资本溢价或股本溢价，直接计入所有者权益的利得和损失。
（3）盈余公积，即按国家有关规定从税后利润中提取的公积金等。
（4）未分配利润，即企业留于以后年度分配的利润或待分配利润。

盈余公积和未分配利润又合称为留存收益。

反映财务状况的会计要素之间的关系是：

资产＝负债＋所有者权益

企业从事生产经营活动，必须从投资人和债权人那里取得一定的经营资金或一定的实物，占用一定的资财才能开始生产经营活动，这些资财形成企业的资产。

企业的资产价值总量必然等于企业的负债和所有者对企业的投资额及其增值额的总和。企业经济活动的发生，只是表现在数量上影响企业资产总额与负债或所有者权益总额的同时增减变化，但不会破坏这一基本的平衡关系。这一会计等式是会计复式记账、会计核算和编制会计报表的基础。

二、反映经营成果的会计要素

（一）收入

1. 收入的定义

收入是指企业在日常活动中形成的、会导致所有者权益增加的、与所有者投入资本无关的经济利益的总流入。其中日常活动有销售商品、提供劳务以及让渡资产使用权等。企业的收入可以分为主营业务收入和其他业务收入两大类。其中，主营业务收入是指企业从事主营业务如销售产（商）品、提供劳务而取得的收入；其他业务收入则指企业从事附营业务、原材料销售、技术转让、固定资产出租等形成的收入。

收入有以下特点：

（1）收入从企业的日常活动中产生，而不是从偶发的经济业务中产生；

（2）收入可能表现为企业资产的增加，也可能表现为企业负债的减少，或者两者兼而有之；

（3）收入能导致企业所有者权益的增加；

（4）收入只包括本企业经济利益的流入，不包括为第三方或客户代收的款项。

2. 收入的分类

（1）收入按其取得的来源分为：

①主营业务收入，又称基本业务收入，指企业在主要的生产经营业务中产生的收入。例如，工业企业在生产和销售商品的过程中所取得的收入。

②其他业务收入，指企业在主营业务以外的生产经营活动中产生的收入。例如，材料的出售收入、技术转让收入、固定资产的出租收入等。

（2）按照收入的性质分为：

①销售商品收入；

②提供劳务收入；

③让渡资产使用权收入。

（二）费用

1. 费用的定义

费用指企业在日常活动中发生的、会导致所有者权益减少的、与所有者分配利润无关的经济利益的总流出。费用是企业在生产经营过程中发生的各项耗费。企业经营资金的耗费带有垫支性质。企业的费用旨在得到补偿并带来更多收入，因此它是收入形成和实现的必要条件。

费用具有以下几个特点：

（1）费用必须是已经发生或已经成为事实的日常经济活动所导致的经济利益的流出；

（2）成本必须是为生产产品或提供劳务而发生的耗费；

（3）偶发的交易和事项产生的经济利益的流出属于损失；

（4）费用可能表现为资产的减少，或负债的增加，或两者兼而有之；

(5) 费用会导致所有者权益减少。

2. 费用的分类

企业的费用可以分为生产成本和期间费用两大类。

(1) 生产成本:产品生产过程中应计入产品成本的各项费用。生产成本包括直接费用和间接费用。其中,直接费用包括直接材料和直接人工;间接费用包括车间为组织和管理生产经营活动而发生的制造费用。

(2) 期间费用:包括企业行政管理部门为组织和管理生产经营活动而发生的管理费用,为筹集资金等而发生的财务费用,为销售商品和提供劳务而发生的销售费用。

(三) 利润

1. 利润的定义

利润是企业在一定会计期间内的经营成果。利润包括收入减去费用后的净额、直接记入当期利润的利得和损失等。

直接记入当期利润的利得和损失是指应当计入当期损益、会导致所有者权益发生增减变动的、与所有者投入资本或者利润分配活动无关的利得或者损失。如处置固定资产发生的净收益或净损失、企业对外捐赠和企业接受捐赠、罚款收入和罚款支出等。

2. 利润的分类

(1) 营业利润,即营业收入减去营业成本、营业税金及附加、期间费用和资产减值损失,加上公允价值变动收益(减损失)和投资收益(减损失)后的余额。

(2) 利润总额,即营业利润加营业外收支净额。

(3) 净利润,即利润总额减去所得税费用后的余额。

反映经营成果的会计要素之间的关系是:

利润 = 收入 - 费用

企业进行生产经营活动,一方面必须取得收入,另一方面也将随着收入的取得发生相应的费用。该公式表明在某一会计期间,通过收入和费用的比较,确定企业的利润。

第三节 会计等式

一、会计等式的定义

会计等式是表明各会计要素之间基本关系的恒等式。它是设置账户、复式记账和设计资产负债表、损益表的理论依据。

(一) 基本会计等式(资产、负债、所有者权益之间的数量关系)

企业拥有的资产均有其来源。提供资产者对企业的资产具有要求权,即权益。

资产与权益反映了同一经济资源的两个不同方面。资产总额必然等于权益总额。

$$资产 = 权益 \tag{1}$$

权益包括债权人的权益（即负债）和所有者的权益（所有者权益）。
(1) 式可表示为：

$$资产 = 负债 + 所有者权益 \tag{2}$$

等式（2）称为资产负债表会计等式。它反映了会计主体在某一时日资产与权益（负债和所有者权益）之间的恒等关系，是设置账户、复式记账、试算平衡、设计与编制资产负债表的理论依据。

会计等式的平衡关系，可以用一张简明的资产负债表来反映，如表2-1所示。

表2-1　　　　　　　　　　　资产负债表（简式）
　　　　　　　　　　　　　　20××年×月30日　　　　　　　　　　　　　　单位：元

资产	金额	负债及所有者权益	金额
库存现金	2 000	短期借款	6 000
银行存款	40 000	应付账款	16 000
应收账款	8 000	长期借款	8 000
原材料	10 000		
库存商品	10 000	实收资本	28 000
固定资产	10 000	资本公积	10 000
无形资产		未分配利润	12 000
资产总计	80 000	负债及所有者权益总计	80 000

（二）扩展等式（收入、费用、利润之间数量关系）

一定期间的营业收入与费用配比，即为该期间所实现的经营成果即利润或亏损。

$$收入 - 费用 = 利润 \tag{3}$$

上述等式称为利润表会计等式，它是企业计算确定经营成果，设计和编制利润表的理论依据。

利润表会计等式可以用一张简略的利润表来反映，如表2-2所示。

表2-2　　　　　　　　　　　利润表（简表）
　　　　　　　　　　　　　　20××年8月份　　　　　　　　　　　　　　单位：元

项目	金额
一、主营业务收入	20 000
减：主营业务成本	8 000
营业税金及附加	1 000
二、主营业务利润	11 000
减：管理费用	1 000
销售费用	2 000
三、营业利润	8 000

(三) 会计基本等式的转化形式

(2)(3) 两个会计基本等式可以综合在一起表示为：

$$资产 = 负债 + 所有者权益 + （收入 - 费用）$$

即

$$资产 + 费用 = 负债 + 所有者权益 + 收入 \quad\quad (4)$$

这个关系式是动态会计等式，表示企业在营运过程中增值的情况。在会计期末结算时，利润转入所有者权益，会计等式（4）又变为会计等式（2）。

即

$$资产 = 负债 + 所有者权益$$

二、经济业务的类型及变动对会计等式的影响

(一) 经济业务及类型

经济业务也称会计事项，指在生产经营过程中发生的能以货币计量的，并能引起会计要素发生增减变化的事项。经济业务分为：外部经济业务，即对外经济往来所产生的经济业务（也称交易）；内部经济业务，即企业内部的经济事项（也称事项）。

许多事件可能影响企业：①选举；②经济繁荣与萎缩；③商品的购买与销售；④支付租金；⑤从顾客处收取现金；⑥企业董事长的去世等。但会计只能记录那些可以可靠地加以计量的事件。因此会计只能记录③、④、⑤交易，因为其金额能够可靠地计量。①、②、⑥对企业影响的货币衡量无法可靠估计，会计不能对这些事件加以记录。

(二) 企业经济业务对会计等式的影响

企业的经济业务事项复杂多样，但从其对资产、负债和所有者权益影响的角度考察，经济业务事项主要有九种基本类型：资产项目此增彼减；资产和负债同时增加；资产和所有者权益同时增加；资产和负债同时减少；资产和所有者权益同时减少；负债的增加，所有者权益减少；负债的减少，所有者权益增加；负债项目此增彼减；所有者权益项目此增彼减。现以某企业 2007 年 1 月份发生的部分经济业务事项为例，对上述九类基本业务事项做出具体说明。

1. 资产项目此增彼减

例 2-1　企业将收到客户支付的所欠的货款 20 000 元存入银行。

该笔业务使该企业资产中的银行存款增加，使资产中的应收账款减少，两者金额均为 20 000 元。这笔业务对会计等式的影响如表 2-3 所示：

表 2-3　　　　　　　　　　　　　　　　　　　　　　　　　　　　　　　单位：元

	资产	=	负债	+	所有者权益
经济业务事项发生前	10 000 000		1 500 000		8 500 000
经济业务事项引起的变动	+20 000 -20 000				
经济业务事项发生后	10 000 000		1 500 000		8 500 000

2. 资产和负债同时增加

例 2-2 企业购买原材料 20 000 元，货款未付。

该笔业务增加了原材料，即存货资产。同时，也使企业的负债中的应付账款项目增加，两者的金额均为 20 000 元。这笔业务对会计等式的影响如表 2-4 所示：

表 2-4   单位：元

	资产	=	负债	+	所有者权益
经济业务事项发生前	10 000 000		1 500 000		8 500 000
经济业务事项引起的变动	+20 000		+20 000		
经济业务事项发生后	10 020 000		1 520 000		8 500 000

3. 资产和所有者权益同时增加

例 2-3 企业收到投资者投入设备一台，双方协议价 200 000 元。

该笔业务使企业资产中的固定资产增加，同时也使得所有者权益中的实收资本增加，两者金额均为 200 000 元。这笔业务对会计等式的影响如表 2-5 所示：

表 2-5   单位：元

	资产	=	负债	+	所有者权益
经济业务事项发生前	10 020 000		1 520 000		8 500 000
经济业务事项引起的变动	+200 000				+200 000
经济业务事项发生后	10 220 000		1 520 000		8 700 000

4. 资产和负债同时减少

例 2-4 企业以银行存款 50 000 元偿还所欠的货款。

该笔业务使企业资产中的银行存款减少，而这一减少的存款正好予以弥补应付账款，使负债也发生减少，两者金额均为 50 000 元。这笔业务对会计等式的影响如表 2-6 所示：

表 2-6   单位：元

	资产	=	负债	+	所有者权益
经济业务事项发生前	10 220 000		1 520 000		8 700 000
经济业务事项引起的变动	-50 000		-50 000		
经济业务事项发生后	10 170 000		1 470 000		8 700 000

5. 资产和所有者权益同时减少

例 2-5 企业以银行存款 30 000 元分配股利。

该笔业务使企业资产中的银行存款减少，同时利润分配导致所有者权益减少，两者金额均为 30 000 元。这笔业务对会计等式的影响如表 2-7 所示：

表 2-7　　　　　　　　　　　　　　　　　　　　　　　　　　　　　　　　单位：元

	资产	=	负债	+	所有者权益
经济业务事项发生前	10 170 000		1 470 000		8 700 000
经济业务事项引起的变动	-30 000				-30 000
经济业务事项发生后	10 140 000		1 470 000		8 670 000

6. 负债增加，所有者权益减少

例 2-6　企业宣告分派股利 20 000 元。

该笔业务由于股利未付，使企业负债中的应付股利增加，同时通过利润分配导致所有者权益减少，两者金额均为 20 000 元。这笔业务对会计等式的影响如表 2-8 所示：

表 2-8　　　　　　　　　　　　　　　　　　　　　　　　　　　　　　　　单位：元

	资产	=	负债	+	所有者权益
经济业务事项发生前	10 140 000		1 470 000		8 670 000
经济业务事项引起的变动			+20 000		-20 000
经济业务事项发生后	10 140 000		1 490 000		8 650 000

7. 负债减少，所有者权益增加

例 2-7　企业将无法支付的应付账款 40 000 元转作为营业外收入。

该笔业务使企业负债中的应付账款减少，同时使营业外收入增加，从而使所有者权益增减，两者金额均为 40 000 元。这笔业务对会计等式的影响如表 2-9 所示：

表 2-9　　　　　　　　　　　　　　　　　　　　　　　　　　　　　　　　单位：元

	资产	=	负债	+	所有者权益
经济业务事项发生前	10 140 000		1 490 000		8 650 000
经济业务事项引起的变动			-40 000		+40 000
经济业务事项发生后	10 140 000		1 450 000		8 690 000

8. 负债项目此增彼减

例 2-8　用应付账款偿还应付票据 50 000 元。

这笔业务使企业增加了负债项目的短期借款，同时取得的短期借款直接用以冲减短期借款，使应付账款金额减少，两者金额均为 80 000 元。这笔业务对会计等式的影响如表 2-10 所示：

表 2-10   单位：元

	资产	=	负债	+	所有者权益
经济业务事项发生前	10 140 000	=	1 450 000	+	8 690 000
经济业务事项引起的变动			+50 000		
			-50 000		
经济业务事项发生后	10 140 000		1 450 000		8 690 000

9. 所有者权益项目此增彼减

例 2-9 企业以盈余公积 100 000 元转增资本。

该笔业务一方面使企业所有者权益中的盈余公积减少，另一方面使企业所有者权益中的另一个项目实收资本增加，两者金额均为 100 000 元。这笔业务对会计等式的影响如 2-11 所示：

表 2-11   单位：元

	资产	=	负债	+	所有者权益
经济业务事项发生前	10 140 000		1 450 000		8 690 000
经济业务事项引起的变动					+100 000
					-100 000
经济业务事项发生后	10 140 000		1 450 000		8 690 000

上述九种基本业务类型可作如下的汇总表 2-12：

表 2-12   会计汇总类型一览表   单位：元

	资产	=	负债	+	所有者权益
1	+ -				
2	+		+		
3	+				+
4			+ -		
5					+ -
6			+		-
7			-		+
8			+ -		
9					+ -

上述会计事项的九种基本类型，使得会计基本等式两边发生同增或同减的数目变化（第 2、3、4、5），或是会计基本等式一边发生此增彼减数目变化（第 1、6、7、8、9）。但无论是上述哪一种情况，均不会破坏资产、负债及所有者权益之间的数量恒等关系。

第三章 账户与复式记账

第一节 会计科目和账户

一、会计科目

(一) 会计科目的概念

会计科目是指对会计要素的具体内容进行分类的项目，也就是对各项会计要素在科学分类的基础上所赋予的名称，如库存现金与银行存款、固定资产与原材料、短期借款与长期借款、短期借款与应付账款、应付账款与应付票据等。

(二) 设置会计科目的意义

会计科目是进行各项会计记录和提供各项会计信息的基础，在会计核算中具有重要的意义。

(1) 会计科目是复式记账的基础。复式记账要求每一笔经济业务在两个或两个以上相互联系的账户中进行登记，以反映资金运动的来龙去脉。

(2) 会计科目是编制记账凭证的基础。记账凭证是确定所发生的经济业务应记入何种科目以及分门别类登记账簿的凭据。

(3) 会计科目为成本计算与财产清查提供了前提条件。通过会计科目的设置，有助于成本计算，使各种成本成为可能；而通过账面记录与实际结存的核对，又为财产清查、保证账实相符提供了必备的条件。

(4) 会计科目为编制会计报表提供了方便。会计报表是提供会计信息的主要手段，为了保证会计信息的质量及其提供的及时性，财务报表中的许多各项与会计科目是一致的，并根据会计科目的本期发生额或余额填列。

(三) 会计科目的内容和级次

会计科目按其提供的详细程度可以分为以下两类：

1. 总分类科目

总分类科目也称一级科目或总账科目。它是对会计要素的具体内容进行总括分类形成的会计科目，是进行总分类核算的依据，所提供的是总括指标。总分类科目一般由国家财政部统一制定。

2. 明细分类科目

明细分类科目是对总分类科目所含内容再作详细分类形成的会计科目，是进行明细分类核算的依据。明细分类科目可根据企业核算需要自行设置。

会计科目按其反映的内容可以分为资产、负债、共同、所有者权益、成本、损益六大类。参照我国《企业会计准则——应用指南》，企业会计科目的设置如表 3－1 所示。

表 3－1　　　　　　　　　　会计科目参照表

顺序号	名　　称	顺序号	名　　称
	一、资产类		应付账款
	库存现金		预收账款
	银行存款		应付职工薪酬
	其他货币资金		应交税费
	交易性金融资产		应付利息
	应收票据		应付股利
	应收账款		其他应付款
	预付账款		代理业务负债
	应收股利		预计负债
	应收利息		递延收益
	其他应收款		长期借款
	坏账准备		应付债券
	代理业务资产		长期应付款
	材料采购		未确认融资费用
	在途物资		专项应付款
	原材料		递延所得税负债
	材料成本差异		三、共同类
	库存商品		衍生工具
	发出商品		套期工具
	商品进销差价		被套期项目
	委托加工物资		四、所有者权益类
	周转材料		实收资本
	存货跌价准备		资本公积
	持有至到期投资		盈余公积
	持有至到期投资减值准备		本年利润
	可供出售金融资产		利润分配
	长期股权投资		库存股
	长期股权减值准备		五、成本类
	投资性房地产		生产成本
	长期应收款		制造费用

表3-1(续)

顺序号	名　称	顺序号	名　称
	未实现融资收益		劳务成本
	固定资产		研发支出
	累计折旧		六、损益类
	固定资产减值准备		主营业务收入
	在建工程		其他业务收入
	工程物资		公允价值变动损益
	固定资产清理		投资收益
	无形资产		营业外收入
	累计摊销		主营业务成本
	无形资产减值准备		其他业务成本
	商誉		营业税金及附加
	长期待摊费用		销售费用
	递延所得税资产		管理费用
	待处理财产损溢		财务费用
	二、负债类		资产减值损失
	短期借款		营业外支出
	交易性金融负债		所得税费用
	应付票据		以前年度损益调整

二、账户

(一) 账户的概念

在复式簿记系统中，人们不可能将经济业务仅仅记录为资产、负债、所有者权益、收入、费用和利润，还需要有进一步的分类，及更深入、细致和科学的划分，即要求设置账户。

所谓账户是指具有一定格式，用来分类记录经济业务，反映会计要素增减变动及其结果的一种工具。设置账户是会计核算的重要方法之一。

(二) 账户与会计科目的联系与区别

1. 两者的联系

会计账户根据会计科目设置，会计科目就是会计账户的名称。两者反映的经济（会计要素）内容相同。会计科目规定了核算的内容及核算方法；会计账户则用以具体反映特定的经济内容。

2. 两者的区别

(1) 外表形式不同：会计账户必须具有一定的格式，会计科目则没有。

(2) 发挥作用不同：会计账户是用来具体记录经济业务的工具（手段），会计科目是对会计要素具体内容分类形成的项目（标志）。

（三）账户的结构

账户的结构应能指明经济业务所引起经营资金运动某一组成部分（具体表现为某一会计要素或账户）的变动方向、变动金额及其结果。通常把账户划分为左右两个部分，分别记录它们的增加额和减少额。哪一方登记增加，哪一方登记减少，取决于所采用的记账方法和所记录的经济内容而决定，这就是账户的基本结构。

当然对于一个完整的账户而言，除了必须有反映增减的两栏外，还应包括其他栏目，以反映其他相关内容。即一个完整的账户结构应包括：①账户名称即会计科目；②经济业务发生的日期；③摘要；④凭证号数；⑤金额。

在会计教学中，我们通常使用"T"账户。其格式如下图所示：

会计科目

左方	右方

图3-1 "T"账户

每个账户一般有四个金额要素，即期初余额、本期增加额、本期减少额和期末余额。它们之间的关系如下：

期末余额 = 期初余额 + 本期增加额 - 本期减少额

账户本期的期末余额转入下期，即为下期的期初余额。

例如，企业在2011年1月31日现金账户的记录如下图所示：

左方	库存现金	右方	
期初余额	1 000		
本期增加	3 000	本期减少	500
本期发生额	3 000	本期发生额	500
期末余额	3 500		

图3-2

根据上述账户的记录，可知企业期初现金有1 000元，本期增加了3 000元，本期减少了500元，到期末时企业还有现金3 500元。

（四）账户的设置

设置账户，是复式簿记系统中一种非常重要的方法，因此必须遵循以下几项基本原则：账户的设置既要能够明确地反映不同账户质的区别，方便对它们进行归类反映，又要能科学、系统、全面地反映企业的会计要素；设置账户应密切配合财务报告指标，服从于会计报表所应揭示的信息——报表项目的要求，满足决策与管理的需要；设置账户应适当考虑行业特点，坚持统一性和灵活性相结合的原则。就企业而言，既要遵守国家统一规定设置账户，又要根据本企业生产经营管理的特点和要求，相应地增减一些账户。

1. 资产类账户

资产类账户是用来反映和监督各种资产增减变动和结果的账户。例如"库存现金""银行存款""应收账款""应收票据""预付账款""固定资产"等。

2. 负债类账户

负债类账户是用来反映和监督各种负债增减变动和结果的账户。例如"短期借款""应付账款""应付票据""应付职工薪酬""应交税费""长期借款""应付债券"等。

3. 所有者权益类账户

所有者权益类账户是用来反映和监督所有者权益增减变动和结果的账户。例如"实收资本""资本公积""盈余公积""本年利润""利润分配"等账户。

4. 成本类账户

成本类账户是用来反映企业生产过程中发生的成本、费用的账户。例如"生产成本""制造费用"等账户。

5. 损益类账户

损益类账户是用来反映企业一定期间损益情况的账户。损益类账户按性质可以进一步划分为收益类账户和支出费用类账户。

（1）收益类账户

收益类账户是用来反映使企业利润增加的账户。例如"主营业务收入""其他业务收入""投资收益""营业外收入"等账户。

（2）支出费用类账户

支出费用类账户用来反映使企业利润减少的账户。例如"主营业务成本""其他业务成本""营业税金及附加""销售费用""管理费用""财务费用""营业外支出""资产减值损失""所得税费用"等账户。

第二节 复式记账原理

一、记账方法概念和种类

记账方法是指对客观发生的经济业务在有关账户中进行记录时所采用的方法。记账方法一般都是由记账符号、所记账户、记账规则、试算平衡等内容构成。记账方法概括起来包括单式记账法和复式记账法。

单式记账法是对经济业务只做单方记录，而不反映其来龙去脉的记账方法。单式记账法一般只关心现金的收付而不关心实物的增减变动。例如，用现金购物，只记现金减少，不记物的增加。因此，账户记录不完整，难以获得完整全面的会计信息。

复式记账法就是对每项经济业务都要以相等的金额在两个或两个以上相互联系的账户中进行登记，借以全面反映资金运动的来龙去脉的一种科学的记账方法。例如，用现金购材料，一方面记现金减少，另一方面记材料增加。采用复式记账法，通过账户记录可以了解各项经济业务的来龙去脉，直至了解全部经济活动的过程和结果。复式记账是近代会计阶段的会计方法标志。

二、复式记账法的理论依据和基本特征

（一）复式记账法的理论依据

复式记账是以会计等式所揭示的有关资金运动的内在规律性为理论依据的。任何一项经济业务的发生，都会引起两个或两个以上会计要素（或同一会计要素的两个项目）发生增减变动，或等式两边同增，或等式两边同减，或等式左（右）边此增彼减，且变动的金额相等。要如实地、全面地反映这一客观存在的规律性的现象，在会计记账时，就要将变动的两个方面以相等的金额同时在两个或两个以上相互联系的账户中进行登记，这就是复式记账。因此，会计等式是复式记账法的理论基础，复式记账是会计等式不断实现新平衡的保证。

（二）复式记账法的基本特征

（1）对于每一项经济业务都要在两个或两个以上的账户中加以记录，并据此了解经济业务发生的来龙去脉。

（2）以相等金额在两个或两个以上的账户同时记录，可以对账户记录的结果进行试算平衡，以检验账户记录是否正确。

（3）对每一项经济业务都要在相互联系的账户间进行记录，强调账户间的对应关系，为建立完整的账户体系、分析经济业务提供依据。

三、复式记账法的作用

（1）复式记账能够全面、系统地在账户中记录经济业务，提供有用的会计信息。

（2）复式记账能够清晰地反映资金运动的来龙去脉，便于对业务内容的了解和监督。

（3）复式记账能够运用平衡关系检验账户记录有无差错。

四、复式记账法的种类

复式记账法在其发展过程中，曾有借贷记账法、收付记账法、增减记账法等几种复式记账方法。其中，借贷记账法是世界各国通用的一种复式记账方法。在我国，事业单位曾采用资金收付记账法，金融业曾采用现金收付记账法，商业企业曾采用增减记账法。随着我国市场经济的成熟与发展，统一记账方法成为规范会计工作和及时准确地反映会计信息的实务之需，为此，我国有关法规规定"会计记账采用借贷记账法"，从而使借贷记账法成为我国各行各业统一采用的复式记账方法。

第三节 借贷记账法

一、借贷记账法的产生

借贷记账法产生于12世纪资本主义商品经济发展较早的意大利,它是为适应十二三世纪商业资本和借贷资本经营管理的需要而产生的。

借贷记账法最初为单式记账,主要应用于银行金融业,借、贷两字的最初含义是从借贷资本家的角度来解释的。"借"表示"欠","贷"表示"有"(含有取得之意)。随着商品经济的进一步发展,经济活动内容日益复杂,借贷记账法也被推广应用到其他行业中去,并由单式记账法发展为复式记账法。

借贷记账法在其近两百年的逐渐发展成熟的过程中,经历了佛罗伦萨阶段、热那亚阶段和威尼斯阶段。在长期的运用实践中,借贷记账法经过不断完善,逐渐成为国际会计语言。我国会计准则规定:"会计记账采用借贷记账法。"

二、借贷记账法的内容

(一)借贷记账法的定义

借贷记账法是以"借""贷"作为记账符号,以"有借必有贷,借贷必相等"为记账原则,对每项经济业务都在两个或两个以上有关账户中相互联系地进行记录的一种复式记账方法。

(二)借贷记账法的记账符号

借贷记账法以"借""贷"作为记账符号,用以指明应记入账户的方向。其含义是:"借、贷"将每一个账户都固定地分为两个相互对立的部分,账户左方为借方,右方为贷方;"借"和"贷"作为纯粹的记账符号,既不单纯地代表增加,也不单纯地代表减少,对于一个账户而言,借方和贷方究竟哪方记增加,哪方记减少,则要根据账户的性质及其核算内容来决定。

(三)借贷记账法的账户设置和结构

确立账户结构的理论依据是会计等式。账户结构的确立是以其在会计等式中的位置来决定的。根据会计等式"资产+费用=负债+所有者权益+收入",账户可分为等式左边的账户和等式右边的账户,处于等式左边的资产和费用账户,用账户的"左方"即借方记增加,右方即"贷方"记减少,余额一般在借方;处于等式右边的负债、所有者权益、收入账户,用账户的"右方"即贷方记增加,用"左方"即借方记减少,余额一般在贷方。

1. 资产、负债和所有者权益账户结构

把账户分为借、贷两方,其中一方用于登记增加额,另一方用于登记减少额。

账户按其所反映的经济内容,首先可分为资产类账户、负债类账户和所有者权益类账户。资产的增加记在账户的借方,减少记在账户的贷方,如有余额必定在账户的借方;负债和所有者权益的增加都记在账户的贷方,减少记在账户的借方,如有余额则必定在账户的贷方。

各类账户期末余额计算公式如下:

资产类账户期末余额(借方)=期初余额(借方)+本期增加额(借方发生额)-本期减少额(贷方发生额)

负债类账户期末余额(贷方)=期初余额(贷方)+本期增加额(贷方发生额)-本期减少额(借方发生额)

所有者权益类账户期末余额(贷方)=期初余额(贷方)+本期增加额(贷方发生额)-本期减少额(借方发生额)

资产类账户简化结构如下图所示:

借方	资产类账户	贷方
期初余额		
本期增加	本期减少	
本期发生额 期末余额	本期发生额	

图3-3 资产类账户简化结构图

负债及所有者权益类账户简化结构如下图所示:

借方	负债及所有者权益类账户	贷方
	期初余额	
本期减少	本期增加	
本期发生额	本期发生额 期末余额	

图3-4 负债及所有者权益类账户简化结构图

借贷记账法下设置资产类账户、负债类账户、所有者权益类账户、费用(成本)类账户和损益类账户。有时为了简化核算手续,允许设置具有双重性质的账户(共同性账户)。如将"其他应收款"和"其他应付款"合并为"其他往来"账户;将"待摊费用"和"预提费用"合并为"待摊和预提费用"账户;将"待处理财产盘盈"和"待处理财产损失"合并为"待处理财产损溢"账户。这些账户的性质不固定,要根据账户余额方向来判定。

2. 损益类账户结构

扩展的会计恒等式:

资产+费用=负债+所有者权益+收入

根据扩展的会计恒等式,使利润减少的支出费用类账户的结构与资产类账户的结构相类似；使利润增加的收益类账户的结构与负债类和所有者权益类账户结构相类似。

费用类账户简化结构如下图所示：

借方	费用类账户	贷方
本期增加额		本期减少额
本期发生额		本期发生额

图3-5 费用类账户简化结构图

收益类账户简化结构如下图所示：

借方	收益类账户	贷方
本期减少额		本期增加额
本期发生额		本期发生额

图3-6 收益类账户简化结构图

（四）借贷记账法的应用

1. 确定会计分录

会计分录就是指明经济业务应记账户名称、记账方向、记入金额的记录。会计分录包括三个要素：会计科目、记账方向和应记金额。

会计分录的格式：

借：×××（账户名）　　　　　　　　　　　　×××（金额）
　　贷：×××（账户名）　　　　　　　　　　×××（金额）

假设远大有限公司2010年5月份发生下列经济业务：

例3-1　从银行借入六个月期限的借款100 000元存入银行。

借：银行存款　　　　　　　　　　　　　　　　100 000
　　贷：短期借款　　　　　　　　　　　　　　100 000

该业务使企业的资产"银行存款"增加了100 000元，同时使企业的负债"短期借款"增加了100 000元，有借必有贷，借贷必相等。

例3-2　将现金3 000元送存银行。

借：银行存款　　　　　　　　　　　　　　　　3 000
　　贷：库存现金　　　　　　　　　　　　　　3 000

该业务使企业的资产"银行存款"增加了3 000元，同时使企业的资产"库存现金"减少了3 000元，有借必有贷，借贷必相等。

例3-3　企业购买材料20 000元，材料已验收入库，款项尚未支付。

借：原材料　　　　　　　　　　　　　　　　　20 000

贷：应付账款　　　　　　　　　　　　　　　　　　　　　　20 000

　　该业务使企业的资产"原材料"增加了 20 000 元，同时使企业的负债"应付账款"增加了 20 000 元，有借必有贷，借贷必相等。

　　例 3-4　企业将盈余公积金 150 000 元转增资本。

　　借：盈余公积　　　　　　　　　　　　　　　　　　　　　　150 000
　　　　贷：实收资本　　　　　　　　　　　　　　　　　　　　　150 000

　　该业务使企业的所有者权益中的"盈余公积"减少 150 000 元，同时"实收资本"增加了 150 000 元，有借必有贷，借贷必相等。

　　例 3-5　用现金支付工资 30 000 元。

　　借：应付职工薪酬　　　　　　　　　　　　　　　　　　　　30 000
　　　　贷：库存现金　　　　　　　　　　　　　　　　　　　　　30 000

　　该业务使企业的负债"应付职工薪酬"减少 30 000 元，同时使企业的资产"库存现金"减少了 30 000 元，有借必有贷，借贷必相等。

　　例 3-6　企业用银行存款 20 000 元偿还前欠购货款。

　　借：应付账款　　　　　　　　　　　　　　　　　　　　　　20 000
　　　　贷：银行存款　　　　　　　　　　　　　　　　　　　　　20 000

　　该业务使企业的负债"应付账款"减少 20 000 元，同时使企业的资产"银行存款"减少了 20 000 元，有借必有贷，借贷必相等。

　　会计分录按其所运用账户的多少分为简单会计分录和复合会计分录。简单会计分录是指只有一"借"和一"贷"的会计分录。以上每笔会计分录都属于简单会计分录。复合会计分录是由两个以上账户所组成的会计分录。复合会计分录实际上是由几个简单会计分录所组成的，包括一"借"多"贷"、一"贷"多"借"和多"借"多"贷"三种。下面举例说明复合会计分录的编制方法。

　　例 3-7　企业用银行存款偿还前欠货款 30 000 元和短期借款 20 000 元。

　　借：应付账款　　　　　　　　　　　　　　　　　　　　　　30 000
　　　　短期借款　　　　　　　　　　　　　　　　　　　　　　20 000
　　　　贷：银行存款　　　　　　　　　　　　　　　　　　　　　50 000

　　例 3-8　企业购买材料 10 000 元，其中 8 000 元用银行存款支付，其余暂欠。材料已验收入库。

　　借：原材料　　　　　　　　　　　　　　　　　　　　　　　10 000
　　　　贷：银行存款　　　　　　　　　　　　　　　　　　　　　8 000
　　　　　　应付账款　　　　　　　　　　　　　　　　　　　　　2 000

　　例 3-9　企业购买材料 20 000 元和设备 100 000 元，其中材料的款未付，设备的款用银行存款付清。

　　借：原材料　　　　　　　　　　　　　　　　　　　　　　　20 000
　　　　固定资产　　　　　　　　　　　　　　　　　　　　　　100 000
　　　　贷：应付账款　　　　　　　　　　　　　　　　　　　　　20 000
　　　　　　银行存款　　　　　　　　　　　　　　　　　　　　　100 000

2. 登记账户

各项经济业务编制会计分录以后，应记入有关账户，这个记账步骤称为"过账"。过账以后，一般要在月末进行结账，即结算出各账户的本期发生额合计和期末余额。现举例说明账户的登记方法。

远大有限公司2010年5月1日各账户余额如表3-2所示：

表3-2　　　　　　　　　　总分类账户期初余额表　　　　　　　　　单位：元

资产类账户	金额	负债及所有者权益类账户	金额
库存现金	40 000	短期借款	30 000
银行存款	300 000	应付账款	50 000
应收账款	100 000	应付职工薪酬	30 000
原材料	50 000	长期借款	50 000
固定资产	400 000	实收资本	530 000
		盈余公积	200 000
合计	890 000	合计	890 000

将该企业发生的经济业务的会计分录（见前例3-1至3-9）记录入下列账户。

借方	库存现金		贷方
期初余额	40 000		
		(2)	3 000
		(5)	30 000
本期发生额		本期发生额	33 000
期末余额	7 000		

借方	应收账款		贷方
期初余额	100 000		
本期发生额		本期发生额	
期末余额	100 000		

借方	银行存款		贷方
期初余额	300 000		
(1)	100 000		
(2)	3 000		
		(6)	20 000
		(7)	50 000
		(8)	8 000
		(9)	100 000
本期发生额	103 000	本期发生额	178 000
期末余额	225 000		

借方		原材料	贷方	
期初余额	50 000			
(3)	20 000			
(8)	10 000			
(9)	20 000			
本期发生额	50 000	本期发生额		
期末余额	100 000			

借方		固定资产	贷方	
期初余额	400 000			
(9)	100 000			
本期发生额	100 000	本期发生额		
期末余额	500 000			

借方		短期借款	贷方	
		期初余额	30 000	
(7)	20 000	(1)	100 000	
本期发生额	20 000	本期发生额	100 000	
		期末余额	110 000	

借方		应付账款	贷方	
		期初余额	50 000	
		(3)	20 000	
(6)	20 000			
(7)	30 000			
		(8)	2 000	
		(9)	20 000	
本期发生额	50 000	本期发生额	42 000	
		期末余额	42 000	

借方		应付职工薪酬	贷方	
		期初余额	30 000	
(5)	30 000			
本期发生额	30 000	本期发生额	0	
		期末余额	0	

37

借方		长期借款	贷方
		期初余额	50 000
本期发生额	0	本期发生额	0
		期末余额	50 000

借方		实收资本	贷方
		期初余额	530 000
		(4)	150 000
本期发生额	0	本期发生额	150 000
		期末余额	680 000

借方		盈余公积	贷方
		期初余额	200 000
(4)	150 000		
本期发生额	150 000	本期发生额	0
		期末余额	50 000

图 3-6 某企业发生经济业务的会计分录

3. 试算平衡

试算平衡是检验账簿记录是否正确的一种有效手段，如果试算不平衡，就可以肯定账户的记录有问题。但是如果试算平衡，则不能确保账簿记录没有问题。因为存在以下因素：①漏记某项经济业务；②重记某项经济业务；③某项经济业务记录方向正确，但账户用错；④某项经济业务账户使用正确，但方向颠倒；⑤借方或贷方发生额中，偶然发生多记少记并互相抵销等。

因此在试算平衡时，应采取其他如：对账、财产清查等方法确保账簿记录的正确性，以提高会计信息质量。

平衡关系主要包括三个方面：

(1) 全部账户的期初借方余额合计数等于全部账户的期初贷方余额合计数；

(2) 全部账户的本期借方发生额合计数等于全部账户的本期贷方发生额合计数；

(3) 全部账户的期末借方余额合计数等于全部账户的期末借方余额合计数。

实际工作中，通过编制试算平衡表进行试算平衡，如表 3-3 至表 3-5 所示。

表 3-3　　　　　　　　　　　总分类账户期初余额试算平衡表　　　　　　　　　单位：元

账户名称	期初余额 借方	期初余额 贷方
库存现金	40 000	
银行存款	300 000	
应收账款	100 000	
原材料	50 000	
固定资产	400 000	
短期借款		30 000
应付账款		50 000
应付职工薪酬		30 000
长期借款		50 000
实收资本		530 000
盈余公积		200 000
合计	890 000	890 000

表 3-4　　　　　　　　　　　总分类账户发生额试算平衡表　　　　　　　　　单位：元

账户名称	本期发生额 借方	本期发生额 贷方
库存现金		33 000
银行存款	103 000	178 000
原材料	50 000	
固定资产	100 000	
短期借款	20 000	100 000
应付账款	50 000	42 000
应付职工薪酬	30 000	
实收资本		150 000
盈余公积	150 000	
合计	503 000	503 000

表 3-5　　　　　　　　　　　总分类账户综合试算平衡表　　　　　　　　　单位：元

账户名称	期初余额 借方	期初余额 贷方	本期发生额 借方	本期发生额 贷方	期末余额 借方	期末余额 贷方
库存现金	40 000			33 000	7 000	
银行存款	300 000		103 000	178 000	225 000	
应收账款	100 000				100 000	
原材料	50 000		50 000		100 000	
固定资产	400 000		100 000		500 000	

表3-5(续)

账户名称	期初余额 借方	期初余额 贷方	本期发生额 借方	本期发生额 贷方	期末余额 借方	期末余额 贷方
短期借款		30 000	20 000	100 000		110 000
应付账款		50 000	50 000	42 000		42 000
应付职工薪酬		30 000	30 000			
长期借款		50 000				50 000
实收资本		530 000		150 000		680 000
盈余公积		200 000	150 000			50 000
合计	890 000	890 000	503 000	503 000	932 000	932 000

第四章　主要经营业务的核算

第一节　主要经济业务概述

　　企业是一种具有不同规模的组织，这个组织的存在主要是通过对各种资源的组合和处理进而向其他单位或个人（企业的顾客）提供他们所需要的商品或服务。企业能够将最原始的投入转变为顾客所需要的商品或服务，这个转变不仅需要自然资源、人力资源，而且还需要资本。作为一种重要的企业组织类型，现代企业制度下的产品制造企业不仅要将原始的材料转换为可以销售给单位或个人消费者的商品，而且要在市场经济的竞争中不断谋求发展，对其拥有的资财实现保值增值。这就决定并要求制造企业的管理将是复杂且应该是完善的，对过去的交易事项的结果和计划中的未来经营的可能效果进行分析、评价，是管理职能的精粹所在，而企业的会计作为一个为其内、外部利益相关者提供信息的职能部门，通过对制造企业经营过程的核算必定有助于这个过程的完善。

　　制造企业是产品的生产单位，其完整的生产经营过程由供应过程、生产过程和销售过程所构成。企业为了进行其生产经营活动，生产出适销对路的产品，就必须拥有一定数量的经营资金，而这些经营资金都是从一定的来源渠道取得的。经营资金在生产经营过程中被具体运用时表现为不同的占用形态，而且随着生产经营过程的不断进行，其资金形态不断转化，形成经营资金的循环与周转。

　　首先，企业要从各种渠道筹集生产经营所需要的资金，其筹资的渠道主要包括接受投资人的投资和向债权人借入各种款项，完成筹资任务即接受投资或形成负债，资金筹集业务的完成意味着资金投入企业，因而，企业就可以运用筹集到的资金开展正常的经营业务，进入供、产、销过程。

　　企业筹集到的资金最初一般表现为货币资金形态，也可以说，货币资金形态是资金运动的起点。企业筹集到的资金首先进入供应过程。供应过程是企业产品生产的准备过程，在这个过程中，企业用货币资金购买机器设备等劳动资料形成固定资产，购买原材料等劳动对象形成储备资金，为生产产品做好物资上的准备，货币资金分别转化为固定资产形态和储备资金形态。由于固定资产一旦购买完成将长期供企业使用，因而供应过程的主要核算内容是用货币资金（或形成结算债务）购买原材料的业务，包括支付材料价款和税款、发生采购费用、计算采购成本、材料验收入库结转成本等，完成了供应过程的核算内容，为生产产品做好各项准备，进入生产过程。

生产过程是制造企业经营过程的中心环节。在生产过程中，劳动者借助劳动资料对劳动对象进行加工，生产出各种各样适销对路的产品，以满足社会的需要。生产过程既是产品的制造过程，又是物化劳动和活劳动的耗费过程，即费用、成本的发生过程。从消耗或加工对象的实物形态及其变化过程看，原材料等劳动对象通过加工形成在产品，随着生产过程的不断进行，在产品终究要转化为产成品；从价值形态来看，生产过程中发生的各种耗费，形成企业的生产费用，具体而言，为生产产品要耗费材料形成材料费用，耗费活劳动形成工资及福利等费用，使用厂房、机器设备等劳动资料形成折旧费用等，生产过程中发生的这些生产费用总和构成产品的生产成本（或称制造成本）。其资金形态从固定资产、储备资金和一部分货币资金形态转化为生产资金形态，随着生产过程的不断进行，产成品生产出来并验收入库之后，其资金形态又转化为成品资金形态。生产费用的发生、归集和分配，以及完工产品生产成本的计算等就构成了生产过程核算的基本内容。

销售过程是产品价值的实现过程。在销售过程中，企业通过销售产品，并按照销售价格与购买单位办理各种款项的结算，收回货款，从而使得成品资金形态转化为货币资金形态，回到了资金运动的起点状态，完成了一次资金的循环。另外，销售过程中还要发生各种诸如包装、广告等销售费用，计算并及时缴纳各种销售税金，结转销售成本，这些都属于销售过程的核算内容。

对于制造企业而言，生产产品并销售产品是其主要的经营业务即主营业务，但还不是其全部业务，除主营业务之外，制造企业还要发生一些其他诸如销售材料、出租固定资产等业务；在对外投资活动过程中还会产生投资损益，在非营业活动中产生营业外的收支净额等，这些业务内容综合在一起，形成制造企业的全部会计核算内容。企业在生产经营过程中所获得的各项收入遵循配比原则抵偿了各项成本、费用之后的差额，形成企业的所得即利润，企业实现的利润，一部分要以所得税的形式上缴国家，形成国家的财政收入；另一部分即税后利润，要按照规定的程序在各有关方面进行合理的分配。如果是发生了亏损，还要按照规定的程序进行弥补。通过利润分配，一部分资金要退出企业，一部分资金要以公积金等形式继续参加企业的资金周转。综合上述内容，企业在经营过程中发生的主要经济业务内容包括：①资金筹集业务；②供应过程业务；③生产过程业务；④产品销售过程业务；⑤利润的形成与分配业务。

第二节　资金筹集业务的核算

资金筹集业务是指企业根据国家的有关方针、政策和生产经营的需要，并考虑资金使用效果的要求，从各种筹资渠道获得所需资金的活动。企业资金筹集的渠道主要包括：投资者投入资金及从银行或其他金融机构借入资金。

一、投资者投入资本的核算

企业投资者的投资一般是在企业筹建阶段投入的，也可以为了扩大经营规模对老企业追加投资。企业投资者的投资方式一般是现金投资，也可以是固定资产、无形资产等非现金资产投资。投资的主体可以是国家、其他法人单位、个人或外商等。我国国有企业的投资者是国家或其他国有企业，股份制企业的投资者可以是国家、外商、其他单位法人等，私营企业的投资者是个人。

（一）投入资本核算需设置和运用的账户

1. "实收资本"账户

该账户属于所有者权益类账户，用来核算企业所有者投入其份额之内资本的增减变动。该账户贷方登记实际收到的投资额，借方登记按法定程序减少的资本额；期末余额在贷方，表示投入资本的实有数额。该账户按投资人设置明细分类账户，进行明细分类核算。

2. "资本公积"账户

该账户属于所有者权益类账户，用来核算企业收到投资者出资额超过其在注册资本中所占份额的部分以及直接计入所有者权益的利得和损失。该账户贷方登记实际收到的超过其在注册资本中所占份额的投资额，借方登记资本公积的减少额；期末余额在贷方，表示资本公积的实有数额。该账户应当分别设置"资本溢价（股本溢价）""其他资本公积"进行明细分类核算。资本公积可以用来转增资本。

3. "股本"账户

该账户属于所有者权益类账户，用来核算股东投入股份有限公司资本的增减变动。该账户贷方登记股东购买股票的面值；借方登记按法定程序减少的股本额；期末余额在贷方，表示股东持有股票面值的实有数额。该账户按股东设置明细分类账户，进行明细分类核算。

4. "银行存款"账户

该账户属于资产类账户，用来核算企业存入银行或其他金融机构的各种款项。该账户借方登记企业将款项存入银行或其他金融机构的数额，贷方登记提取和支出存款的数额；期末余额在借方，反映企业存在银行或其他金融机构的各种款项。

5. "无形资产"账户

该账户属于资产类账户，核算企业持有的无形资产，包括专利权、非专利技术、商标权、著作权、土地使用权等。该账户借方登记取得无形资产的数额；贷方登记无形资产减少的数额；期末余额在借方，反映企业无形资产的成本。

（二）投入资本的主要经济业务的核算

例4-1 收到国家投入资本500 000元，存入银行。

借：银行存款   500 000
　　贷：实收资本——国家资本   500 000

例4-2 收到兴旺工厂投入的机器设备，双方协商按设备的账面原始价值200 000元作为投入资本入账。

借：固定资产   200 000
　　贷：实收资本——法人资本   200 000

例 4-3 收到王某投入的专利权,该专利权的原价 160 000 元,双方协商以 150 000 元作为投入资本入账。

  借:无形资产   150 000
    贷:实收资本——个人资本——王某   150 000

例 4-4 甲、乙两人各出资 30 000 元成立 A 公司,各占 50% 的份额。经过一年后有丙投资者加入,出资 50 000 元,三人各占三分之一的份额。

  借:银行存款   60 000
    贷:实收资本——个人资本——甲   30 000
          ——乙   30 000
  借:银行存款   50 000
    贷:实收资本——个人资本——丙   30 000
      资本公积——资本溢价   20 000

例 4-5 红光股份有限公司委托某证券公司代理发行普通股 100 000 股,每股面值 1 元,发行价格每股 5 元,发行股票款已全部收到并存入银行。

  借:银行存款   500 000
    贷:股本   100 000
      资本公积——股本溢价   400 000

二、借入资金的核算

借入资金是企业生产经营资金的重要补充来源,按借款期限的长短分为短期借款和长期借款。短期借款是指归还期在一年以内的借款,长期借款是指归还期在一年以上的各种借款。

(一)借入资金核算需设置和运用的账户

1. "短期借款"

该账户属于负债类账户,用来核算企业从银行借入的偿还期在一年以内的各种借款的增减变动情况。该账户贷方登记借入的各种短期借款,借方登记到期偿还的借款,期末贷方余额表示尚未偿还的短期借款。

2. "长期借款"

该账户属于负债类账户,用来核算企业从银行借入的偿还期在一年以上的各种借款的增减变动情况。该账户贷方登记借入的各种长期借款,借方登记到期偿还的借款,期末贷方余额表示尚未偿还的长期借款。

3. "财务费用"账户

该账户属于损益类账户,用来核算企业为筹集生产经营所需资金而发生的各项费用。该账户借方登记企业发生的各项财务费用,贷方登记期末转入"本年利润"账户的费用,结转后该账户无余额。

4. "应付利息"账户

该账户属于负债类账户,用来核算企业按照合同约定应支付的利息。该账户借方登记已经支付了的利息，贷方登记应该支付的利息，期末贷方余额反映企业应付未付的利息。

(二) 借入资金的主要经济业务的核算

例4-6 企业从银行借入期限为半年的借款 100 000 元存入银行。
借：银行存款　　　　　　　　　　　　　　　　　100 000
　　贷：短期借款　　　　　　　　　　　　　　　　100 000

例4-7 企业从银行借入为期三年的借款 200 000 元，存入银行。
借：银行存款　　　　　　　　　　　　　　　　　200 000
　　贷：长期借款　　　　　　　　　　　　　　　　200 000

例4-8 企业于 2011 年 1 月 1 日从银行借入期限为四个月的借款 120 000 元，年利率为 1.2%，利息按月计算，按季度支付。

(1) 2011 年 1 月 1 日
借：银行存款　　　　　　　　　　　　　　　　　120 000
　　贷：短期借款　　　　　　　　　　　　　　　　120 000

(2) 2011 年 1 月 31 日
借：财务费用　　　　　　　　　　　　　　　　　　120
　　贷：应付利息　　　　　　　　　　　　　　　　　120

(3) 2011 年 2 月 28 日，账务处理同上

(4) 2011 年 3 月 31 日
借：应付利息　　　　　　　　　　　　　　　　　　240
　　财务费用　　　　　　　　　　　　　　　　　　120
　　贷：银行存款　　　　　　　　　　　　　　　　　360

(5) 2011 年 4 月 30 日
借：短期借款　　　　　　　　　　　　　　　　　120 000
　　财务费用　　　　　　　　　　　　　　　　　　120
　　贷：银行存款　　　　　　　　　　　　　　　120 120

第三节　供应过程的核算

供应过程是生产经营过程的第一阶段，主要任务是进行物资采购，储备生产需要的各项物资。因此，核算的主要内容是购入物资，与供货单位办理价款结算，确定物资的采购成本，将物资验收入库形成物资储备。

一、材料采购业务的核算

企业要进行正常的生产经营活动，就必须购置和储备一定品种和数量的材料。在采购过程中，一方面是企业向供应单位购进各种材料物资；另一方面是企业要支付材

料的买价和各种采购费用，包括运输费、装卸费和入库前的挑选整理费用等，并与供应单位发生货款结算关系。企业购进的材料，经验收入库后即为可供生产领用的库存材料。材料的买价加上各种采购费用，就构成了材料的采购成本。材料的买价是指企业向供应单位按照经济合同规定支付的价款。采购费用是指自供应单位运到企业的各项运输费用、保险费用、装卸费用、途中的合理损耗、入库前的挑选整理费用以及应该计入的有关税费。

（一）材料采购核算需设置和运用的账户

1．"在途物资"账户

该账户属于资产类账户，用来核算企业购入材料物资的采购成本。该账户借方登记购入材料物资的买价和采购费用，贷方登记已完成采购手续、验收入库材料物资的采购成本，期末借方余额表示尚未验收入库的在途物资成本。该账户按材料物资的种类和规格进行明细分类核算。

2．"原材料"账户

该账户属于资产类账户，用来核算企业库存材料的增减变动情况。该账户借方登记验收入库材料的成本，贷方登记发出材料的成本，期末借方余额表示库存材料的成本。该账户按材料种类及规格进行明细分类核算。

3．"应付账款"账户

该账户属于负债类账户，用来核算企业因购买材料物资或接受劳务而应付给供应单位的款项。该账户贷方登记应付给供应单位的款项，借方登记已偿还的款项，期末贷方余额表示尚未偿还的款项。该账户按供应单位进行明细分类核算。

4．"预付账款"账户。

该账户的性质属于资产类，用来核算企业按照合同规定向供应单位预付购料款而与供应单位发生的结算债权的增减、变动及其结余情况的账户。其借方登记结算债权的增加即预付款的增加，贷方登记收到供应单位提供的材料物资而应冲销的预付款债权（即预付款的减少）。期末余额一般在借方，表示尚未结算的预付款的结余额。该账户应按照供应单位的名称设置明细账户，进行明细分类核算。

5．"应付票据"账户

该账户的性质属于负债类，是用来核算企业单位采用商业汇票结算方式购买材料物资等而开出、承兑商业汇票的增减变动及其结余情况的账户。其贷方登记企业开出、承兑商业汇票的增加，借方登记到期商业汇票的减少。期末余额在贷方，表示尚未到期的商业汇票的期末结余额。该账户不设置明细账户，但要设置"应付票据备查簿"登记其具体内容。

6．"应交税费"账户

该账户属于负债类账户，用来核算企业按照《中华人民共和国税法》（以下简称《税法》）等规定计算应缴纳的各种税费，包括增值税、消费税、营业税、所得税、城市维护建设税、教育费附加等。该账户贷方登记经计算应缴纳的税费额，借方登记实际缴纳的税费数，期末贷方余额表示欠交的税金数。该账户可按应交的税费项目进行明细核算。

为了核算应交增值税的情况,在"应交税费"账户下设"应交税费——应交增值税"明细账进行核算。该户的借方登记企业采购材料物资时向供应单位支付的进项税额和实际缴纳的增值税,贷方登记企业销售产品时向购货单位收取的销项税额,期末借方余额表示尚未抵扣的增值额。

7. "其他货币资金"账户

其他货币资金是指企业除库存现金、银行存款以外的其他各种货币资金,包括外埠存款、银行汇票存款、银行本票存款、信用卡存款、信用证保证金存款、存出投资款等。

外埠存款,是指企业到外地进行临时和零星采购时,汇往采购地银行开立采购专户存款的款项。

银行汇票存款,是指企业为取得银行汇票按照规定存入银行的款项。

银行本票存款,是指企业为取得银行本票按照规定存入银行的款项。

信用卡存款,是指企业为取得信用卡按照规定存入银行的款项。

信用证保证金存款,是指企业为取得信用证按规定存入银行的保证金。

存出投资款,是指企业已存入证券公司但尚未进行交易性投资的库存现金。

为了核算和监督其他货币资金的增减变动及结存情况,企业应设置"其他货币资金"科目,它属于资产类科目。借方登记其他货币资金的增加数额;贷方登记其他货币资金的减少数额;期末借方余额反映企业实际持有的其他货币资金。本科目应设置"外埠存款""银行汇票""银行本票""信用卡""信用证保证金""存出投资款"等明细科目,进行明细核算。

(二)材料采购主要经济业务的核算

1. 企业为增值税一般纳税人,2011年5月份发生如下经济业务:

例4-9 5月1日企业从工厂购入A材料5 000千克,买价50 000元,增值税进项税额8 500元,运杂费1 000元,款项均用银行存款支付,材料同时验收入库。

借:原材料——A材料　　　　　　　　　　　　　　　51 000
　　应交税费——应交增值税(进项税额)　　　　　　8 500
　　贷:银行存款　　　　　　　　　　　　　　　　　59 500

例4-10 5月3日从光明工厂购入B材料2 000千克,买价40 000元,增值税进项税额6 800元;购入C材料1 000千克,买价5 000元,增值税进项税额850元,款项暂未支付,材料已验收入库。

借:原材料——B材料　　　　　　　　　　　　　　　40 000
　　　　　——C材料　　　　　　　　　　　　　　　 5 000
　　应交税费——应交增值税(进项税额)　　　　　　7 650
　　贷:应付账款——光明工厂　　　　　　　　　　　52 650

例4-11 5月5日从红光工厂购入D材料5 100千克,买价20 000元,增值税进项税额3 400元,运杂费300元,企业签发商业承兑汇票支付货款,材料尚未到达。

借：在途物资——D材料　　　　　　　　　　　　　　　　　　　　　　20 300
　　应交税费——应交增值税（进项税额）　　　　　　　　　　　　　 3 400
　　贷：应付票据　　　　　　　　　　　　　　　　　　　　　　　　　23 700

例4-12　5月6日上述材料到达验收时发现短缺100千克，属于合理损耗。
借：原材料　　　　　　　　　　　　　　　　　　　　　　　　　　　 20 300
　　贷：在途物资——D材料　　　　　　　　　　　　　　　　　　　 20 300

注意：该短缺属于合理损耗，构成该材料的采购成本。该材料的采购成本为20 300元，单位成本为4.06元（20 300÷5 000）。

例4-13　5月10日企业从红光公司同时购入B材料和C材料，取得增值税专用发票上注明B材料100吨，单价100元，金额10 000元，税率17%，增值税1 700元；C材料200吨，单价200元，金额40 000元，税率17%，增值税6 800元。共同发生运杂费等900元。材料到达均已验收入库，所有款项均用银行存款支付。材料运杂费按材料的重量分配。

运杂费的分配率＝900÷（100＋200）＝3
B材料应分配的运杂费＝3×100＝300（元）
C材料应分配的运杂费＝900－300＝600（元）
B材料的采购成本＝10 000＋300＝10 300（元）
C材料的采购成本＝40 000＋600＝40 600（元）

借：原材料——B材料　　　　　　　　　　　　　　　　　　　　　　10 300
　　　　　——C材料　　　　　　　　　　　　　　　　　　　　　　40 600
　　应交税费——应交增值税（进项税额）　　　　　　　　　　　　　 8 500
　　贷：银行存款　　　　　　　　　　　　　　　　　　　　　　　　 59 400

例4-14　5月12日企业购入甲材料，取得增值税专用发票上注明价款20 000元，增值税3 400元，款项暂未支付，材料尚未验收入库。
借：在途物资——甲材料　　　　　　　　　　　　　　　　　　　　　20 000
　　应交税费——应交增值税（进项税额）　　　　　　　　　　　　　 3 400
　　贷：应付账款　　　　　　　　　　　　　　　　　　　　　　　　 23 400

例4-15　5月15日上述材料发生运杂费等300元，材料到达已验收入库，款项用现金支付。
借：在途物资——甲材料　　　　　　　　　　　　　　　　　　　　　　 300
　　贷：库存现金　　　　　　　　　　　　　　　　　　　　　　　　　　300
借：原材料——甲材料　　　　　　　　　　　　　　　　　　　　　　20 300
　　贷：在途物资——甲材料　　　　　　　　　　　　　　　　　　　20 300

例4-16　5月15日企业从银行账户中将临时采购款8 000元汇入中国工商银行广州分行采购专户。
借：其他货币资金——外埠存款（广州工商银行）　　　　　　　　　　 8 000
　　贷：银行存款　　　　　　　　　　　　　　　　　　　　　　　　　8 000

例4-17 5月16日用银行存款支付前欠光明工厂购材料款52 650元。

  借：应付账款——光明工厂   52 650
   贷：银行存款   52 650

例4-18 5月17日企业采购部交来从广州市工商银行采购专户付款购入材料的有关凭证，材料买价为6 000元，增值税款为1 020元，材料已经验收入库。

  借：原材料   6 000
    应交税费——应交增值税（进项税额）   1 020
   贷：其他货币资金——外埠存款（广州工商银行）   7 020

例4-19 5月18日广州工商银行将企业采购专户存款余额980元转回企业的银行账户。

  借：银行存款   980
   贷：其他货币资金——外埠存款（广州工商银行）   980

例4-20 5月18日企业按照合同规定用银行存款预付给光明工厂订货款200 000元。

  借：预付账款——光明工厂   200 000
   贷：银行存款   200 000

例4-21 5月19日为向市物资公司采购材料，向开户银行申请签发了银行汇票120 000元。

  借：其他货币资金——银行汇票   120 000
   贷：银行存款   120 000

例4-22 5月20日企业收到光明工厂发运来的、前已预付货款的丙材料，并验收入库。随货物附来的发票注明该批丙材料的价款420 000元，增值税进项税额71 400元，除冲销原预付款200 000元外，不足款项立即用银行存款支付。

  借：原材料——丙材料   420 000
    应交税费——应交增值税（进项税额）   71 400
   贷：预付账款——光明工厂   200 000
     银行存款   291 400

或者 借：原材料——丙材料   420 000
    应交税费——应交增值税（进项税额）   71 400
   贷：预付账款——光明工厂   491 400

同时 借：预付账款——光明工厂   291 400
   贷：银行存款   291 400

例4-23 5月22日采购材料，取得增值税专用发票，注明买价100 000元，增值税17 000元，用银行汇票办理结算，余款退回，材料收到并验收入库。

  借：原材料   100 000
    应交税费——应交增值税（进项税额）   17 000

  贷：其他货币资金   117 000
  借：银行存款   3 000
    贷：其他货币资金   3 000

例 4-24 5 月 23 日企业收到红光公司发来的 A 材料 100 吨，没有结算单据。会计人员暂不做账务处理。

例 4-25 5 月 31 日，上述材料的计算单据尚未到达，企业对该材料暂估入账，估计金额为 30 000 元。

  借：原材料——A 材料   30 000
    贷：应付账款——暂估入账款   30 000

下月初冲销

  借：应付账款——暂估入账款   30 000
    贷：原材料——A 材料   30 000

等到结算凭证到达时按正常的购买材料业务处理。

2. 企业如果为小规模纳税人，则增值税不能单独抵扣，要构成材料的采购成本。

例 4-26 沿用上述例 4-9 资料。

  借：原材料——A 材料   59 500
    贷：银行存款   59 500

例 4-27 沿用上述例 4-10 资料。

  借：原材料——B 材料   46 800
    ——C 材料   5 850
    贷：应付账款——光明工厂   52 650

例 4-28 沿用上述例 4-14 资料。

  借：在途物资——甲材料   23 400
    贷：应付账款   23 400

二、固定资产购置业务的核算

  固定资产是指同时具有以下特征的有形资产：①为生产商品、提供劳务、出租或经营管理持有的；②使用寿命超过一个会计年度。

  固定资产按取得时的实际成本入账，即企业购建固定资产达到预定使用状态前所发生的一切合理的、必要的支出，包括买价、运杂费、税金、包装费和安装费等。

（一）固定资产购置核算需设置和运用的账户

1. "固定资产"账户

  该账户属于资产账户，用来核算企业固定资产取得成本的增减变动以及结余情况。该账户借方登记固定资产取得成本的增加，贷方登记固定资产取得成本的减少，期末余额在借方，表示固定资产原价的结余情况。

2. "在建工程"账户

  该账户属于资产账户，用来核算企业单位为进行固定资产基建、安装、技术改造等而发生的全部支出。该账户借方登记工程支出的增加，贷方登记结转完工工程的成本，期末余额在借方，表示未完工程的成本。

（二）固定资产购置主要经济业务的核算

例4-29 企业办公室购买小轿车一台，取得增值税专用发票上注明买价50 000元，增值税8 500元，另发生运输费和保险费等共计1 000元，所有款项均用银行存款支付。该小轿车属于增值税不准予抵扣范围。

借：固定资产　　　　　　　　　　　　　　　　　　　　59 500
　　贷：银行存款　　　　　　　　　　　　　　　　　　　59 500

例4-30 企业购买不需要安装的生产设备一台，取得增值税专用发票，发票上注明买价20 000元，增值税3 400元。另发生运输费和保险费等共计1 000元，所有款项均用银行存款支付。该增值税准予抵扣。

借：固定资产　　　　　　　　　　　　　　　　　　　　21 000
　　应交税费——应交增值税（进项税额）　　　　　　　 3 400
　　贷：银行存款　　　　　　　　　　　　　　　　　　　24 400

例4-31 企业于2011年12月购入设备一台，取得增值税专用发票上注明买价价款80 000，增值税12 600元，该增值税准予抵扣。另发生运杂费1 000元，安装调试费5 400元，上述款项全部用银行存款支付。该设备当月安装完工并交付生产车间使用。

（1）购入时

借：在建工程　　　　　　　　　　　　　　　　　　　　81 000
　　应交税费——应交增值税（进项税额）　　　　　　　12 600
　　贷：银行存款　　　　　　　　　　　　　　　　　　　93 600

（2）安装时

借：在建工程　　　　　　　　　　　　　　　　　　　　 5 400
　　贷：银行存款　　　　　　　　　　　　　　　　　　　 5 400

（3）交付使用时

借：固定资产　　　　　　　　　　　　　　　　　　　　86 400
　　贷：在建工程　　　　　　　　　　　　　　　　　　　86 400

例4-32 企业以100万元购入A、B、C三项没有单独标价的固定资产。这三项资产的公允价值分别为30万元、40万元和50万元。

同时购入多项固定资产不单独计价的，将购买成本的总成本按每项资产的公允价值占各项资产公允价值总和的比例进行分配。

A购买成本=30×100/（30+40+50）=25（万元）
B购买成本=40×100/（30+40+50）=33.33（万元）
C购买成本=100-25-33.33=41.67（万元）

借：固定资产——A　　　　　　　　　　　　　　　　　250 000
　　　　　　——B　　　　　　　　　　　　　　　　　333 300
　　　　　　——C　　　　　　　　　　　　　　　　　416 700
　　贷：银行存款　　　　　　　　　　　　　　　　　1 000 000

第四节 生产过程的核算

工业企业的基本任务是生产社会需要的产品，因此产品的生产过程是企业生产经营过程的中心环节。因此，生产过程核算的主要内容是归集和分配各项费用，计算产品生产成本。产品成本的构成项目包括：①直接材料，指直接用于某产品生产所消耗的材料；②直接人工，指直接从事产品生产的生产工人的薪酬；③制造费用，指生产车间为组织和管理车间生产而发生的各项费用。一般包括生产车间管理人员的工资、福利费，生产车间的固定资产折旧费等。

（一）生产过程核算需要设置和运用的账户

1．"生产成本"账户

该账户属于成本类账户，用来核算产品生产过程中应计入产品成本的各项费用。该账户借方登记生产产品直接耗用的材料费用和人工费用，以及月末转入的制造费用，贷方登记月末转出的完工产品的成本；月末借方余额表示尚未完工的在产品成本。该账户按产品的种类设置明细分类账户，进行明细分类核算。

2．"制造费用"账户

该账户属于成本类账户，用来核算生产车间为组织和管理车间生产而发生的各项费用。该账户借方登记车间发生的各项间接费用，贷方登记月末分配转入"生产成本"账户的费用。该账户期末一般无余额。该账户应按生产车间设置明细账，进行明细分类核算。

3．"应付职工薪酬"账户

职工薪酬是指企业为获得职工提供的服务而给予各种形式的报酬以及其他相关支出。职工薪酬包括：①职工工资、奖金、津贴和补贴；②职工福利费；③医疗保险费、养老保险费、失业保险费、工伤保险费和生育保险费等社会保险费；④住房公积金；⑤工会经费和职工教育经费；⑥非货币性福利；⑦因解除与职工的劳动关系给予的补偿；⑧其他与获得职工提供的服务相关的支出。

"应付职工薪酬"账户属于负债类账户，用来核算企业应付给职工的各种薪酬。该账贷方登记应付职工薪酬数额，借方登记实际支付的职工薪酬数额；期末余额在贷方，表示尚未支付的职工薪酬。该账户可按"工资""职工福利""社会保险费""住房公积金""工会经费""职工教育经费""非货币性福利"等进行明细分类核算。

4．"累计折旧"账户

该账户是"固定资产"的备抵账户，性质上属于资产类账户，用来核算企业固定资产的累计折旧。该账户贷方登记按月计提的固定资产折旧，借方登记因出售、报废和毁损等固定资产的转出已提折旧；期末贷方余额表示固定资产累计已提折旧数额。

5．"管理费用"账户

该账户属于损益类账户，用来核算企业行政管理部门为组织和管理生产经营所发生的管理费用，包括企业在筹建期间内发生的开办费用、董事会和行政管理部门在企业的经营管理中发生的或者应由企业统一负担的公司经费（包括行政管理部门职工工资及福利费、物料消耗、低值易耗品摊销、办公费和差旅费等）、工会经费、咨询费（含顾问费）、诉讼费、业务招待费、房产税、车船使用税、土地使用税、印花税、技术转让费、矿产资源补偿费、研究费用、排污费等。该账户借方登记企业发生的各项管理费用，贷方登记期末转入"本年利润"账户的费用，结转后该账户无余额。

6. "待摊费用"账户

该账户属于资产类账户，用来核算企业已经支付但需要分期摊销计入各月的费用。该账户借方登记企业已经支付的费用，贷方登记按月摊销的金额；余额在借方表示尚未摊销的费用。

7. "库存商品"账户

该账户属于资产类账户，用来核算企业库存的各种商品的成本，包括库存产成品、外购商品、存放在门市准备出售的商品、发生展览的商品以及寄存在外的商品等。该账户借方登记已验收入库的产成品的成本，贷方登记发生产品的成本；期末借方余额表示库存商品成本。该账户按库存商品的种类、规格和品种进行明细核算。

（二）生产过程主要经济业务的核算

1. 直接材料的归集

企业消耗的材料按受益对象计入相关的成本和费用。

（1）生产产品所消耗的材料，计入"生产成本"；
（2）车间一般耗用的材料，计入"制造费用"；
（3）行政管理部门耗用的材料，计入"管理费用"。

例4-33 根据领料凭证汇总表，本月领用材料如下：

生产甲产品领用A材料40 000元，领用D材料11 000元；

生产乙产品领用A材料5 000元，领用B材料18 000元，领用D材料3 000元；车间耗用C材料3 000元；管理部门耗用C材料1 000元。

借：生产成本——甲产品　　　　　　　　　　　　　　51 000
　　　　　　——乙产品　　　　　　　　　　　　　　26 000
　　制造费用　　　　　　　　　　　　　　　　　　　 3 000
　　管理费用　　　　　　　　　　　　　　　　　　　 1 000
　　贷：原材料——A材料　　　　　　　　　　　　　 45 000
　　　　　　　——B材料　　　　　　　　　　　　　 18 000
　　　　　　　——C材料　　　　　　　　　　　　　　4 000
　　　　　　　——D材料　　　　　　　　　　　　　 14 000

例4-34 根据领料单，销售部门领用A材料2 000元；在建工程领用A材料3 000元。

借：销售费用　　　　　　　　　　　　　　　　　　　2 000
　　在建工程　　　　　　　　　　　　　　　　　　　3 000

　　　　贷：原材料——A 材料　　　　　　　　　　　　　　　　　　　　　　　5 000
　　2. 直接人工的归集
　　企业发生的薪酬费用按用途计入相关的成本费用。
　　（1）生产工人的薪酬计入"生产成本"；
　　（2）车间管理人员的薪酬计入"制造费用"；
　　（3）行政管理人员的薪酬计入"管理费用"；
　　（4）在建工程人员的薪酬计入"在建工程"。
　　例 4-35　企业开出现金支票 50 000 元从银行提取现金，准备发放工资。
　　借：库存现金　　　　　　　　　　　　　　　　　　　　　　　　　　　50 000
　　　　贷：银行存款　　　　　　　　　　　　　　　　　　　　　　　　　　50 000
　　例 4-36　用现金 50 000 元发放上月职工工资。
　　借：应付职工薪酬——工资　　　　　　　　　　　　　　　　　　　　　50 000
　　　　贷：库存现金　　　　　　　　　　　　　　　　　　　　　　　　　　50 000
　　例 4-37　月末计算本月应付职工工资 65 000 元，其中：生产甲产品工人工资 30 000 元，生产乙产品工人工资 20 000 元，生产车间管理人员工资 5 000 元，企业管理人员工资 10 000 元。
　　借：生产成本——甲产品　　　　　　　　　　　　　　　　　　　　　　30 000
　　　　　　　　——乙产品　　　　　　　　　　　　　　　　　　　　　　20 000
　　　　制造费用　　　　　　　　　　　　　　　　　　　　　　　　　　　　5 000
　　　　管理费用　　　　　　　　　　　　　　　　　　　　　　　　　　　10 000
　　　　贷：应付职工薪酬——工资　　　　　　　　　　　　　　　　　　　　65 000
　　例 4-38　根据企业的实际情况按工资总额的 14% 提取职工福利费 9 100 元，其中：甲产品生产工人 4 200 元，乙产品生产工人 2 800 元，车间管理人员 700 元，企业管理人员 1 400 元。
　　职工福利费是用于职工医药费、职工生活困难补助等职工福利方面的资金。
　　借：生产成本——甲产品　　　　　　　　　　　　　　　　　　　　　　4 200
　　　　　　　　——乙产品　　　　　　　　　　　　　　　　　　　　　　2 800
　　　　制造费用　　　　　　　　　　　　　　　　　　　　　　　　　　　　700
　　　　管理费用　　　　　　　　　　　　　　　　　　　　　　　　　　　1 400
　　　　贷：应付职工薪酬——职工福利　　　　　　　　　　　　　　　　　　9 100
　　例 4-39　用现金支付职工生活困难补助 500 元。
　　借：应付职工薪酬——职工福利　　　　　　　　　　　　　　　　　　　　500
　　　　贷：库存现金　　　　　　　　　　　　　　　　　　　　　　　　　　　500
　　3. 制造费用的归集与分配
　　例 4-40　用现金购入办公用品，其中生产车间 100 元，管理部门 300 元。
　　借：制造费用　　　　　　　　　　　　　　　　　　　　　　　　　　　　100
　　　　管理费用　　　　　　　　　　　　　　　　　　　　　　　　　　　　300

贷：库存现金　　　　　　　　　　　　　　　　　　　　　　　　400

例 4-41　采购员于宁出差，预借差旅费 500 元，以现金支付。
　　借：其他应收款——于宁　　　　　　　　　　　　　　　　　　500
　　　　贷：库存现金　　　　　　　　　　　　　　　　　　　　　　500

"其他应收款"账户，属于资产类账户，用来核算企业应收及暂付其他单位或个人的款项。借方登记应收款的增加，贷方登记收回的应收款项，期末借方余额表示尚未收回的款项。该账户按单位或个人设置明细分类账户，进行明细分类核算。

例 4-42　企业向工商银行申领信用卡，按银行要求交存备用金 8 000 元。
　　借：其他货币资金——信用卡（工商银行）　　　　　　　　　　8 000
　　　　贷：银行存款　　　　　　　　　　　　　　　　　　　　　　8 000

例 4-43　根据工商银行转来的信用卡存款付款凭证及所附发票账，公司已购买办公用品 458 元。
　　借：管理费用　　　　　　　　　　　　　　　　　　　　　　　　458
　　　　贷：其他货币资金——信用卡（工商银行）　　　　　　　　　　458

例 4-44　于宁出差回来，报销差旅费 465 元，退回现金 35 元。
　　借：管理费用　　　　　　　　　　　　　　　　　　　　　　　　465
　　　　库存现金　　　　　　　　　　　　　　　　　　　　　　　　35
　　　　贷：其他应收款——于宁　　　　　　　　　　　　　　　　　500

例 4-45　用银行存款支付明年的报刊费用 1 200 元。
　　借：待摊费用　　　　　　　　　　　　　　　　　　　　　　　　1 200
　　　　贷：银行存款　　　　　　　　　　　　　　　　　　　　　　　1 200

例 4-46　摊销应由本月负担的保险费 200 元。
　　借：管理费用　　　　　　　　　　　　　　　　　　　　　　　　200
　　　　贷：待摊费用　　　　　　　　　　　　　　　　　　　　　　　200

例 4-47　计提本月固定资产折旧 6 000 元，其中生产车间固定资产折旧 4 000 元，企业管理部门固定资产折旧 2 000 元。
　　借：制造费用　　　　　　　　　　　　　　　　　　　　　　　　4 000
　　　　管理费用　　　　　　　　　　　　　　　　　　　　　　　　2 000
　　　　贷：累计折旧　　　　　　　　　　　　　　　　　　　　　　　6 000

企业当期发生的制造费用在"制造费用"账户归集后，月末在各受益对象之间采用一定的标准进行分配，以便计算完工产品的在产品的成本。

制造费用分配率 = 制造费用总额 ÷ 各种产品分配标准总数
某种产品应分配的制造费用 = 制造费用分配率 × 该产品分配标准

例 4-46　将本月发生的制造费用转入生产成本。按产品的生产工人工资分配。
制造费用总额 = 3 000 + 5 000 + 700 + 100 + 4 000 = 12 800（元）
制造费用分配率 = 12 800 ÷（30 000 + 20 000）= 0.256
甲产品应分配的制造费用 = 0.256 × 30 000 = 7 680（元）

乙产品应分配的制造费用 = 12 800 - 7 680 = 5 120（元）

借：生产成本——甲产品　　　　　　　　　　　　　　　7 680
　　　　　　——乙产品　　　　　　　　　　　　　　　5 120
　　贷：制造费用　　　　　　　　　　　　　　　　　　　12 800

4. 产品成本计算

完工产品成本 = 期初在产品成本 + 本月生产费用 - 期末在产品成本

例 4-48 计算本月完工入库产品的生产成本。其中：甲产品 100 件全部完工（没有期初在产品）；乙产品本月生产 100 件其中完工 90 件（期初在产品：直接材料 2 000 元；直接人工：1 200 元；制造费用 280 元）。

表 4-1　　　　　　　　　　甲产品成本计算单　　　　　　　　　　单位：元

项目	直接材料	直接人工	制造费用	合计
期初在产品成本				
本月生产费用	51 000	34 200	7 680	92 880
合计	51 000	34 200	7 680	92 880
生产费用分配率	510	342	76.8	
完工产品成本	51 000	34 200	7 680	92 880
完工产品单位成本	510	342	76.8	928.8
在产品成本				

表 4-2　　　　　　　　　　乙产品成本计算单　　　　　　　　　　单位：元

项目	直接材料	直接人工	制造费用	合计
期初在产品成本	2 000	1 200	280	3 480
本月生产费用	26 000	22 800	5 120	53 920
合计	28 000	24 000	5 400	57 400
生产费用分配率	280	240	54	
期末在产品成本	2 800	2 400	540	5 740
完工产品成本	25 200	21 600	4 860	51 660
完工产品单位成本	280	240	54	

借：库存商品——甲产品　　　　　　　　　　　　　　　92 880
　　　　　　——乙产品　　　　　　　　　　　　　　　57 400
　　贷：生产成本——甲产品　　　　　　　　　　　　　92 880
　　　　　　　——乙产品　　　　　　　　　　　　　57 400

第五节　销售过程的核算

销售过程是工业企业经营过程的最后阶段。销售过程核算的主要内容是售出产品确认实现的销售收入，与购货单位办理价款结算，支付各项销售费用，结转产品的销售成本，计算应向国家交纳的销售税金及附加费，确定其销售的业务成果。

一、销售收入的确认

我国的收入准则规定，销售商品的收入，只有在符合以下全部条件的情况下才能予以确认：①企业已将商品所有权上的主要风险和报酬转移给购货方；②企业既没有保留通常与所有权相联系的继续管理权，也没有对已售出的商品实施控制；③收入的金额能够可靠地计量；④相关的经济利益很可能流入企业；⑤相关的已发生或将要发生的成本能够可靠地计量。

以上任何一个条件没有满足，即使收到货款，也不能确认收入。以下就销售商品收入的确认条件作一些简单的说明：

1. 企业已将商品所有权上的主要风险和报酬转移给买方

商品所有权上的风险和报酬转移给了购货方，指风险和报酬均转移给了购货方。如果一项商品发生的任何损失均不需要本企业承担，带来的经济利益也不归本企业所有，则意味着该商品所有权上的风险和报酬已移出该企业。

判断一项商品所有权上的主要风险和报酬是否已转移给买方，应按实质重于形式原则，需要根据不同情况而定。通常，所有权凭证的转移或实物的交付是需要考虑的重要因素。下面举例说明：

（1）大多数情况下，所有权上的风险和报酬的转移伴随着所有权凭证的转移或实物的交付而转移，如大多数零售交易。

（2）有些情况下，企业已将所有权凭证或实物交付给买方，但商品所有权上的主要风险和报酬并未转移。企业可能在以下几种情况下保留商品所有权上的主要风险和报酬：

①企业销售的商品在质量、品种、规格等方面不符合合同规定的要求，又未根据正常的保证条款予以弥补，因而仍负有责任。

例4-49　A企业于5月21日销售一批商品，商品已经发出，买方已预付部分货款，余款由A企业开出一张商业承兑汇票，已随发票账单一并交付买方。买方当天收到商品后，发现商品质量没达到合同规定的要求，立即根据合同的有关条款与A企业交涉，要求A企业在价格上给予一定的减让，否则买方可能会退货。双方没有达成一致意见，A企业仍未采取任何弥补措施。

本例中，尽管商品已经发出，发票账单已交付买方，也已收到部分货款，但由于双方在商品质量的弥补方面未达成一致意见，买方尚未正式接受商品，商品可能被退回，因此商品所有权上的主要风险和报酬仍留在A企业，A企业此时不能确认收入，而应在按买方要求进行弥补时予以确认。

②企业销售商品的收入是否能够取得，取决于代售方或寄销方是否已将商品售出。代销或寄销的特点是受托方只是一个代理商，委托方将商品发出后，所有权并未转移给受托方，从而所有权上的风险和报酬仍在委托方。只有当受托方将商品售出后，商品所有权上的风险和报酬才从委托方转移出去。

例 4-50 沿用例 4-49 的资料。假定 A 企业采用代销或寄销的方式销售商品。

A 企业将商品发出后，所有权并未转移给代理商，所有权上的主要风险和报酬仍在 A 企业。只有当代理商将商品售出后，商品所有权上的主要风险和报酬才转出 A 企业。

③企业尚未完成售出商品的安装或检验工作，而此项安装或检验任务又是销售合同的重要组成部分。

例 4-51 某电梯生产企业销售电梯，电梯已发出，发票账单已交付买方，买方已预付部分货款。但根据合同规定，卖方须负责安装，且在卖方安装并经检验合格后，由买方支付余款。在此例中，电梯发出并不表示商品所有权上的主要风险和报酬已转移给买方。同时，对电梯销售而言，安装属于销售合同的重要组成部分。

④销售合同中规定了约定情况下买方有权退货的条款，而企业又不能确定退货的可能性。

例 4-52 某商场在销售 A 商品时向客户承诺，如果卖出的商品在三个月内因质量不符合要求，则可以退货。

在此例中，该商场尽管已将商品售出，也已收到货款，但由于保证在三个月内因质量不符合要求，则可以退货，而商场无法估计退货的可能性，此时商品所有权上的风险和报酬实质上并未转移给买方，为此该商场在售出商品时不能确认收入，只有当买方正式接受商品时或退货期满时才确认收入。

要注意的是，如果企业只保留有所有权上的次要风险，且符合销售商品收入确认的其他三项条件，则相应的收入应予确认。以下举例加以说明。

例 4-53 某商场在销售 A 商品时向客户承诺，如果卖出的商品在三个月内因质量问题不符合要求，则可以退货。根据以往的经验，商场估计退货的比例为销售额的 1%。

在此例中，虽然商场仍保留有一定的风险，但这种风险是次要的。所售商品所有权上的主要风险和报酬已转移给了客户。因此，该商场可以在 A 商品售出后即确认收入。

（3）有些情况下，企业已将商品所有权上的主要风险和报酬转移给买方，但实物尚未交付。这时应在所有权上的主要风险和报酬转移时确认收入，而不管实物是否交付。

例 4-54 A 企业销售一批商品给 B 企业。B 企业已根据 A 企业开出的发票账单付清货款，并取得了提货单，但 A 企业尚未将商品移交给 B 企业。

在此例中，A 企业采用交款提货的销售方式，即买方已根据卖方开出的发票账单支付货款，并取得卖方开出的提货单。在这种情况下，买方付清了货款，并取得提货单,说明商品所有权上的主要风险和报酬已转移出A企业,虽然货并未实际交付,A企业也应确认收入。

2. 企业既没有保留通常与所有权相联系的继续管理权,也没有对已售出的商品实施控制

如果商品售出后,企业仍保留有与该商品的所有权相联系的继续管理权,或仍然对售出的商品实施控制,则说明此项销售商品交易没有完成,销售不能成立,不能确认收入。

例4-55 A房地产开发商将一片住宅小区销售给某客户,并受客户的委托代售小区商品房和管理小区物业。

本例中,A房地产开发商虽然仍对小区继续管理,但这种管理与小区的所有权无关。由于此项管理权与房产所有权无关,与小区所有权有关的主要风险和报酬也已从A开发商转移给了客户,房地产销售成立,A房地产开发商可以确认收入。企业提供的物业管理应视为一个单独的劳务合同,有关收入应确认为劳务收入。

3. 收入的金额能够可靠地计量

收入能否可靠地计量,是确认收入的基本前提,收入不能可靠计量,则无法确认收入。企业在销售商品时,售价通常已经确定。但销售过程中由于某种不确定因素,也有可能出现售价变动的情况,则新的售价未确定前不应确认收入。

4. 相关的经济利益很可能流入企业

在销售商品的交易中,与交易相关的经济利益即为销售商品的价款。销售商品的价款能否有把握收回,是收入确认的一个重要条件,企业在销售商品时,如估计价款收回的可能性不大,即使收入确认的其他条件均已满足,也不应当确认收入。

销售商品的价款能否收回,主要根据企业以前和买方交往的直接经验,或从其他方面取得的信息,或政府的有关政策等进行判断。例如,企业根据以前与买方交往的直接经验判断买方信誉较差;或销售时得知买方在另一项交易中发生了巨额亏损,资金周转十分困难,在这些情况下,企业应推迟确认收入,直至这些不确定因素消除。

5. 相关的已发生或将要发生的成本能够可靠地计量

根据收入和费用配比原则,与同一项销售有关的收入和成本应在同一会计期间予以确认。因此,成本不能可靠计量,相关的收入也不能确认,即使其他条件均已满足,如已收到价款,收到的价款应确认为一项负债。

二、销售过程核算需要设置和运用的主要账户

1. "主营业务收入"账户

该账户属于损益类账户,用来核算企业确认的销售商品、提供劳务等主营业务的收入。该账户贷方登记售出产品实现的销售收入,借方登记期末转入"本年利润"账户的收入,期末结转后无余额。该账户可按商品种类进行明细分类核算。

2. "主营业务成本"账户

该账户属于损益类账户,用来核算企业确认的销售商品、提供劳务等主营业务收入时应结转的成本。该账户借方登记从"库存商品"账户转入的已销售产品的生产成

本，贷方登记期末转入"本年利润"账户的销售成本，期末结转后无余额。该账户可按商品种类进行明细分类核算。

3. "销售费用"账户

该账户属于损益类账户，用来核算企业在销售过程中发生的包装费、运输费、广告费以及为销售本企业商品而专设的销售机构的职工薪酬、业务费、折旧费等经营费用。该账户借方登记企业发生的各项费用，贷方登记期末转入"本年利润"账户的费用，期末结转后无余额。该账户可按费用项目进行明细核算。

4. "营业税金及附加"账户

该账户属于损益类账户，用来核算企业经营活动发生的营业税、消费税、城市维护建设税和教育费附加等相关税费。该账户借方登记按规定计算确定的与经营活动相关的税费，贷方登记期末转入"本年利润"账户的与经营活动相关的税费，期末结转后无余额。

5. "应收账款"账户

该账户属于资产类账户，用来核算企业因销售产品或提供劳务而应向购货单位收取的款项。该账户借方登记应向购货单位收回的销货款，贷方登记已收回的销货款，期末借方余额表示尚未收回的款项。该账户按购货单位进行明细分类核算。

6. "其他业务收入"账户

该账户属于损益类账户，用来核算企业确认的除主营业务活动以外的其他经营活动实现的收入，包括出租固定资产、出租无形资产、出租包装物和商品、销售材料等实现的收入。该账户贷方登记实现的其他业务收入，借方登记期末转入"本年利润"账户的收入，期末结转后无余额。

7. "其他业务成本"账户

该账户属于损益类账户，用来核算企业确认的除主营业务活动以外的其他经营活动所发生的支出，包括销售材料的成本、出租固定资产的折旧费、出租无形资产的摊销额、出租包装物的成本或摊销额等。该账户借方登记发生的其他业务支出，贷方登记期末转入"本年利润"账户的支出，期末结转后该账户无余额。

8. "预收账款"账户

该账户的性质是负债类，用来核算企业按照合同的规定预收购买单位订货款的增减变动及其结余情况。其贷方登记预收购买单位订货款的增加，借方登记销售实现时冲减的预收货款。期末余额如在贷方，表示企业预收款的结余额；期末余额如在借方，表示购货单位应补付给本企业的款项。本账户应按照购货单位设置明细账户，进行明细分类核算。

9. "应收票据"账户

该账户的性质是资产类，用来核算企业销售商品而收到购买单位开出并承兑商业承兑汇票或银行承兑汇票的增减变动及其结余情况的账户。企业收到购买单位开出并承兑的商业汇票，表明企业票据应收款的增加，应记入"应收票据"账户的借方；票据到期收回款项表明企业应收票据款的减少，应记入"应收票据"账户的贷方，期末该账户如有余额应在借方，表示尚未到期的票据应收款项的结余额。该账户不设置明细账户。为了了解每一应收票据的结算情况，企业应设置"应收票据备查簿"逐笔登记每一应收票据的详细资料。

三、销售过程主要经济业务的核算

例4-56　销售给红星工厂甲产品100件，每件售价300元，计30 000元，增值税销项税5 100元，款项已收存银行存款账户。

借：银行存款　　　　　　　　　　　　　　　　　　　　　　35 100
　　贷：主营业务收入——甲产品　　　　　　　　　　　　　　30 000
　　　　应交税费——应交增值税（销项税额）　　　　　　　　5 100

例4-57　用银行存款支付产品销售广告费3 000元。

借：销售费用　　　　　　　　　　　　　　　　　　　　　　3 000
　　贷：银行存款　　　　　　　　　　　　　　　　　　　　　3 000

例4-58　销售给立达工厂乙产品100件，每件售价200元，计20 000元，增值税销项税3 400元，款项未收到。

借：应收账款——立达工厂　　　　　　　　　　　　　　　　23 400
　　贷：主营业务收入——乙产品　　　　　　　　　　　　　　20 000
　　　　应交税费——应交增值税（销项税额）　　　　　　　　3 400

例4-59　销售给长城工厂B材料500千克，每千克40元，计20 000元，增值税3 400元，款项已存入银行。

借：银行存款　　　　　　　　　　　　　　　　　　　　　　23 400
　　贷：其他业务收入　　　　　　　　　　　　　　　　　　　20 000
　　　　应交税费——应交增值税（销项税额）　　　　　　　　3 400

例4-60　收到立达工厂偿还的前欠乙产品货款23 400元，存入银行。

借：银行存款　　　　　　　　　　　　　　　　　　　　　　23 400
　　贷：应收账款——立达工厂　　　　　　　　　　　　　　　23 400

例4-61　销售给健民工厂甲产品300件，每件售价300元，计90 000元，乙产品150件，每件售价200元，计30 000元，增值税20 400元，款项已存入银行。

借：银行存款　　　　　　　　　　　　　　　　　　　　　　140 400
　　贷：主营业务收入——甲产品　　　　　　　　　　　　　　90 000
　　　　　　　　　　——乙产品　　　　　　　　　　　　　　30 000
　　　　应交税费——应交增值税（销项税额）　　　　　　　　20 400

例4-62　远大公司向光明工厂销售A产品50台，每台售价4 000元，发票注明该批A产品的价款200 000元，增值税税额34 000元，全部款项收到一张已承兑的商业汇票。

借：应收票据　　　　　　　　　　　　　　　　　　　　　　23 400
　　贷：主营业务收入　　　　　　　　　　　　　　　　　　　200 000
　　　　应交税费——应交增值税（销项税额）　　　　　　　　340 000

例 4-63 远大公司按照合同规定预收红光工厂订购 B 产品的货款 500 000 元，存入银行。

借：银行存款　　　　　　　　　　　　　　　　　　　　　　500 000
　　贷：预收账款——红光工厂　　　　　　　　　　　　　　　　500 000

例 4-64 远大公司本月预收红光工厂货款的 B 产品 70 台，现已发货，发票注明的价款 1 400 000 元，增值税销项税额 238 000 元。原预收款不足，其差额部分当即收到存入银行。

借：预收账款——正大工厂　　　　　　　　　　　　　　　　500 000
　　银行存款　　　　　　　　　　　　　　　　　　　　　　138 000
　　贷：主营业务收入　　　　　　　　　　　　　　　　　　1 400 000
　　　　应交税费——应交增值税（销项税额）　　　　　　　　238 000

例 4-65 企业将闲置的办公楼出租，取得租金收入 30 000 元存入银行。

借：银行存款　　　　　　　　　　　　　　　　　　　　　　30 000
　　贷：其他业务收入　　　　　　　　　　　　　　　　　　30 000

例 4-66 结转本月销售甲产品 400 件的生产成本 76 000 元，销售乙产品 250 件的生产成本 30 000 元。

借：主营业务成本——甲产品　　　　　　　　　　　　　　　76 000
　　　　　　　　——乙产品　　　　　　　　　　　　　　　30 000
　　贷：库存商品——甲产品　　　　　　　　　　　　　　　　76 000
　　　　　　　——乙产品　　　　　　　　　　　　　　　　30 000

例 4-67 结转本月已售 B 材料 500 千克的成本 10 000 元。

借：其他业务成本　　　　　　　　　　　　　　　　　　　　10 000
　　贷：原材料——B 材料　　　　　　　　　　　　　　　　　10 000

例 4-68 月末计提出租办公楼的折旧 15 000 元。

借：其他业务成本　　　　　　　　　　　　　　　　　　　　15 000
　　贷：累计折旧　　　　　　　　　　　　　　　　　　　　15 000

例 4-69 根据本月产品销售应交的增值税 9 350 元，计算产品销售应缴纳的城市维护建设税（税率 7%）和教育附加费（3%）。

应交城市维护建设税 = 9 350 × 7% = 654.50（元）

应交教育附加费 = 9 350 × 3% = 280.50（元）

借：营业税金及附加　　　　　　　　　　　　　　　　　　　935
　　贷：应交税费——应交城市维护建设税　　　　　　　　　　654.50
　　　　　　　　——应交教育费附加　　　　　　　　　　　　280.50

例 4-70 用银行存款上交城建税 654.50 元，教育费附加 280.50 元。

借：应交税费——应交城市维护建设税　　　　　　　　　　　654.50
　　　　　　——应交教育费附加　　　　　　　　　　　　　280.50
　　贷：银行存款　　　　　　　　　　　　　　　　　　　　935.00

第六节　利润的形成和分配

一、利润形成的核算

（一）利润的构成

利润是企业在一定会计期间内的经营成果。企业实现的利润包括营业利润、利润总额和净利润，用公式表示如下：

净利润＝利润总额－所得税费用

利润总额＝营业利润＋（营业外收入－营业外支出）

营业利润＝营业收入－营业成本－营业税金及附加－销售费用－管理费用－财务费用－资产减值损失＋公允价值变动收益＋投资收益

营业收入＝主营业务收入＋其他业务收入＋投资收益

营业成本＝主营业务成本＋其他业务成本

营业利润：企业生产经营过程所实现的利润，是企业利润总额的主要组成部分。

利润总额：营业利润加上营业外收入，减去营业外支出后的金额。

净利润：利润总额减去所得税后的金额。

所得税：企业根据国家税法的规定，对企业应纳税所得额按一定比例上缴的一种税金。

所得税＝应纳税所得额×适用企业所得税税率

（二）利润形成核算需要设置和运用的账户

1．"投资收益"账户

该账户属于损益类账户，用来核算企业对外投资取得的收益和发生的损失。该账户贷方登记取得的投资收益，借方登记发生的投资损失和期末转入"本年利润"账户的净收益，期末结转后无余额。

2．"营业外收入"账户

该账户属于损益类账户，用来核算与企业发生的各项营业外收入，主要包括非流动资产处置利得（如固定资产处置净收益，无形资产处置净收益）、非货币性资产交换利得、债务重组利得、政府补助、固定资产盘盈利得、捐赠利得、罚款收入等。该账户贷方登记取得的营业外收入，借方登记期末转入"本年利润"账户的收入，期末结转后无余额。

3．"营业外支出"账户

该账户属于损益类账户，用来核算企业发生的各项营业外支出，包括非流动资产处置损失（如固定资产处置净损失，无形资产处置净损失）、非货币性资产交换损失、债务重组损失、公益性捐赠支出、固定资产盘亏、非常损失、罚款支出等。该账户借方登记发生的营业外支出，贷方登记期末转入"本年利润"账户的支出，期末结转后无余额。

4. "本年利润"账户

该账户属于所有者账户，用来核算企业实现的利润（或发生的亏损）。该账户贷方登记从损益类账户转入的收入数，借方登记从损益类账户转入的费用数，期末贷方（或借方）余额表示实现的利润（或发生的亏损）。年末，应将全年实现的利润（或发生的亏损）转入"利润分配"账户，结转后无余额。

本年利润

从有关费用、成本账户转入数：	从有关收入、收益账户转入数：
（1）主营业务成本	（1）主营业务收入
（2）其他业务成本	（2）其他业务收入
（3）营业税金及附加	（3）投资收益
（4）管理费用	（4）营业外收入
（5）财务费用	
（6）销售费用	
（7）营业外支出	
	利润总额
（8）所得税费用	
	净利润
（9）将净利润转入利润分配	

图 4-1 "本年利润"账户

5. "所得税费用"账户

该账户属于损益类账户，用来核算企业由于向国家交纳所得税而负担的税费。

该账户借方登记企业本期应负担的税费，贷方登记期末转入"本年利润"账户的所得税，期末结转后无余额。

（三）利润形成业务的核算

例 4-71 企业收到 A 公司的违约罚款收入 50 000 元转为营业外收入。

借：银行存款　　　　　　　　　　　　　　　　　50 000
　　贷：营业外收入　　　　　　　　　　　　　　　　50 000

例 4-72 企业用银行存款向灾区捐款 25 000 元。

借：营业外支出　　　　　　　　　　　　　　　　25 000
　　贷：银行存款　　　　　　　　　　　　　　　　　25 000

例 4-73 企业因对外投资收到被投资单位分来的利润 15 000 元，存入银行。

借：银行存款　　　　　　　　　　　　　　　　　15 000
　　贷：投资收益　　　　　　　　　　　　　　　　　15 000

例 4-74 企业将无法支付的应付账款 4 000 元转为营业外收入。

借：应付账款　　　　　　　　　　　　　　　　　4 000
　　贷：营业外收入　　　　　　　　　　　　　　　　4 000

例 4-75 将损益类有关收入账户的余额结转"本年利润"账户。其中：主营业务收入 170 000 元（甲产品 120 000 元，乙产品 50 000 元），其他业务收入 20 000 元，营业外收入 50 000 元，投资收益 15 000 元。

借：主营业务收入——甲产品	120 000
——乙产品	50 000
其他业务收入	20 000
营业外收入	50 000
投资收益	15 000
贷：本年利润	255 000

例 4-76 将损益类有关费用账户的余额结转"本年利润"账户，其中：主营业务成本 106 000 元（甲产品 76 000 元，乙产品 30 000 元），营业税金及附加 935 元，其他业务成本 10 000 元，销售费用 3 000 元，管理费用 19 365 元，财务费用 700 元，营业外支出 25 000 元。

借：本年利润	165 000
贷：主营业务成本——甲产品	76 000
——乙产品	30 000
营业税金及附加	935
其他业务成本	10 000
销售费用	3 000
管理费用	19 365
财务费用	700
营业外支出	25 000

例 4-77 按本月实现的利润总额 90 000 元，计算并结转应缴纳的所得税。

应交所得税 = 90 000 × 25% = 22 500（元）

借：所得税费用	22 500
贷：应交税费——应交所得税	22 500
借：本年利润	22 500
贷：所得税费用	22 500

例 4-78 用银行存款上交所得税 22 500 元。

借：应交税费——应交所得税	22 500
贷：银行存款	22 500

例 4-79 年末结转全年累计实现的净利润 67 500 元。

借：本年利润	67 500
贷：利润分配——未分配利润	67 500

二、利润分配的核算

企业实现的净利润，应当按照国家规定进行分配。企业利润分配主要包括以下内容：①提取盈余公积。盈余公积包括法定盈余公积和任意盈余公积，法定盈余公积一般按照本年净利润的10%提取，当提取的法定盈余公积金累计额超过注册资本50%以上的，可以不再提取。任意盈余公积按本年净利润的5%~10%提取，由企业自行决定。②向投资者分配利润或股利。

企业发生亏损，可以用以后年度连续五年的税前利润弥补，如果超过五年，则用年度税后利润弥补，也可以用以前年度提取的盈余公积弥补。

例如，某企业2000年12月31日发生亏损100万元，2001年获利20万元，2002年亏损10万元，2003年获利30万元，2004年亏损10万元，2005年获利10万元，2006年获利40万元，则2000年12月31日发生亏损100万元用自2001—2005年税前利润弥补60万元，从2006年起用税后利润来弥补。

（一）利润分配核算需要设置和运用的账户

1."利润分配"账户

该账户属于所有者权益类账户，用来核算利润的分配（或亏损的弥补）和历年分配（或弥补）后的余额。该账户贷方登记"盈余公积"账户。该账户应当分别"提取法定盈余公积""提取任意盈余公积""应付现金股利或利润""转作股本的股利""盈余公积补亏"和"未分配利润"等进行明细核算。

该账户属于所有者权益类账户，用来核算企业从净利润中提取的盈余公积。该账户贷方登记按规定提取的盈余公积数额，借方登记用盈余公积弥补亏损或者转增资本；期末贷方余额表示盈余公积的实有额。该账户应当分别按"法定盈余公积""任意盈余公积"进行明细核算。

2."盈余公积"账户

该账户的性质是所有者权益类，用来核算企业从税后利润中提取的盈余公积金包括法定盈余公积和任意盈余公积的增减变动及其结余情况的账户。其贷方登记提取的盈余公积金即盈余公积金的增加，借方登记实际使用的盈余公积金即盈余公积金的减少。期末余额在贷方，表示结余的盈余公积金。"盈余公积"应设置下列明细科目："法定盈余公积""任意盈余公积"。盈余公积可以用来弥补亏损、分配股利及转增资本。

3."应付股利"账户

该账户属于负债类账户，用来核算企业分配的现金股利或利润。该账户贷方登记企业根据股东大会或类似机构审议批准的利润分配方案中应付的现金股利或利润，借方登记实际支付的现金股利或利润；期末贷方余额反映企业应付未付的现金股利或利润。

（二）利润分配主要经济业务的核算

例4-80 按全年净利润的10%提取法定盈余公积6 750元。

借：利润分配——提取法定盈余公积　　　　　　　　　　　6 750
　　贷：盈余公积——法定盈余公积　　　　　　　　　　　　　　6 750

例4-81 经研究决定本年向投资者分配利润20 000元。

借：利润分配——应付现金股利或利润　　　　　　　　　　　　　20 000
　　　　贷：应付股利　　　　　　　　　　　　　　　　　　　　　　　　20 000

例 4-82　经批准将企业的盈余公积 150 000 元转增注册资本（其中国家资本 90 000 元，法人资本 60 000 元）。

　　借：盈余公积　　　　　　　　　　　　　　　　　　　　　　　　150 000
　　　　贷：实收资本——国家资本　　　　　　　　　　　　　　　　　90 000
　　　　　　　　　　——法人资本　　　　　　　　　　　　　　　　　60 000

例 4-83　将已分配的利润结转到"利润分配——未分配利润"明细账户。

　　借：利润分配——未分配利润　　　　　　　　　　　　　　　　　　26 750
　　　　贷：利润分配——提取法定盈余公积　　　　　　　　　　　　　6 750
　　　　　　　　　　——应付现金股利或利润　　　　　　　　　　　　20 000

　　结转到"利润分配——未分配利润"明细账户上的期末余额为 26 750 元，在资产负债表"未分配利润"项目上列示的金额为 26 750 元。

第七节　存货的发出计价

一、存货的盘存制度

1. 实地盘存制

实地盘存制是期末通过盘点实物来确定存货数量，然后计算出期末存货成本以便倒挤本期已耗或已销存货成本的一种方法。

存货数量的计算公式：

期末存货结存成本＝单位成本×期末结存数量

本期已耗（已销）存货成本＝期初结存存货成本＋本期收入存货成本－期末存货结存成本

采用实地盘存制的优缺点：实地盘存制可以简化日常工作，但它不能随时反映库存财产物资的发出结存情况，也不利于加强财产物资的管理。

2. 永续盘存制

永续盘存制又称账面盘存制，是对各项存货设置明细账，根据会计凭证连续登记其增加和减少数量，并随时结出账面结存数的一种盘存制度。

采用永续盘存制的优缺点：永续盘存制在财产物资增减结存变动时，能从数量和金额两方面进行双向控制，有利于加强财产物资的管理，但日常工作较繁琐。

二、发出存货的计价方法

（一）个别计价法

个别计价法，也称个别认定法或具体辨认法，是指本期发出存货和期末结存存货的成本，完全按照该存货所属购进批次或生产批次入账时的实际成本进行确定的一种方法。由于采用该方法要求各批发出存货必须可以逐一辨认所属的购进批次或生产批次，因此，需要对每一存货的品种规格、入账时间、单位成本、存放地点等做详细记录。

例4-84 黄河公司的A商品本月购进、发出和结存资料如表4-3所示。

表4-3　　　　　　　　　　存货明细账

存货类别：　　　　　　　　　　　　　　　　　　　　　　　计量单位：件
存货编号：　　　　　　　　　　　　　　　　　　　　　　　最高存量：
存货名称及规格：A商品　　　　　　　　　　　　　　　　　　最低存量：

2002年		凭证编号	摘要	收入			发出			结存		
月	日			数量	单价（元）	金额（元）	数量	单价（元）	金额（元）	数量	单价（元）	金额（元）
6	1		期初结存							200	60	12 000
	5		购进	500	66	33 000				700		
	7		发出				400			300		
	16		购进	600	70	42 000				900		
	18		发出				800			100		
	27		购进	500	68	34 000				600		
	29		发出				300			300		
6	30		期末结存	1 600		109 000	1 500			300		

经具体辨认，6月7日发出的400件A商品中，有100件属于期初结存的商品，有300件属于6月5日第一批购进的商品；6月18日发出的800件A商品中，有100件属于期初结存的商品，有100件属于6月5日第一批购进的商品，其余600件属于6月16日第二批购进的商品；6月29日发出的300件A商品均属于6月27日第三批购进的商品。黄河公司采用个别计价法计算的A商品本月发出和期末结存成本如下：

6月7日发出A商品成本 = 100×60 + 300×66 = 25 800（元）

6月18日发出A商品成本 = 100×60 + 100×66 + 600×70 = 54 600（元）

6月29日发出A商品成本 = 300×68 = 20 400（元）

期末结存A商品成本 = 100×66 + 200×68 = 20 200（元）

个别计价法的特点是成本流转与实物流转完全一致，因而能准确地反映本期发出存货和期末结存存货的成本。但采用该方法必须具备详细的存货收、发、存记录，日常核算非常繁琐，存货实物流转的操作程序也相当复杂。

个别计价法适用于不能替代使用的存货或为特定项目专门购入或制造的存货的计价，以及品种数量不多、单位价值较高或体积较大、容易辨认的存货的计价，如房产、船舶、飞机、重型设备以及珠宝、名画等贵重物品。

（二）先进先出法

先进先出法是以先入库的存货先发出去这一存货实物流转假设为前提，对先发出的存货按先入库的存货单位成本计价，后发出的存货按后入库的存货单位成本计价，据以确定本期发出存货和期末结存存货成本的一种方法。

例4-85 沿用例4-84的资料，黄河公司采用先进先出法计算的A商品本月发出和期末结存成本如下：

6月7日发出A商品成本 = 200×60 + 200×66 = 25 200（元）

6月18日发出A商品成本 = 300×66 + 500×70 = 54 800（元）

6月29日发出A商品成本 = 100×70 + 200×68 = 20 600（元）

期末结存A商品成本 = 300×68 = 20 400（元）

根据上述计算，本月A商品的收、发、存情况，如表4-4所示。

表4-4　　　　　　　　　　**存货明细账（先进先出法）**　　　　　　　　　计量单位：件

存货类别：　　　　　　　　　　　　　　　　　　　　　　　　　　　最高存量：

存货编号：　　　　　　　　　　　　　　　　　　　　　　　　　　　最低存量：

存货名称及规格：A商品

2002年		凭证编号	摘要	收入			发出			结存		
月	日			数量	单价（元）	金额（元）	数量	单价（元）	金额（元）	数量	单价（元）	金额（元）
6	1		期初结存							200	60	12 000
	5		购进	500	66	33 000				700		45 000
	7		发出				400		25 200	300		19 800
	16		购进	600	70	42 000				900		61 800
	18		发出				800		54 800	100		7 000
	27		购进	500	68	34 000				600		41 000
	29		发出				300		20 600	300		20 400
6	30		期末结存	1 600		109 000	1 500		100 600	300	68	20 400

采用先进先出法进行存货计价，可以随时确定发出存货的成本，从而保证了产品成本和销售成本计算的及时性，并且期末存货成本是按最近购货成本确定的，比较接近现行的市场价值。但采用该方法计价，有时对同一批发出存货要采用两个或两个以上的单位成本计价，计算繁琐，对存货进出频繁的企业更是如此。从该方法对财务报告的影响来看，在物价上涨期间，会高估当期利润和存货价值；反之，会低估当期利润和存货价值。

（三）加权平均法

加权平均法亦称全月一次加权平均法，是指以月初结存存货数量和本月各批收入存货数量作为权数，计算本月存货的加权平均单位成本，据以确定本期发出存货成本

和期末结存存货成本的一种方法。加权平均单位成本的计算公式如下:

$$加权平均单位成本 = \frac{月初结存存货成本 + 本月购进存货成本}{月初结存存货数量 + 本月购进存货数量}$$

例 4-86 沿用例 4-84 的资料,黄河公司采用加权平均法计算的 A 商品本月加权平均单位成本及本月发出和期末结存成本如下:

$$加权平均单位成本 = \frac{12\,000 + 109\,000}{200 + 1\,600} = 67.22(元)$$

期末结存 A 商品成本 = 300 × 67.22 = 20 166(元)

本月发出 A 商品成本 = (12 000 + 109 000) - 20 166 = 100 834(元)

由于加权平均单位成本往往不能除尽,为了保证期末结存商品的数量、单位成本与总成本的一致性,应先按加权平均单位成本计算期末结存商品成本,然后倒减出本月发出商品成本,将计算尾差计入发出商品成本。

根据上述计算,本月 A 商品的收、发、存情况,如表 4-5 所示。

表 4-5　　　　　　　　　存货明细账(加权平均法)

存货类别:　　　　　　　　　　　　　　　　　　　　　　　计量单位:件
存货编号:　　　　　　　　　　　　　　　　　　　　　　　最高存量:
存货名称及规格:A 商品　　　　　　　　　　　　　　　　　最低存量:

2002年		凭证编号	摘要	收入			发出			结存		
月	日			数量	单价(元)	金额(元)	数量	单价(元)	金额(元)	数量	单价(元)	金额(元)
6	1		期初结存							200	60	12 000
	5		购进	500	66	33 000				700		
	7		发出				400			300		
	16		购进	600	70	42 000				900		
	18		发出				800			100		
	27		购进	500	68	34 000				600		
	29		发出				300			300		
6	30		期末结存	1 600		109 000	1 500		100 834	300	67.22	20 166

采用加权平均法,只在月末一次计算加权平均单位成本并结转发出存货成本即可,平时不对发出存货计价,因而日常核算工作量较小,简便易行,适用于存货收发比较频繁的企业。但也正因为存货计价集中在月末进行,所以平时无法提供发出存货和结存存货的单价及金额,不利于存货的管理。

(四) 移动平均法

移动平均法亦称移动加权平均法,是指平时每入库一批存货,就以原有存货数量和本批入库存货数量为权数,计算一个加权平均单位成本,据以对其后发出存货进行计价的一种方法。移动加权平均单位成本的计算公式如下:

$$\text{移动加权平均单位成本} = \frac{\text{原有存货成本} + \text{本批入库存货成本}}{\text{原有存货数量} + \text{本批入库存货数量}}$$

例 4-87 沿用例 4-84 的资料，黄河公司采用移动平均法计算的 A 商品本月移动加权平均单位成本及本月发出和期末结存成本如下：

$$6 月 5 日购进后移动平均单位成本 = \frac{12\,000 + 33\,000}{200 + 500} = 64.29（元）$$

$$6 月 7 日结存 A 商品成本 = 300 \times 64.29 = 19\,287（元）$$

$$6 月 7 日发出 A 商品成本 = 45\,000 - 19\,287 = 25\,713（元）$$

$$6 月 16 日购进后移动平均单位成本 = \frac{19\,287 + 42\,000}{300 + 600} = 68.10（元）$$

$$6 月 18 日结存 A 商品成本 = 100 \times 68.10 = 6\,810（元）$$

$$6 月 18 日发出 A 商品成本 = 61\,287 - 6\,810 = 54\,477（元）$$

$$6 月 27 日购进后移动平均单位成本 = \frac{6\,810 + 34\,000}{100 + 500} = 68.02（元）$$

$$6 月 29 日结存 A 商品成本 = 300 \times 68.02 = 20\,406（元）$$

$$6 月 29 日发出 A 商品成本 = 40\,810 - 20\,406 = 20\,404（元）$$

$$期末结存 A 商品成本 = 300 \times 68.02 = 20\,406（元）$$

根据上述计算，本月 A 商品的收、发、存情况，如表 4-6 所示。

表 4-6　　　　　　　　　　　存货明细账（移动平均法）

存货类别：　　　　　　　　　　　　　　　　　　　　　　　　计量单位：件
存货编号：　　　　　　　　　　　　　　　　　　　　　　　　最高存量：
存货名称及规格：A 商品　　　　　　　　　　　　　　　　　　最低存量：

2002 年		凭证编号	摘要	收入			发出			结存		
月	日			数量	单价（元）	金额（元）	数量	单价（元）	金额（元）	数量	单价（元）	金额（元）
6	1		期初结存							200	60	12 000
	5		购进	500	66	33 000				700	64.29	45 000
	7		发出				400		25 713	300	64.29	19 287
	16		购进	600	70	42 000				900	68.10	61 287
	18		发出				800		54 477	100	68.10	6 810
	27		购进	500	68	34 000				600	68.02	40 810
	29		发出				300		20 404	300	68.02	20 406
6	30		期末结存	1 600		109 000	1 500		100 594	300	68.02	20 406

和全月一次加权平均法相比，移动加权平均法的特点是将存货的计价和明细账的登记分散在平时进行，从而可以随时掌握发出存货的成本和结存存货的成本，为存货管理及时提供所需信息。但采用这种方法，每次收货都要计算一次平均单位成本，计算工作量较大，不适合收发货比较频繁的企业使用。

第八节 存货按计划成本核算

一、计划成本法的定义

计划成本法，是指存货的日常收入、发出和结存均按预先制定的计划成本计价，并设置"材料成本差异"科目登记实际成本与计划成本之间的差异，月末，再通过对存货成本差异的分摊，将发出存货的计划成本和结存存货的计划成本调整为实际成本进行反映的一种核算方法。

二、计划成本法的基本核算程序

采用计划成本法进行存货日常核算的基本程序如下：

（1）制定存货的计划成本目录，规定存货的分类、各类存货的名称、规格、编号、计量单位和单位计划成本。采用计划成本法核算时，需要对每一品种、规格的存货制订计划成本。计划成本是指在正常的市场条件下，企业取得存货应当支付的合理成本，包括采购成本、加工成本和其他成本，其组成内容应当与实际成本完全一致。计划成本一般由会计部门会同采购等部门共同制定，制定的计划成本应尽可能接近实际，以利于发挥计划成本的考核和控制功能。除特殊情况外，计划成本在年度内一般不作调整。

（2）平时购进材料按实际成本计入"材料采购"账户的借方；验收入库时计入该账户的贷方。

（3）平时验收存货时按计划成本计入"原材料"账户的借方。计划成本与实际成本的差异，登记"材料成本差异"账户。实际成本高于计划成本的超支差异，在该科目的借方登记，实际成本低于计划成本的节约差异，在该科目的贷方登记。

（4）平时领用、发出存货，都按计划成本计入相关的成本费用账户的借方和"原材料"账户的贷方。

（5）月份终了，计算本月材料成本差异率，分摊本月发出存货应负担的成本。超支差异的分摊计入"材料成本差异"账户的贷方，节约差异的分摊计入"材料成本差异"账户的借方（也可将金额用红字计入该账户的贷方）。

三、账户设置

（1）"材料采购"账户。核算企业采用计划成本进行材料日常核算而购入材料的采购成本。"材料采购"账户的借方登记材料采购的实际成本，贷方登记已验收或结转的原材料的实际采购成本。余额在借方，表示企业已购入但尚未验收入库材料的实际成本。可按材料的品种设置明细账。

（2）"原材料"账户。其总账账户和明细账户均以计划成本记账。"原材料"账户借方登记库存已经验收入库材料的计划成本金额，贷方登记库存材料的领用计划金额，期末借方余额反映库存材料的计划余额。"原材料"借方余额和"材料成本差异"账户的借方（超支）相加或与它的贷方（节约）相减，即为库存材料的实际成本。

（3）"材料成本差异"账户。该账户用以反映收入材料实际成本与计划成本的差异。"材料成本差异"账户借方登记实际成本大于计划成本的数额（超支额），贷方登记实际成本小于计划成本的数额（节约额）。期末借方余额反映库存材料超支差异额，期末贷方余额表示库存材料节约差异额。可按大类或品种设置明细账。

四、会计核算

某企业为一般纳税人，材料按计划成本核算，单位计划成本为 20 元。该企业 2007 年 3 月有材料业务如下："原材料"账户月初借方余额为 50 000 元，"材料成本差异"账户月初借方余额为 800 元，"材料采购"账户月初借方余额为 14 000 元。本月发生如下经济业务：

例 4 - 88 3 月 6 日，企业上月已经付款的材料已经运到企业验收入库，实收 680 千克。

借：原材料　　　　　　　　　　　　　　　　　　　　　　13 800
　　材料成本差异　　　　　　　　　　　　　　　　　　　　 200
　　贷：材料采购　　　　　　　　　　　　　　　　　　　　14 000

例 4 - 89 3 月 10 日，企业从外地购入材料 500 千克，增值税发票上注明价款 9 500 元，增值税 1 615 元，企业开出商业承兑汇票一张，材料尚未到达。

借：材料采购　　　　　　　　　　　　　　　　　　　　　 9 500
　　应交税费——应交增值税（进项税）　　　　　　　　　　1 615
　　贷：应付票据　　　　　　　　　　　　　　　　　　　11 115

例 4 - 90 3 月 15 日，3 月 10 日购入的材料到达企业验收入库。

借：原材料　　　　　　　　　　　　　　　　　　　　　　10 000
　　贷：材料采购　　　　　　　　　　　　　　　　　　　 9 500
　　　　材料成本差异　　　　　　　　　　　　　　　　　　 500

例 4 - 91 3 月 16 日，企业从外地购入材料 130 千克，增值税发票上注明价款 2 700 元，增值税 459 元，另发生运杂费等 300 元，所有款项企业已用银行存款付清。材料尚未到达。

借：材料采购　　　　　　　　　　　　　　　　　　　　　 3 000
　　应交税费——应交增值税（进项税）　　　　　　　　　　 459
　　贷：银行存款　　　　　　　　　　　　　　　　　　　 3 459

例 4 - 92 3 月 20 日，3 月 16 日购入的材料验收入库时发现短缺 10 千克为合理损耗。

借：原材料　　　　　　　　　　　　　　　　　　　　　　 2 400
　　材料成本差异　　　　　　　　　　　　　　　　　　　　 600
　　贷：材料采购　　　　　　　　　　　　　　　　　　　 3 000

注意：验收入库原材料的计划成本 = 120 × 20 = 2 400（元）。

例 4 - 93 3月27日，企业购入一批原材料，材料已经运达企业并已验收入库，但发票等结算凭证尚未收到。暂不作会计处理。

例 4 - 94 3月31日，该批材料的结算凭证仍未到达，企业按该批材料的计划成本 40 000 元估价入账。

借：原材料　　　　　　　　　　　　　　　　　　　　　　　40 000
　　贷：应付账款——暂估应付账款　　　　　　　　　　　　　　40 000

下月初，用红字将上述分录予以冲回。

借：原材料　　　　　　　　　　　　　　　　　　　　　　　40 000
　　贷：应付账款——暂估应付账款　　　　　　　　　　　　　　40 000

或者

借：应付账款——暂估应付账款　　　　　　　　　　　　　　40 000
　　贷：原材料　　　　　　　　　　　　　　　　　　　　　　40 000

待下月收到发票等有关结算凭证并支付货款时，按正常程序记账。

例 4 - 95 3月31日，企业汇总本月发出甲材料 3 000 千克，其中：生产产品领用 2 500 千克；生产车间管理领用 500 千克。

借：生产成本　　　　　　　　　　　　　　　　　　　　　　50 000
　　制造费用　　　　　　　　　　　　　　　　　　　　　　10 000
　　贷：原材料　　　　　　　　　　　　　　　　　　　　　　60 000

例 4 - 96 3月31日月末计算本月材料成本差异率和发出材料应负担的差异并编制发出材料分摊差异的会计分录。

采用计划成本法对存货进行日常核算，发出存货时先按计划成本计价，即按发出存货的计划成本，借记"生产成本""制造费用""管理费用"等有关成本费用科目，贷记"原材料"等存货科目；月末，再将期初结存存货的成本差异和本月取得存货形成的成本差异，在本月发出存货和期末结存存货之间进行分摊，将本月发出存货和期末结存存货的计划成本调整为实际成本。计划成本、成本差异与实际成本之间的关系如下：

实际成本 = 计划成本 + 超支差异

或　　　 = 计划成本 - 节约差异

为了便于存货成本差异的分摊，企业应当计算材料成本差异率，作为分摊存货成本差异的依据。材料成本差异率包括本月材料成本差异率和上月材料成本差异率两种，计算公式如下：

$$本月材料成本差异率 = \frac{月初结存存货的成本差异 + 本月收入存货的成本差异}{月初结存存货的计划成本 + 本月收入存货的计划成本} \times 100\%$$

$$上月材料成本差异率 = \frac{月初结存存货的成本差异}{月初结存存货的计划成本} \times 100\%$$

差异率计算出来为正代表超支，为负代表节约。

本月发出存货应负担的成本差异及实际成本和月末结存存货应负担的成本差异及实际成本，可按如下公式计算：

本月发出存货应负担的差异＝发出存货的计划成本×材料成本差异率

本月发出存货的实际成本＝发出存货的计划成本±发出存货应负担的差异

月末结存存货应负担的差异＝结存存货的计划成本×材料成本差异率＝月初结存存货的成本差异＋本月收入存货的成本差异－本月发出存货应负担的差异

月末结存存货的实际成本＝结存存货的计划成本±结存存货应负担的差异

本月材料成本差异率＝(800＋200＋600－500)/(50 000＋13 800＋10 000＋2 400＋40 000)×100％＝1 100/116 200×100％＝0.95％

本月发出存货应负担的差异＝60 000×0.95％＝570（元）

其中：生产成本应负担的差异＝50 000×0.95％＝475（元）

制造费用应负担的差异＝570－475＝95（元）

本月发出存货的实际成本＝60 000＋570＝60 570（元）

月末结存存货应负担的差异＝(800＋200＋600－500)－570＝530（元）

月末结存存货的实际成本＝(50 000＋13 800＋10 000＋2 400＋40 000)－60 000＋530＝56 730（元）

　　借：生产成本　　　　　　　　　　　　　　　　　475
　　　　制造费用　　　　　　　　　　　　　　　　　 95
　　　　贷：材料成本差异　　　　　　　　　　　　　　　570

第九节　交易性金融资产

一、交易性金融资产的定义

交易性金融资产是指企业为了近期内出售而持有的金融资产。通常情况下，以赚取差价为目的从二级市场购入的股票、债券和基金等，应分类为交易性金融资产。

二、账户设置

企业应当设置"交易性金融资产"资产类账户，核算以交易为目的而持有的股票、债券和基金投资等交易性金融资产的公允价值，并按照交易性金融资产的类别和品种，分别"成本""公允价值变动"进行明细科目核算。

"交易性金融资产——成本"明细科目反映交易性金融资产的初始确认金额。"交易性金融资产——公允价值变动"明细科目反映交易性金融资产在持有期间的公允价值变动金额。

三、交易性金融资产的核算

（一）企业取得交易性金融资产

交易性金融资产应当按照取得时的公允价值作为初始确认金额，相关的交易费用在发生时计入当期损益。其中，交易费用是指直接归属于购买、发行或处置交易性金融资产新增的外部费用，包括支付给代理机构、咨询公司、券商等的手续费和佣金及其他必要支出。

企业取得交易性金融资产所支付的价款中，如果包含已经宣告但尚未发放的现金股利或已到付息期但尚未领取的债券利息，应当单独确认为应收项目，不计入交易性金融资产的初始计量金额。

借：交易性金融资产——成本　　　　　　　　　　［按公允价值计量］
　　投资收益　　　　　　　　　　　　　　　　　　［按发生的交易费用］
　　应收利息或应收股利　　　　　　　　　　　　　［按已到付息期但尚未领取的利息
　　　　　　　　　　　　　　　　　　　　　　　　或已宣告但尚未发放的现金股利］
　贷：银行存款　　　　　　　　　　　　　　　　　［实际支付的款项］

例4-97　A公司在2010年1月1日以每股10元从二级市场购入乙公司股票50万股，另外支付1万元的交易费用。A公司将该投资划分为交易性金融资产。

借：交易性金融资产——成本　　　　　　　　　　5 000 000
　　投资收益　　　　　　　　　　　　　　　　　　　 10 000
　贷：银行存款　　　　　　　　　　　　　　　　　5 010 000

例4-98　某企业购入W上市公司股票10万股，并划分为交易性金融资产，共支付款项283万元，其中包括已宣告但尚未发放的现金股利20万元。另外，支付相关交易费用4万元。

借：交易性金融资产——成本　　　　　　　　　　2 630 000
　　投资收益　　　　　　　　　　　　　　　　　　　 40 000
　　应收股利　　　　　　　　　　　　　　　　　　　200 000
　贷：银行存款　　　　　　　　　　　　　　　　　2 870 000

例4-99　2007年1月8日，甲公司购入丙公司发行的公司债券，该笔债券于2006年7月1日发行，面值为2 500万元，票面利率为4%，债券利息按年支付。甲公司将其划分为交易性金融资产，支付价款2 600万元（其中包含已经宣告发放的债券利息50万元），另支付交易费用30万元。

借：交易性金融资产——成本　　　　　　　　　 25 500 000
　　投资收益　　　　　　　　　　　　　　　　　　　500 000
　　应收利息　　　　　　　　　　　　　　　　　　　300 000
　贷：银行存款　　　　　　　　　　　　　　　　26 300 000

例4-100　甲企业委托某证券公司从深圳证券交易所购入A上市公司股票，要先在该公司以企业名义开立证券资金户头并存入资金800万元。

借：其他货币资金——存出投资款　　　　　　　　8 000 000
　贷：银行存款　　　　　　　　　　　　　　　　　8 000 000

例4-101　该证券公司从深圳证券交易所购入A上市公司股票50万股（假设价值为600万元），并将其划分为交易性金融资产。

借：交易性金融资产——成本	6 000 000	
贷：其他货币资金——存出投资款		6 000 000

例4-102 甲企业将多余的资金转回原开户银行。

借：银行存款	2 000 000	
贷：其他货币资金——存出投资款		2 000 000

（二）交易性金融资产的持有期间

1. 交易性金融资产持有期间取得的现金股利和利息

持有交易性金融资产期间被投资单位宣告发放现金股利或在资产负债表日按债券票面利率计算利息时，借记"应收股利"或"应收利息"科目，贷记"投资收益"科目。

（1）收到买价中包含的股利/利息

借：银行存款
　　贷：应收股利或应收利息

（2）持有期间享有的股利或利息

①资产负债表日确认应持有的股利或利息

借：应收股利或应收利息
　　贷：投资收益

②收到应持有的股利或利息

借：银行存款
　　贷：应收股利或应收利息

例4-103 沿用例4-99，2007年2月5日，甲公司收到该笔债券利息50万元。2008年2月10日，甲公司收到债券利息100万元。

（1）2007年2月5日，收到购买价款中包含的已宣告发放的债券利息时：

借：银行存款	500 000
贷：应收利息	500 000

（2）2007年12月31日，确认丙公司的债券利息收入：

借：应收利息	1 000 000
贷：投资收益	1 000 000

（3）2008年2月10日，甲公司收到债券利息时：

借：银行存款	1 000 000
贷：应收利息	1 000 000

2. 交易性金融资产的期末计量

资产负债表日，交易性金融资产的公允价值高于其账面余额的差额，借记"交易性金融资产——公允价值变动"科目，贷记"公允价值变动损益"科目；公允价值低于其账面余额的差额，作相反的会计分录。

（1）资产负债表日公允价值＞账面余额

借：交易性金融资产——公允价值变动
　　贷：公允价值变动损益

(2) 资产负债表日公允价值＜账面余额
借：公允价值变动损益
　　贷：交易性金融资产——公允价值变动

例4-104 沿用例4-99，2007年6月30日，甲公司购买的该笔债券的市价为2 580万元；2007年12月31日，甲公司购买的该笔债券的市价为2 560万元。

(1) 2007年6月30日，交易性金融资产的公允价值高于其账面余额的差额：

借：交易性金融资产——公允价值变动　　　　　　　　　300 000
　　贷：公允价值变动损益　　　　　　　　　　　　　　　　300 000

(2) 2007年12月31日，交易性金融资产的公允价值低于其账面余额的差额：

借：公允价值变动损益　　　　　　　　　　　　　　　　　200 000
　　贷：交易性金融资产——公允价值变动　　　　　　　　　200 000

3. 交易性金融资产的处置

企业处置交易性金融资产时，将处置时的该交易性金融资产的公允价值与初始入账金额之间的差额确认为投资收益，同时调整公允价值变动损益。

(1) 出售交易性金融资产：应按实际收到的金额，借记"银行存款"，按该金融资产的账面余额，贷记本科目，按其差额，贷记或借记"投资收益"科目。

借：银行存款
　　贷：交易性金融资产——成本
　　　　　　　　　　　　——公允价值变动（本科目也可能在借方）
　　　　投资收益（本科目也可能在借方）

(2) 同时，将原计入该金融资产的公允价值变动转出，借记或贷记"公允价值变动损益"科目，贷记或借记"投资收益"科目。

借：（或贷）公允价值变动损益
　　贷：（或借）投资收益

例4-105 沿用例4-99，假定2008年1月15日，甲公司出售了所持有的丙公司的公司债券，售价为2 565万元，则会计处理为：

借：银行存款　　　　　　　　　　　　　　　　　　　　25 650 000
　　贷：交易性金融资产——成本　　　　　　　　　　　　　25 500 000
　　　　　　　　　　　　——公允价值变动　（300 000－200 000）100 000
　　　　投资收益　　　　　　　　　　　　　　　　　　　　　50 000

同时

借：公允价值变动损益　　　　　　　　　　　　　　　　　100 000
　　贷：投资收益　　　　　　　　　　　　　　　　　　　　100 000

例4-106 沿用例4-99，假定2007年6月30日，甲公司购买的该笔债券的市价为2 580万元；2007年12月31日，甲公司购买的该笔债券的市价为2 540万元。甲公司的会计处理如下：

(1) 2007年6月30日，交易性金融资产的公允价值高于其账面余额的差额：

借：交易性金融资产——公允价值变动　　　　　　　　　　　　300 000
　　贷：公允价值变动损益　　　　　　　　　　　　　　　　　　　300 000

(2) 2007年12月31日，交易性金融资产的公允价值低于其账面余额的差额：
借：公允价值变动损益　　　　　　　　　　　　　　　　　　　400 000
　　贷：交易性金融资产——公允价值变动　　　　　　　　　　　400 000

(3) "交易性金融资产——公允价值变动"的余额是贷方100 000元，2008年1月转让时的会计处理如下：
借：银行存款　　　　　　　　　　　　　　　　　　　　　　25 650 000
　　交易性金融资产——公允价值变动　　　　　　　　　　　　　100 000
　　贷：交易性金融资产——成本　　　　　　　　　　　　　　25 500 000
　　　　投资收益　　　　　　　　　　　　　　　　　　　　　　250 000

同时：
借：投资收益　　　　　　　　　　　　　　　　　　　　　　　100 000
　　贷：公允价值变动损益　　　　　　　　　　　　　　　　　　　100 000

最终投资收益的金额为：250 000 - 100 000 = 150 000（元）

四、综合案例

例4-107 购入股票作为交易性金融资产

甲公司有关交易性金融资产交易情况如下：

(1) 2007年12月5日购入股票100万元，发生相关手续费、税金0.2万元，作为交易性金融资产：
借：交易性金融资产——成本　　　　　　　　　　　　　　　1 000 000
　　投资收益　　　　　　　　　　　　　　　　　　　　　　　　2 000
　　贷：银行存款　　　　　　　　　　　　　　　　　　　　　1 002 000

(2) 2007年年末，该股票收盘价为108万元：
借：交易性金融资产——公允价值变动　　　　　　　　　　　　　80 000
　　贷：公允价值变动损益　　　　　　　　　　　　　　　　　　　80 000

(3) 2008年1月15日处置，收到110万元：
借：银行存款　　　　　　　　　　　　　　　　　　　　　　1 100 000
　　公允价值变动损益　　　　　　　　　　　　　　　　　　　　80 000
　　贷：交易性金融资产——成本　　　　　　　　　　　　　　1 000 000
　　　　　　　　　　　——公允价值变动　　　　　　　　　　　　80 000
　　　　投资收益　　　　　　　　　　　　　　　　　　　　　　100 000

例4-108 购入债券作为交易性金融资产

2007年1月1日，甲企业从二级市场支付价款1 020 000元（含已到付息期但尚未领取的利息20 000元）购入某公司发行的债券，另发生交易费用20 000元。该债券面值1 000 000元，剩余期限为2年，票面年利率为4%，每半年付息一次，甲企业将其划分为交易性金融资产。其他资料如下：

(1) 2007年1月5日，收到该债券2006年下半年利息20 000元；

(2) 2007年6月30日，该债券的公允价值为1 150 000元（不含利息）；

(3) 2007年7月5日，收到该债券半年利息；

(4) 2007年12月31日，该债券的公允价值为1 100 000元（不含利息）；

(5) 2008年1月5日，收到该债券2007年下半年利息；

(6) 2008年3月31日，甲企业将该债券出售，取得价款1 180 000元（含一季度利息10 000元）。假定不考虑其他因素。

甲企业的账务处理如下：

(1) 2007年1月1日，购入债券

借：交易性金融资产——成本	1 000 000
应收利息	20 000
投资收益	20 000
贷：银行存款	1 040 000

(2) 2007年1月5日，收到该债券2006年下半年利息

借：银行存款	20 000
贷：应收利息	20 000

(3) 2007年6月30日，确认债券公允价值变动和投资收益（上半年利息收入）

借：交易性金融资产——公允价值变动	150 000
贷：公允价值变动损益	150 000
借：应收利息	20 000
贷：投资收益	20 000

(4) 2007年7月5日，收到该债券半年利息

借：银行存款	20 000
贷：应收利息	20 000

(5) 2007年12月31日，确认债券公允价值变动和投资收益（下半年利息收入）

借：公允价值变动损益	50 000
贷：交易性金融资产——公允价值变动	50 000
借：应收利息	20 000
贷：投资收益	20 000

(6) 2008年1月5日，收到该债券2007年下半年利息

借：银行存款	20 000
贷：应收利息	20 000

(7) 2008年3月31日，将该债券予以出售

借：应收利息	10 000
贷：投资收益	10 000
借：银行存款	1 170 000
公允价值变动损益	100 000

贷：交易性金融资产——成本		1 000 000
——公允价值变动		100 000
投资收益		170 000
借：银行存款		10 000
贷：应收利息		10 000

第五章 会计凭证

第一节 会计凭证的意义和种类

一、会计凭证的意义

会计凭证是记录经济业务事项发生或完成情况、明确经济责任的书面证明，也是登记账簿的依据。填制和审核会计凭证，是会计工作的开始，也是对经济业务进行日常监督的重要环节。

任何单位进行会计核算，都应当以实际发生的经济业务为依据，这是会计核算必须遵循的基本原则。对于每一项经济业务，都必须由具体经办该项经济业务的有关人员，从外部取得或自行填制有关会计凭证，以书面的形式记录和证明经济业务发生的时间、性质、内容、数量、金额等，并在凭证上签名或盖章，以对经济业务的合法性和会计凭证的真实性、可靠性负责。例如，企业从外单位采购原材料，销售单位应开出售货发票，并在发票上盖章；企业领用原材料，需填制领料单，相关经办人员也要签名或盖章，各种发票、单据都属于原始凭证。

会计凭证必须经过会计机构、会计人员严格地审核，经确认无误后，才能作为记账的依据。填制和审核会计凭证是会计核算工作的起点，也是会计核算的专门方法之一，其意义主要表现在以下三个方面：

（一）记录经济业务的发生和完成情况，为记账提供依据

由于企业对已经发生或完成的每一项经济业务都要由经办人员按照规定的程序和要求，及时填制或取得会计凭证，如实写明经济业务发生或完成的时间、业务内容及其数量和金额，以确定应记入会计账户的名称、方向和金额。这使得各项经济业务的发生或完成情况通过会计凭证客观、真实地反映出来。因此，通过会计凭证的填制和审核，可以如实反映各项经济业务的具体情况。但是，会计凭证仅仅是对经济业务做出的初步记录和归类，要全面系统地反映企业经济活动的情况，还必须对经济业务在账户中做出进一步归类和系统化的记录。任何单位都不能凭空记账，登记账簿以经过审核无误的会计凭证为依据。会计凭证所记录的有关信息是否真实、可靠、及时，对于保证会计信息的质量，具有至关重要的影响。

（二）明确经济责任，强化内部控制

由于每一项经济业务都要填制或取得会计凭证，并由经办部门和人员签名或盖章，

从而明确了有关部门和人员的责任，这必然增强经办人员以及其他有关人员的责任感，促使其按照有关法律法规和制度的规定办事，在各自的职权范围内各负其责，相互控制，以便以后发现问题时查明责任的归属。通过凭证的审核可以及时发现经营管理上的薄弱环节，总结经验教训，为进一步采取措施，改进工作打下基础。

（三）监督经济活动，控制经济运行

通过会计凭证的填制和审核，可以检查企业每一项经济业务是否符合国家的法律法规和有关政策、制度的规范，是否执行了企业制定的计划和预算，是否存在违法乱纪、铺张浪费等行为，监督经济活动的真实性、合法性和合理性，一旦发现问题，对经济活动进行事中控制，保证经济活动健康运行，从而严肃财经纪律，有效发挥会计的监督作用。

二、会计凭证的种类

会计凭证有多种多样，按其填制的程序和用途不同可以划分为原始凭证和记账凭证两类。

（一）原始凭证

原始凭证又叫单据，是在经济业务发生或完成时取得或填制的，用以记录和证明经济业务的发生或者完成情况，用来明确经济责任，并作为记账原始依据的会计凭证。

原始凭证是进行会计核算的原始资料，也是填制记账凭证的依据。

原始凭证按其来源不同，又进一步分为自制原始凭证和外来原始凭证两类。

1. 自制原始凭证

自制原始凭证，是指由本单位内部经办业务的部门或个人，在某项经济业务发生或完成时自行填制的凭证。自制原始凭证按其填制手续不同，可以分为一次凭证、累计凭证、汇总原始凭证和记账编制凭证四种。

（1）一次凭证，是指反映某一项经济业务，或者同时反映若干项同类性质的经济业务，其填制手续是一次性完成的会计凭证。如企业购进材料验收入库，由仓库保管员填制的"收料单"（格式和内容见表5-1）；销售部门根据销售合同销售商品时开出的"提货单"（格式和内容见表5-2）。

（2）累计凭证，是指在一定时期内连续记载若干项同类经济业务的会计凭证。这类凭证填制手续是随着经济业务的发生而分次进行的。如"限额领料单"就是最典型的累计凭证（格式和内容见表5-3）。

（3）汇总原始凭证，是指在会计核算工作中，为简化记账凭证的编制工作，将一定时期内若干份记录同类经济"发料凭证汇总表"（格式和内容见表5-4）"收料凭证汇总表""库存现金收入汇总表"等，都是汇总原始凭证。这里需要注意，汇总原始凭证只能将内容相同的经济业务汇总填列在一张汇总凭证中，在一张汇总凭证中不能将两类或两类以上的经济业务汇总填列。

（4）记账编制凭证，是会计人员根据账簿记录，把某一项经济业务加以归类整理，而重新编制的一种原始凭证。例如，在计算产品成本时，编制的"制造费用分配表"就是根据制造费用明细分类账记录的数字，按费用的用途填制的（格式和内容见表5-5）。记账编制凭证与上述其他原始凭证的区别在于：其他原始凭证一般都是依据实际发生或完成的经济业务而填制或取得，记账编制凭证则是根据账簿记录的数据加以计算整理而编制的。

2. 外来原始凭证

外来原始凭证，是指企业与外单位、其他个人发生经济往来，在经济业务发生或完成时，从外单位取得的原始凭证。外来原始凭证都是一次凭证，如企业购买材料、商品时，从供货单位取得的增值税专用发票（格式和内容见表5-6）、普通发货票（格式和内容见表5-7）以及出差人员报销的车船票、住宿发票等，都是外来原始凭证。

原始凭证按照格式不同，可以分为通用凭证和专用凭证两类。

1. 通用凭证

通用凭证是指由有关部门在一定范围内使用的具有统一格式和使用方法的原始凭证。通用凭证的使用范围因制作部门不同而异。可以是某一地区、某一行业，也可以是全国通用。如某省（市）印制的发货票、收据等，在该省（市）通用；由中国人民银行制作的银行转账结算凭证，在全国通用。

2. 专用凭证

专用凭证是指由单位自行印制，仅在本单位内部使用的原始凭证。如领料单、差旅费报销单、折旧计算表、制造费用分配表等。

（二）记账凭证

记账凭证，是会计人员根据审核无误的原始凭证或汇总原始凭证，对经济业务的内容加以归类，用来记录经济业务应借、应贷会计科目和金额，作为登记账簿直接依据的会计凭证。

由于原始凭证的种类繁多，内容和格式不尽相同，加上原始凭证一般都不能具体表明经济业务应记账户的名称和方向，如果据以直接登记账簿，容易发生差错，也不便于查账。因此，根据审核无误的原始凭证或原始凭证汇总表编制记账凭证，在记账凭证中表明经济业务的内容，确定应借、应贷会计科目的名称、方向和金额，并将原始凭证作为记账凭证的附件，再根据记账凭证登记账簿。这样既有利于原始凭证的保管、核对和检查账目，也可以减少记账错误，保障记账工作的质量。

记账凭证按其适用的经济业务不同，分为专用记账凭证和通用记账凭证两类。

1. 专用记账凭证

专用记账凭证，是用来专门记录某一类经济业务的记账凭证。专用记账凭证按其所记录的经济业务是否与库存现金和银行存款的收付有关，又分为收款凭证、付款凭证和转账凭证三种。

（1）收款凭证。收款凭证是用来记录库存现金和银行存款等货币资金收入业务的记账凭证，它是根据库存现金和银行存款收款业务的原始凭证填制的，分为库存现金收款凭证和银行存款收款凭证两类（格式和内容见表5-8）。

(2) 付款凭证。付款凭证是用来记录库存现金和银行存款等货币资金付款业务的记账凭证，它是根据库存现金和银行存款付款业务的原始凭证填制的，分为库存现金付款凭证和银行存款付款凭证两类（格式和内容见表5-9）。

收款凭证和付款凭证是用来记录货币资金收付款业务的记账凭证，既是登记现金日记账、银行存款日记账、有关明细分类账及总分类账等账簿的依据，也是出纳人员收、付款项的依据。出纳人员不能依据库存现金、银行存款收付款业务的原始凭证收、付款项，必须根据会计主管人员或指定人员审核批准的收款凭证和付款凭证收付款项，以加强对货币资金的管理，有效地监督货币资金的使用。有关账簿的登记方法将在第六章加以介绍。

(3) 转账凭证。转账凭证是用来记录库存现金与银行存款等货币资金收付款业务无关的转账业务（即在经济业务发生时不需要收付库存现金和银行存款的各项业务）的记账凭证，它是根据有关转账业务的原始凭证填制的（格式和内容见表5-10）。

转账凭证是登记总分类账及有关明细分类账的依据。由于转账凭证所记录的经济业务不涉及库存现金和银行存款等货币资金的收、付。所以，登记现金日记账和银行存款日记账就不能以转账凭证为依据了。

2. 通用记账凭证

通用记账凭证的格式，不再分为收款凭证、付款凭证和转账凭证，而是以一种格式记录全部收款、付款以及转账业务（格式和内容见表5-11）。

通用记账凭证适合于经济业务量比较少、记账凭证数量不多的单位使用。

记账凭证按其包括的会计科目是否单一，分为复式记账凭证和单式记账凭证两类。

1. 复式记账凭证

复式记账凭证又叫多科目记账凭证，是指将某项经济业务所涉及的全部会计科目集中填列在一张记账凭证上。上述收款凭证、付款凭证和转账凭证的格式都属于复式记账凭证的格式。

复式记账凭证格式可以集中反映账户的对应关系，因而，便于了解经济业务的全貌，了解资金的来龙去脉，也便于查账；同时可以减少填制记账凭证的工作量，减少记账凭证的数量；但是不便于汇总计算每一会计科目的发生额，不便于分工记账。

2. 单式记账凭证

单式记账凭证又叫单科目记账凭证，要求将某项经济业务所涉及的每个会计科目，分别填制记账凭证，每张记账凭证只填列一个会计科目，其对方科目只供参考，不凭以记账。也就是把某一项经济业务的会计分录，按其所涉及的会计科目，分散填制在两张或两张以上的记账凭证上（格式和内容见表5-12、表5-13、表5-14）。

单式记账凭证便于汇总计算每一个会计科目的发生额，便于分工记账；但是填制记账凭证的工作量变大，而且出现差错不易查找。在实际工作中，一般采用复式记账凭证。

记账凭证按其是否经过汇总，可以分为汇总记账凭证和非汇总记账凭证两种。

1. 汇总记账凭证

汇总记账凭证是将一段时期内的非汇总记账凭证，按照一定的方法汇总填制的记账凭证。汇总记账凭证按汇总方法不同，可分为分类汇总记账凭证和全部汇总记账凭证两种。

（1）分类汇总记账凭证。分类汇总记账凭证是根据一定期间的非汇总记账凭证按其种类分别汇总填制的，例如，根据收款凭证汇总填制的"库存现金汇总收款凭证"和"银行存款汇总收款凭证"；根据付款凭证汇总填制的"库存现金汇总付款凭证"和"银行存款汇总付款凭证"；以及根据转账凭证汇总填制的"汇总转账凭证"都是分类汇总凭证。

（2）全部汇总记账凭证。全部汇总记账凭证是根据一定期间所有的非汇总记账凭证汇总填制的记账凭证，如科目汇总表就是全部汇总记账凭证。

2．非汇总记账凭证

非汇总记账凭证，是指没有经过汇总的记账凭证，前面介绍的收款凭证、付款凭证和转账凭证，以及通用记账凭证都是非汇总记账凭证。

原始凭证与记账凭证之间存在着密切的联系。原始凭证是记账凭证的基础，记账凭证是根据原始凭证填制的，在实际工作中，原始凭证附在记账凭证后面，作为记账凭证的附件，记账凭证对原始凭证的内容进行概括和说明，原始凭证有时也是登记日记账和明细分类账的依据。

记账凭证和原始凭证同属于会计凭证，但两者之间还是存在以下差别：

（1）原始凭证一般由经办人员填制，而记账凭证一律由会计人员填制；

（2）原始凭证是根据发生或完成的经济业务填制的，而记账凭证是根据审核后的原始凭证填制；

（3）原始凭证仅用以记录、证明经济业务已经发生或完成，而记账凭证则要依据会计科目对已经发生或完成的经济业务进行归类、整理而编制；

（4）原始凭证是记账凭证的附件和填制记账凭证的依据，而记账凭证则是登记账簿的依据。

会计凭证的分类如图5-1所示。

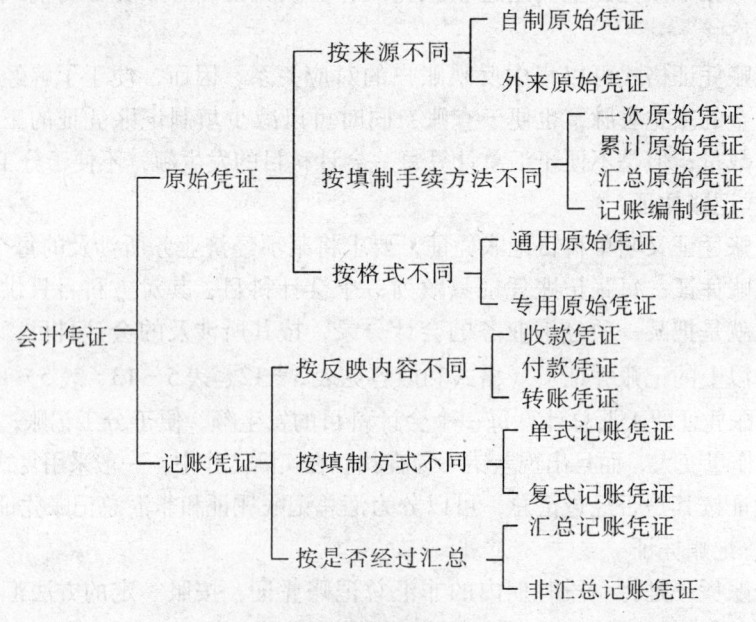

图5-1 会计凭证分类图

第二节　原始凭证的填制和审核

一、原始凭证的内容

原始凭证的质量决定了会计信息的真实性和可靠性，会计人员对于不真实、不合法的原始凭证，不能受理；对记载不准确、不完整的原始凭证，应予以退回，进行更正、补充。

由于各项经济业务的内容和经济管理的要求不同，各种原始凭证的名称、格式和内容也是多种多样的。但是，为了满足会计核算工作的需要，所有的原始凭证，不论是自制原始凭证还是外来原始凭证，都必须详细记载有关经济业务的发生和完成情况，必须明确经办单位和相关人员的经济责任。因此，各种原始凭证都应具备一些共同的基本内容，原始凭证所包括的基本内容，通常称为凭证要素，主要有：

(1) 原始凭证的名称和编号。
(2) 填制原始凭证的日期。
(3) 填制和接受凭证的单位名称。
(4) 经济业务的基本内容，包括经济业务发生的数量、单价以及金额。
(5) 填制单位及有关经办人员的签章。
(6) 凭证附件。

此外，为了满足计划、业务、统计等职能部门管理经济的需要，有的原始凭证还需要列入计划、定额、合同号码等项目，这样可以更加充分地发挥原始凭证的作用。对于国民经济一定范围内经常发生的同类经济业务，可以由主管部门制定统一的凭证格式。例如，由中国人民银行统一印制的银行转账结算凭证，标明了结算双方单位名称、银行账号、结算金额等内容；由运输部门统一印制的运单、车票、航空机票等；商品购销活动所取得的由各地方税务主管部门统一印制的发货票和库存现金收据等。印制统一的原始凭证既可以加强对凭证和企事业单位经济活动的管理，又可以节约印刷费用。

二、原始凭证的填制方法

(一) 自制原始凭证的填制方法

1. 一次凭证的填制方法

一次凭证的填制手续是在经济业务发生或完成时，由经办人员填制的。一般只反映一项经济业务，或者同时反映若干项同类经济业务。下面以"收料单"和"提货单"的填制为例，介绍一次凭证的填制方法。

(1) "收料单"的填制方法

"收料单"是企业购进材料验收入库时，由仓库保管人员根据供货单位开来的发票账单和购入材料的实际验收情况填制的一次性原始凭证。收料单通常一式三联，一联留存在仓库，据以登记材料物资明细账；一联随购货发票到会计部门做账；一联由采购人员存查。

例5-1 某企业由长城钢厂购入圆钢50吨，每吨单价4 200元，另付购入材料运费1 400元。材料价款及运费均以银行存款支付，仓库保管人员验收后填制"收料单"见表5-1。

表5-1　　　　　　　　　　　　（企业名称）

供货单位：长城钢厂　　　　　　收 料 单　　　　　　凭证编号：00 524
发票编号：2 357　　　　　　　200×年6月4日　　　　库别：自库3

材料类别	材料编号	材料名称	材料规格	计量单位	数量应收	数量实收	单价（元）	金额（元）买价	金额（元）运费	金额（元）合计
原料及主要原料	5018	圆钢	30毫米	吨	50	50	4 200	210 000	1 400	211 400
备注：							合　计			¥211 400

验收单位（签章）　　复核（签章）　　记账员（签章）　　制单（签章）

（2）"提货单"的填制方法

"提货单"是企业销售商品时，由销售部门根据销售合同填写的，用来反映库存商品减少的原始凭证，同时也是购货单位从仓库提取商品的依据。提货单通常一式四联，一联留销售部门存查；一联交由购货方到仓库提货后，留存仓库；一联随销售商品同行；一联转会计部门，据以进行总分类核算。

例5-2 企业向长江轴承厂销售机箱400套，每套单价210元，款项84 000元已全部收妥，由经办人员开出提货单见表5-2。

表5-2　　　　　　　　　　　　（企业名称）

购货单位：长江轴承厂　　　　　提 货 单　　　　　　运输方式：自提
收货地址：自库—3　　　　　　200×年6月5日　　　　编号：08523

产品编号	产品名称	规格	单位	数量	单价(元)	金额(元)	备注
SY—B6	机箱	LS4	套	400	210	84 000	
合　计						¥84 000	

销售部门负责人（签章）　　发货人（签章）　　提货人（签章）　　制单（签章）

2. 累计凭证的填制方法

累计凭证是在一定时期内不断重复地反映同类经济业务的发生、完成情况的凭证，它是由经办人员在每次经济业务完成后在其上面多次、重复填制而成的，在制造企业中"限额领料单"就是非常典型的累计凭证。下面以"限额领料单"为例说明累计凭证的填制方法。

"限额领料单"是多次使用的累计领料、发料凭证。在有效期内（一般为一个月），只要领用数量不超过限额就可以连续用来领用某一种材料。"限额领料单"由生产、计划部门根据下达的生产任务和材料消耗定额按每种材料用途分别开出，通常一料一单，一式两联，一联交仓库据以发料，一联交领料部门据以领料。领料单位领料时，在"限额领料单"内注明请领数量，经领料单位负责人签章批准后，到仓库领料，仓库根据请领材料的品名和规格，在限额内发料，同时将实发数量脱离限额的余额填写在限额领料单内，领发料双方在"限额领料单"内签章。月末在此单内结出实发数量和金额转交会计部门，据以计算材料费用，并做材料减少的核算。

例5-3 一车间生产B产品，200×年6月份计划生产5 000台，每台B产品消耗16毫米圆钢0.2千克，这样全月16毫米圆钢的领用限额为1 000千克，每千克16毫米圆钢的单价为4.00元，该月份生产B产品由生产计划部门下达限额领料单，车间在该月份之内领用16毫米圆钢的情况见表5-3"限额领料单"。

表5-3　　　　　　　　　　（企业名称）

限额领料单

200×年6月份

领料部门：一车间　　　　　　　　　　　　　　　　　　领料编号：2518
领料用途：制造B产品　　　　　　　　　　　　　　　　　发料仓库：2号

材料名称	材料编号	材料规格	计量单位	单价（元）	领用数量限额	全月实际领用 数量	全月实际领用 金额（元）
圆钢	15680	16毫米	千克	4.00	1 000	900	3 600

200×年		请	领		实	发			退	库
月	日	数量	累计	领料单位负责人	数量	发料人	领料人	限额结余	数量	金额
6	1	200	200	李强	200	刘刚	王法	800		
6	6	250	450	李强	250	刘刚	王法	550		
6	11	200	650	李强	200	张扬	胡迪	350		
6	16	250	900	李强	250	张扬	陈超	100		
6	31	—	—							

生产计划部门（签章）　　　　　领料部门（签章）　　　　　仓库（签章）

在使用限额领料单时，全月领料不能超过生产部门所下达的全月限额量。由于增加产量而需追加限额时，应经过生产计划部门批准，办理追加限额的手续。由于浪费或其他原因超限额用料需追加限额时，应由用料部门向生产计划部门提出申请，经批准后追加限额。用另一种材料代替限额领料单内所列材料时，应另填一次"领料单"，同时相应地减少限额领料单的余额。

3. 汇总原始凭证的填制方法

汇总原始凭证，是指在实际会计工作中，为了简化记账凭证的填制工作，将一定时期内若干份记录同类经济业务的原始凭证进行汇总编制一张汇总凭证,用以集中反映某项经济业务的完成情况。汇总原始凭证是有关责任者根据经济管理的需要定期编制的,常见的汇总原始凭证有发料凭证汇总表、工资结算汇总表、差旅费报销单等。

例5-4 某企业领发材料比较频繁,同类领料单比较多。为了简化核算手续,材料会计根据各车间、部门的领料单按旬汇总,每月编制一份"发料凭证汇总表",月末送交会计部门进行账务处理。200×年6月份编制的"发料凭证汇总表"如表5-4所示。

表5-4   发料凭证汇总表

第6号

200×年6月份   附件45张

应借科目		应贷科目			
		原材料(元)	包装物(元)	低值易耗品(元)	合计(元)
生产成本	1—10日	3 800	1 200		5 000
	11—20日	4 600		800	5 400
	21—31日	5 500	500	1 000	7 000
	小 计	13 900	1 700	1 800	17 400
制造费用	1—10日	600		200	800
	11—20日	1 000			1 000
	21—31日	400	100		500
	小 计	2 000	100	200	2 300
管理费用	1—10日	300			300
	11—20日	400		100	500
	21—31日	300			300
	小 计	1 000		100	1 100
合 计		16 900	1 800	2 100	20 800

会计主管: 审核: 制表: 保管:

汇总原始凭证只能将内容相同的经济业务汇总在一起,填列在一张汇总原始凭证上,不能将两类以上的经济业务汇总在一起,填列在一张汇总原始凭证上。

4. 记账编制凭证的填制方法

记账编制凭证,是由会计人员根据一定时期内某一户的记录结果,对某一特定事项进行归类、整理、计算编制而成的一种原始凭证,以满足会计核算或经济管理的需要。

例5-5 某企业一车间200×年6月份制造费用明细分类账登记的当月发生额合计为14 800元,该车间生产A、B两种产品,在计算产品生产成本时制造费用按A、B产品的实际生产工时进行分配,6月份A产品生产工时为2 000小时,B产品生产工时为3 000小时,合计为5 000小时。编制"制造费用分配表"如表5-5所示。

表 5-5　　　　　　　　　　　　制造费用分配表
　　　　　　　　　　　　　　　　200×年 6 月　　　　　　　　　　　　　　　　单位：元

产品名称	分配标准（产品生产工时）	分配率	分配金额
A	2 000	2.96	5 920
B	3 000	2.96	8 880
合计	5 000	2.96	14 800

分配率 = 14 800 ÷ 5 000 = 2.96（元/小时）

（二）外来原始凭证的填制方法

外来原始凭证是企业与外单位发生经济业务时，由外单位的经办人填制的原始凭证，外来原始凭证一般是由税务局等部门统一印制，或经税务部门批准由经济单位印制，在填制时需要加盖出据凭证单位的财务专用章方才有效，对于一式多联的原始凭证必须用复写纸套写。常见的有普通购货发票和增值税专用发票。

1. 普通发票的填制

普通发票是由收款方开出的、不能单独反映增值税数额的发票。

例 5-6　某企业从文具用品商店购入一批办公用品，收到的普通发票如表 5-6 所示。

表 5-6　　　　　　　　　　　　××市工商企业统一
　　　　　　　　　　　　　　　　发　货　票
购货单位：_____　　　　　　200×年 6 月 5 日　　　　　　　　　　NO：7385642

货号	商品名称	规格	单位	数量	单价（元）	金额 百	十	万	千	百	十	元	角	分
0584	碳素墨水	52 毫米	瓶	100	3.50					3	5	0	0	0
3581	办公用纸	A4	盒	50	20.00				1	0	0	0	0	0
2289	笔记本	10×15 厘米	本	300	5.00				1	5	0	0	0	0
小写金额合计									¥	2	8	5	0	0
大写金额	贰仟捌佰伍拾元整													

收款单位（盖章）　　　　　　收款人：　　　　　　　　开票人：

2. 增值税专用发票

增值税专用发票是由一般纳税人开出的，对交易的价款和增值税分别列出，并作为交易双方进行会计核算、缴纳税款的依据。国家对增值税专用发票实行严格的控制和管理。

增值税专用发票的格式如表 5-7 所示。

表 5-7　　　　　　　　　　××市增值税专用发票

开票日期：　　　　　　　　　　　年　　月　　日　　　　　　　　NO：01828834

购货单位	名称			纳税人登记号			
	地址电话			开户银行及账号			

商品或劳务名称	计量单位	数量	单价	金　额	税率（%）	税　额
合　计						
价税合计（大写）						

销货单位	名称		纳税人登记号	
	地址、电话		开户银行及账号	

收款人：　　　　　　　　　　　　　开票单位（未盖章无效）

第二联　发票联购货方记账

以上介绍了自制原始凭证和外来原始凭证的填制方法。那么什么样的凭证才能作为会计核算的原始凭证呢？在这里要特别提醒注意，只有能够引起资金运动的单据才能作为会计核算的原始凭证，有一些单据也很重要，但是它不能引起企业的资金运动，所以不能作为会计核算的原始证据。例如，职工每天上班要填写的考勤表，车间里核算员每天根据生产情况填制的产量记录表，以及供应部门为企业购买材料与供应单位签订的供应合同和销售部门为销售产品与购买单位签订的销售合同等，这些凭证有的具有金额栏，有的没有，但是不管其具有金额还是不具有金额栏，它们的填制并没有引起企业的资金变动，所以不能够作为企业核算的原始证据。

三、填制原始凭证的要求

原始凭证是根据经济业务活动的执行和完成情况填制的，并具有法律效力的书面证明。为了保证原始凭证能够正确、及时、清晰地反映各项经济业务活动的真实情况，提高会计核算的质量，并真正具备法律效力，原始凭证的填写必须严格按有关要求进行。

（1）凭证所反映的经济业务必须合法。也就是说经济业务本身必须是符合国家有关政策、法令、规章、制度的要求。对于不合法，不符合国家政策、方针、规章、制度要求的经济业务，不得填入会计核算的原始凭证内。

（2）填制在凭证上的内容和数字，必须真实可靠。原始凭证上所填写的经济业务发生的日期、内容、数量和金额等项目必须完全符合经济业务的实际情况。不得编造和篡改数字。

（3）各种凭证的内容必须逐项地填写齐全，不得遗漏和省略。需要注意的是，年、月、日要按照填制原始凭证的实际日期填写；名称要齐全，不能简化；品名、用途要填写清楚，不能含糊不清；必须符合手续完备的要求，在填写完成后，经办业务的有关部门和人员要认真审查，签名盖章。

（4）凭证的书写要用蓝黑墨水，文字简要，字迹清楚，易于辨认。对阿拉伯数字要逐个填写清楚，不得连写；在阿拉伯数字前应填写人民币符号"￥"（用外币计价、结算的凭证，金额前应标明外币符号，如美元用 US＄等）；中间不留空位，元以后写到角、分，无角分的，角位和分位可写"00"，或者符号"——"；有角无分的，分位应当写"0"，不得用符号"——"代替；汉字大写数字金额如零、壹、贰、叁、肆、伍、陆、柒、捌、玖、拾、佰、仟、万、亿等，一律用正楷或者行书体书写，不得用0、一、二、三、四、五、六、七、八、九、十等简化字代替，不得任意自造简化字；大写金额数字到元或角为止的，后面应当写"整"字或者"正"字；大写金额数字有分的，分字后面不写"整"或者"正"字；大小写金额数字要符合规格，正确填写，且每张发货票上都必须有大写金额和小写金额，大写金额和小写金额应该是一致的；属于一式多联的原始凭证，一定要用复写纸一次套写清楚，而且要写透，不要上面清楚，下面模糊。

（5）各种凭证不得随意涂改、刮擦、挖补，发现原始凭证有错误的，应当由开出原始凭证的单位重开或者更正，更正处须加盖出具凭证单位的印章，原始凭证的金额有错误的，应当由出具凭证的单位重开，不得在原始凭证更正。

（6）各种凭证必须连续编号，以便查考。如果凭证已预先印定编号，如发票、支票等重要凭证，在写坏作废时，应加盖"作废"戳记，妥善保存，不得撕毁。

（7）各种凭证必须及时填制。一切原始凭证都应按照规定程序，及时送交财会部门，由财会部门加以审核，并据以编制记账凭证。

四、原始凭证的审核

审核会计凭证是正确组织会计核算和进行会计检查的一个重要方面，也是实行会计监督的一个重要手段。为了正确地反映和监督各项经济业务，保证核算资料的真实、正确和合法，会计部门和经办业务的有关部门，必须对会计凭证，特别是对原始凭证进行严格认真的审核。

会计凭证的审核，主要是对各种原始凭证的审核。各种原始凭证，除由经办业务的有关部门审核以外，最后要由会计部门进行审核。及时审核原始凭证，是对经济业务进行的事前监督。至于事后进行的凭证检查，则属于审计的范围。审核原始凭证，主要包括以下两个方面的内容：

（1）审核原始凭证的真实性。原始凭证作为会计信息的基本信息源，其真实性对会计信息的质量有至关重要的影响。其真实性的审核包括凭证日期是否真实、业务内容是否真实、数据是否真实等。对外来原始凭证，必须有填制单位公章和填制人员的签章；对自制原始凭证，必须有经办部门和经办人员的签名或盖章。此外，对通用原始凭证，还应审核凭证本身的真实性，以防假冒。

（2）审核原始凭证的合法性。审查发生的经济业务是否符合国家的政策、法令、制度和计划的规定，有无违反财经纪律、贪污腐化等违法乱纪的行为，是否履行了规定的凭证传递和审核程序。如有违反，要向本单位领导汇报，提出拒绝执行的意见，对于弄虚作假、营私舞弊、伪造涂改凭证等违法乱纪行为，必须及时揭露，严肃处理。

（3）审核原始凭证的合理性。审核原始凭证所记录的经济业务是否符合企业生产经营活动的需要，是否符合有关计划和预算的安排等。

（4）审核原始凭证的完整性。审核原始凭证各项要素是否齐全，是否有漏项情况，日期是否完整，数字是否清晰，文字是否工整，有关人员签章是否齐全，凭证联次是否正确等。

（5）审核原始凭证的正确性。审核原始凭证各项金额的及填写是否正确。包括：阿拉伯数字分位填写，不得连写；小写金额要标明"￥"字样，中间不能留有空位；大写金额前要加"人民币"字样，大小写金额要相符；凭证中有书写错误的，应采用正确的方法更正，不能涂改、刮擦、挖补等。

（6）审核原始凭证的及时性。原始凭证的及时性是保证会计信息及时性的基础。为此，要求在经济业务发生或完成时，及时填制有关原始凭证，及时进行凭证的传递。审核时应注意原始凭证的填制日期，尤其是支票、银行汇票、银行本票等时效性较强的原始凭证，更应该仔细验证其签发日期。

经审核的原始凭证应根据不同情况进行处理：

（1）对于完全符合要求的原始凭证，应及时编制记账凭证入账。

（2）对于真实、合法、合理但内容不够完整、填写有错误的原始凭证，应退回有关经办人员，由其负责将有关凭证补充完整、更正错误或重开后，再办理正式会计手续。

（3）对于不真实、不合法的原始凭证，会计机构、会计人员有权不予受理，并向单位负责人报告。

原始凭证的审核，是一项严肃而细致的工作，会计人员必须熟悉国家有关法规和制度以及本单位的有关规定，坚持制度、坚持原则，履行会计人员的职责。只有这样，才能掌握和判断是非，确定经济业务是否合理、合法，从而做好原始凭证的审核工作，实现正确有效的会计监督。此外，审核人员还必须做好宣传解释工作，因为原始凭证所证明的经济业务需要由有关领导和职工去经办，只有对他们做好宣传解释工作，才能避免发生违法违规的经济业务。

第三节 记账凭证的填制和审核

一、记账凭证的基本内容

记账凭证种类甚多，格式不一，其主要作用在于对原始凭证进行分类、整理，按照复式记账的要求，运用会计科目，编制会计分录，据以登记账簿。因此，记账凭证必须具备以下基本内容：

（1）填制单位的名称。记账单位可以将自己单位的名称印制在记账凭证上。
（2）记账凭证的种类和编号。
（3）填制凭证的日期。
（4）经济业务的内容摘要。
（5）会计科目的名称、记账方向和金额。
（6）所附原始凭证的张数。
（7）制证、审核、记账以及会计主管等有关人员的签章，收款凭证和付款凭证还应由出纳人员签名或盖章。

二、记账凭证的编制方法

（一）专用记账凭证的编制方法

专用记账凭证包括收款凭证、付款凭证和转账凭证，不同的记账方法下其格式不同，此处介绍借贷记账法下的记账凭证填制方法。

1. 收款凭证的填制方法

收款凭证是用来记录货币资金收款业务的记账凭证，它是由出纳员根据审核无误的收款凭证填制的。在借贷记账法下收款凭证设置的借方科目是"库存现金"或"银行存款"，借方科目设置在收款凭证的左上方，即在该位置所填列的借方科目应该是"库存现金"或"银行存款"。在凭证内所反映的贷方科目应填列"库存现金"或"银行存款"的对应科目，金额栏内填列经济业务实际收到的数额。收款凭证有关的主要内容填列完毕之后，出纳员还应该在凭证右侧填写后面所附原始凭证的张数，相关人员还应在相应的位置填写自己的姓名或者盖章。

例 5-7 某企业 200×年 6 月 6 日销售货物一批，价款 20 000 元，增值税销项税额 3 400 元，收到购买单位支票一张，收讫 23 400 元存入银行。出纳员根据审核无误的原始凭证填制银行存款收款凭证如表 5-8 所示。

表 5-8　　　　　　　　　（企业名称）
　　　　　　　　　　　　　收　款　凭　证

借方科目：<u>银行存款</u>　　　　200×年 6 月 6 日　　　　　　银收字第 10 号

摘　要	贷方科目		记账	金　　　额										附件2张
	一级科目	二级或明细科目		千	百	十	万	千	百	十	元	角	分
销售产品收款	主营业务收入	略					2	0	0	0	0	0	0
	应交税费	略						3	4	0	0	0	0
合　　　计							¥	2	3	4	0	0	0	0

财务主管（签章）　　　记账（签章）　　　出纳（签章）　　　复核（签章）　　　制单（签章）

2. 付款凭证的填制方法

付款凭证是用来记录货币资金付款业务的记账凭证，它是由出纳员根据审核无误的付款凭证填制的。在借贷记账法下，付款凭证设置的贷方科目是"库存现金"或"银行存款"，贷方科目设置在付款凭证的左上方，即在该位置所填列的贷方科目应该是"库存现金"或"银行存款"。在凭证内所反映的借方科目应填列"库存现金"或"银行存款"的对应科目，金额栏内填列经济业务实际支付的数额。付款凭证有关的主要内容填列完毕之后，出纳员还应该在凭证右侧填写后面所附原始凭证的张数，相关人员还应在相应的位置填写自己的姓名或者盖章。

例 5-8 某企业于 200×年 6 月 7 日购入原材料一批，价款 60 000 元，增值税进项税额 10 200 元，价税合计 70 200 元。材料验收入库，企业开出金额为 70 200 元的转账支票一张支付货款。出纳员根据审核无误的原始凭证填制银行存款付款凭证如表 5-9 所示。

表 5-9

（企业名称）

付 款 凭 证

贷方科目：银行存款　　　　200×年6月7日　　　　银付字第15号

摘　要	借方科目		记账	金　额									附件2张
	一级科目	二级或明细科目		千	百	十	万	千	百	十	元	角	分
支付购料款	原材料	略					6	0	0	0	0	0	0
	应交税费	略					1	0	2	0	0	0	0
合　　　　计							¥7	0	2	0	0	0	0

财务主管（签章）　　记账（签章）　　出纳（签章）　　复核（签章）　　制单（签章）

3. 转账凭证的填制方法

转账凭证是以记录与货币资金收付无关的转账业务的记账凭证。在经济业务中，凡是不涉及库存现金和银行存款收付的业务，如计提固定资产折旧、车间领用原材料、期末分配成本费用以及结转损益等。转账凭证是由会计人员根据审核无误的转账业务原始凭证填制的，在借贷记账法下，将经济业务所涉及的会计科目全部填列在凭证内，借方科目在先，贷方科目在后，将各会计科目应借、应贷的金额填列在"借方金额"或"贷方金额"栏内。借方金额合计数应等于贷方金额合计数。凭证主要内容填写完毕后，还应该将附件张数填列在凭证的右侧。相关会计人员在在凭证下面的财务主管、记账、审核、制单等项栏内填写自己的名字或者盖章。

例 5-9 200×年 6 月 8 日厂长出差归来报销差旅费 8 000 元，刚好冲销原预支款项。会计人员根据审核无误的原始凭证填制转账凭证如表 5-10 所示。

表 5-10

(企业名称)
转 账 凭 证

200×年6月8日　　　　　　　　　　　　　　转字第28号

摘要	总账科目	明细科目	√	借方金额(元)	√	贷方金额(元)	
报差旅费	管理费用	差旅费		8 000			附件2张
		其他应收款				8 000	
合　计				￥8 000		￥8 000	

财务主管（签章）　　　记账（签章）　　　复核（签章）　　　制单（签章）

（二）通用记账凭证的编制

将记账凭证划分为收款凭证、付款凭证和转账凭证三种，便于按经济业务对会计人员进行分工，也便于提供分类核算数据，为记账工作带来方便，但工作量较大。此种做法为大多数企事业单位所采用，适用于规模较大、收付款业务较多的单位。但是，对于经济业务简单、规模较小、收付款业务较少的单位，为了简化核算，可以采用通用记账凭证来记录所有经济业务。

通用记账凭证是用以记录各种经济业务的记账凭证，采用通用记账凭证的单位，不再根据经济业务的内容分别填制收款凭证、付款凭证和转账凭证。在借贷记账法下，填制通用记账凭证，是将经济业务所涉及的会计科目全部填列在凭证内，借方在先，贷方在后，将各会计科目应借、应贷的金额填列在"借方金额"或"贷方金额"栏内。借方金额合计数应等于贷方金额合计数。凭证主要内容填写完毕后，还应该将附件张数填列在凭证的右侧。相关会计人员在在凭证下面的财务主管、记账、审核、制单等项栏内填写自己的名字或者盖章。

例 5-10　某企业于 200×年 6 月 9 日购入 A 原材料一批，价款 50 000 元，增值税进项税额 8 500 元，价税合计 58 500 元。材料尚未验收入库，企业开出金额为 58 500 元的转账支票一张支付货款。会计人员根据审核无误的原始凭证填制记账凭证如表 5-11 所示。

表 5-11　　　　　　　　　　　　　（企业名称）
记 账 凭 证
200×年6月9日　　　　　　　　　　　　　　　　　　　　记字第58号

摘　要	总账科目	明细科目（元）	√	借方金额	√	贷方金额（元）	
购入A材料	物资采购	A材料		50 000			附件1张
	应交税费	应交增值税（进项税）		8 500			
	银行存款					58 500	
合　计				￥58 500		￥58 500	

财务主管（签章）　　记账（签章）　　出纳（签章）　　复核（签章）　　制单（签章）

（三）单式记账凭证的填制方法

单式记账凭证也叫单项记账凭证，是指按一项经济业务所涉及的每个会计科目单独填制一张记账凭证，每一张记账凭证中只登记一个会计科目。单独填列借方科目的凭证称为借项记账凭证，单独填列贷方科目的凭证称为贷项记账凭证，某项经济业务涉及几个会计科目，就编制几张单式记账凭证。单式记账凭证反映的内容单一，便于分工记账，便于会计科目汇总。但一张记账凭证不能反映每一笔经济业务的全貌，不便于验证会计分录的正确性。

例 5-11　某企业于200×年6月15日购入办公用品一批，价值520元，以库存现金支付。会计人员根据审核无误的原始凭证填制借项记账凭证如表5-12所示、贷项记账凭证如表5-13所示。

表 5-12　　　　　　　　　　　　（企业名称）
借项记账凭证

对应科目　　　　　　　　　200×年6月15日　　　　　　　　　　编号 $123\frac{1}{2}$

摘　要	一级科目	二级或明细科目	金额（元）	记账	
购买办公用品	管理费用	办公用品费	520		附件1张
对应总账科目：库存现金	合　计		520		

会计主管（签章）　　记账（签章）　　审核（签章）　　出纳（签章）　　制单（签章）

表5-13

（企业名称）
贷项记账凭证

对应科目　　　　　　　　200×年5月15日　　　　　　　　编号123$\frac{2}{2}$

摘　　要	一级科目	二级或明细科目	金额（元）	记账	附件
购买办公用品	现　金		520		张
对应总账科目：管理费用	合　　　计		520		

会计主管（签章）　　　记账（签章）　　　审核（签章）　　　出纳（签章）　　　制单（签章）

　　注意：在借项记账凭证和贷项记账凭证中所列示的对应总账科目只起参考作用，不作为登记账簿的依据。

三、记账凭证的填制要求

记账凭证填制的正确与否，直接关系到记账的真实性和可靠性。因此，各种记账凭证的填制必须严格按照有关规定进行：

（1）记账凭证的各项内容必须完整。

（2）记账凭证在一个月内应连续编号以便查核。在使用通用记账凭证时，可以按经济业务发生的顺序编号，采用收款凭证、付款凭证和转账凭证的单位可采用"字号编号法"，即按照凭证类别顺序编号。例如：银收字第××号，现付字第××号，转字第××号。也可以采用"双重编号法"，例如：现收字第××号，总字第××号。一笔经济业务需要编制多张记账凭证时，可以采用"分数编号法"，例如，一笔经济业务需要编制两张转账凭证，凭证的顺序号为10，则该笔业务的编号可以是"转字第10$\frac{1}{2}$"、"转字第10$\frac{2}{2}$"两个号数。每月最后一张记账凭证的编号旁边可以加注"全"字，以防凭证发生散失。

（3）记账凭证的书写必须清楚，相关规范要求同原始凭证。摘要栏是对经济业务的简要说明，又是登记账户的重要依据，必须针对不同性质经济业务的特点，考虑登记账户的需要，正确填写，不可漏填或者错填。

（4）必须使用会计准则统一规定的会计科目，根据经济业务的性质编制会计分录，以保证核算的口径一致，便于汇总。应用借贷记账法编制会计分录时，应编制简单分录或复合分录，以便从账户对应关系中反映经济业务的情况。

（5）填制记账凭证可以根据每一份原始凭证单独填列，也可以根据同类经济业务的多份原始凭证汇总填列，还可以根据汇总的原始凭证填列。但不得将不同内容和类别的原始凭证汇总填制同一张记账凭证。

（6）记账凭证的日期。收、付款凭证应按货币资金实际收、付的日期来填写；转账凭证原则上应按收到原始凭证的日期填写。如果一份转账凭证依据不同日期的某类原始凭证填制时，可以按填制凭证的日期填写。在月终时，有些转账业务要等到下月初方可填制转账凭证，也可以按月末的日期填写。

（7）除结账和更正错误的记账凭证可以不附原始凭证外，其他记账凭证应注明所附原始凭证的张数，以便查核。所附原始凭证张数的计算，一般以原始凭证的自然张数为准。与记账凭证中记录的经济事项有关的每一张证据，都应当作为原始凭证的附件。如果记账凭证中附有原始凭证汇总表，则应该把所附原始凭证和原始凭证汇总表的张数一起计入附件的张数之内。但报销差旅费等零散票券，可以粘贴在专门的"粘贴单"上，作为一张原始凭证。如果一张原始凭证涉及几张记账凭证的，可以把原始凭证附在一张主要的记账凭证后面，并在其他记账凭证上注明该原始凭证所附记账凭证的编号，或者附上该原始凭证的复印件。

一张原始凭证所列的支出需要由几个单位共同负担的，应当由保存该原始凭证的单位开具原始凭证分割单给其他共同负担的单位。原始凭证分割单必须具备原始凭证的基本内容：如凭证名称、填制日期、填制凭证单位的名称或填制人的姓名、经办人员签名盖章、接受凭证单位的名称、经济业务的内容、数量、单价、金额以及费用的分摊情况等。

（8）在采用"收款凭证""付款凭证"和"转账凭证"等复式凭证的情况下，涉及库存现金和银行存款的收款业务，填制收款凭证；涉及库存现金和银行存款的付款业务，填制付款凭证；涉及转账业务的，填制转账凭证。但是，涉及库存现金和银行存款之间相互划转业务的，按照规定一般只填制付款凭证，不填制收款凭证，以避免重复记录。例如，库存现金存入银行就只填一张"库存现金"付款凭证。

（9）填制记账凭证发生错误时应当重新填制。已经登记入账的错误记账凭证，应按照规定的方法加以改正（有关方法在错账更正方法中介绍）。

（10）记账凭证填写完毕，应进行复核和检查，有关人员均要签名或盖章。金额栏下边如有空行，应当自金额栏最后一笔金额数字下的空行处至合计数上的空行处划线注销。

四、记账凭证的审核

为了保证会计信息的质量，在登账之前应由有关稽核人员对记账凭证进行严格的审核。记账凭证的审核主要包括以下几个方面的内容：

（1）内容是否真实。审核记账凭证是否附有原始凭证，原始凭证是否齐全、内容是否合法，记账凭证所记录的经济业务与所附原始凭证所反映的经济业务是否相一致。

（2）项目是否齐全。审核记账凭证各项目的填写是否完整，如填制日期、凭证编号、摘要、会计科目、金额、所附原始凭证的张数以及有关人员的签章等。

（3）科目是否正确。审核记账凭证的应借、应贷会计科目是否正确，账户的对应关系是否清晰，所使用的会计科目及其核算内容是否符合会计准则的规定。

（4）金额是否正确。审核记账凭证所记录的金额与原始凭证的金额是否一致、计算是否正确，原始凭证汇总表的金额与记账凭证的金额合计是否相符等。

（5）书写是否正确。审核记账凭证中的记录是否文字工整、数字清晰，是否按规定进行更正等。

此外，出纳人员在办理收款或付款业务后，应在原始凭证上加盖"收讫"或"付讫"戳记，以避免重收或重付。

第四节 会计凭证的传递和保管

一、会计凭证的传递

会计凭证的传递是指从会计凭证的取得或填制时起至归档保管的整个过程中，在单位内部各有关部门和人员之间的传递程序和传递时间。会计凭证的传递，应能满足内部控制制度的要求，使传递程序合理有效，同时尽量节约传递时间，减少传递工作量。各企事业单位应根据具体情况制定每一种会计凭证的传递程序和方法。

会计凭证的传递一般包括传递程序和传递时间两个方面。

各种会计凭证，它们所记载的经济业务各不相同，涉及的部门和人员不同，所办理的业务手续也不同。因此，应当为各种凭证制定一套合理的传递程序。即一张会计凭证，填制后应交到哪个部门、哪个岗位、由谁办理业务手续、由谁负责审核签字，直至归档保管为止。如果原始凭证是一式数联的，还应规定每一联的传递路线、作何用途等。

各种会计凭证还应根据其办理业务手续所需要的时间，规定它的传递时间。其目的是使各个工作环节环环相扣，相互监督，以提高工作效率。

正确组织会计凭证的传递，对及时处理业务和加强会计监督具有重要意义。首先，能及时、真实地反映和监督经济业务的发生和完成情况；其次，把有关部门和人员组织起来，分工协作，使经济活动的目标得以顺利实现；最后，考核经办业务的有关部门和人员是否按照规定的凭证手续办事，从而加强经营管理上的责任制，提高经营管理水平，提高经济活动的效率。

制定合理的凭证传递程序，应当注意以下几点：

（1）要根据经济业务的特点、企业内部的机构设置和人员分工的情况以及经营管理上的需要等，具体规定各种原始凭证的联数和和传递程序。使各有关部门和人员既能按规定手续处理经济业务又能利用凭证资料掌握情况，提供数据，相互之间协调一致。同时还要注意流程合理，避免不必要的环节，以加快传递速度。

（2）要根据有关部门和人员办理经济业务必要手续时间，确定凭证在各个环节停留的时间，要保证各个环节都能顺利完成业务。但又要防止不必要的耽搁，从而使会计凭证以最快的速度传递，以充分发挥它及时传递经济信息的功能。

（3）要通过调查研究和协商来制定会计凭证的传递程序和传递时间。原始凭证大多涉及本单位内部各个部门和经办人员，因此，会计部门应会有关部门和人员共同协商其传递程序和时间。记账凭证是会计部门的内部凭证，可由会计主管会同制证、审核、出纳、记账等有关人员商定其传递程序和时间。

会计凭证的传递程序和传递时间确定后，可分别为若干主要业务绘制流程图或流程表，通知有关人员遵照执行。在执行中如有不合理的地方，可随时根据实际情况加以修改完善。

（4）建立凭证的交接签收制度。为了确保会计凭证的安全和完整，在各个环节中都应指定专人办理交接手续，做到责任明确、手续完备、严密、简便易行。

二、会计凭证的保管

会计凭证的保管是指会计凭证在记账后的整理、装订、归档和存查工作。

会计凭证作为记账的依据，是重要的会计档案和信息资料。本单位以及内部各部门、其他单位，可能因各种需要而查阅会计凭证特别是发生贪污、盗窃以及其他违法乱纪行为时，会计凭证还是依法处理的有效凭据。因此，任何单位在完成经济业务手续和记账工作之后，必须将会计凭证按照规定立卷归档，形成会计档案资料，并加以妥善保管，以便以后随时查阅，严防丢失、毁损。

对会计凭证的保管，既要做到完整无缺，又要便于翻阅、查找。其主要要求包括以下五个方面：

（1）会计凭证应定期装订成册，防止散失。会计部门在依据会计凭证登账完毕后，应定期（每天、每旬或每月）将各种会计凭证加以归类、整理，检查有无缺号、附件是否齐全，将各种记账凭证按照编号顺序排列，连同所附的原始凭证一起加具封面、封底，装订成册。并在装订线上加贴封签，由装订人员在装订线封签处签名或盖章。

从外单位取得的原始凭证遗失时，应取得原签发单位加盖公章的证明，并注明原始凭证的号码、数量、单价、金额等内容，由经办单位会计机构负责人、会计主管人员和单位负责人批准后，才能代替原始凭证。若确实无法取得证明的，如车票丢失等，则由当事人写明详细情况后，由经办单位会计机构负责人、会计主管人员和单位负责人批准后，代作原始凭证。

（2）为了便于事后查阅，会计凭证封面应注明单位名称、记账凭证的种类、凭证张数、起讫号数、册数、年度、月份、会计主管人员、装订人员等有关事项。并由有关人员签章。会计凭证封面的一般格式如表 5-15 所示。

表 5-15　　　　　　　　　　会计凭证封面

年月份	（企业名称）			
		年　月份　共　册　第　册		
	收款			
	付款	凭证	第　号至第　号共　张	
	转账			
第　册			附原始凭证共　　张	
	会计主管（签章）		保管（签章）	

（3）会计凭证应加贴封条，以防止抽换凭证。原始凭证不得外借，其他单位如有特殊原因确实需要使用时，经本单位会计机构负责人、会计主管人员和单位负责人批准后，可以复印。向外单位提供的原始凭证复印件，应在专设的登记簿上加以登记，并由提供人员和收取人员共同签名盖章。

（4）原始凭证较多时，可单独制订，但应在凭证封面注明所属记账凭证的日期、编号和种类，同时在所属的记账凭证上注明"附件另订"及原始凭证的名称和编号，以便查阅。对于各种重要的原始凭证，如押金收据、提货单等，以及需要随时查阅或退还的单据，应另编目录，单独保管，并在有关的记账凭证和原始凭证上分别注明日期和编号。

每年装订成册的会计凭证，在年度终了时可暂由单位会计机构保管一年，期满后应当移交本单位档案机构统一保管；未设立档案机构的，应当在会计机构内部指定专人保管。出纳人员不得兼管会计档案。

（5）严格遵守会计凭证的保管期限要求，期满前不得寻找任何理由销毁会计凭证。有关会计凭证的保管期限详见第九章会计档案。

第六章　会计账簿

第一节　会计账簿的意义和种类

一、会计账簿的意义

在会计核算工作中，填制和审核会计凭证可以反映和监督经济业务的发生和完成情况。但是，会计凭证数量繁多，又很分散，每张记账凭证上只能反映个别经济业务，所提供的会计信息零散而又缺乏系统性，不能连续、系统、全面地反映和监督一个会计主体在一段时期内的经济活动和财务收支状况，不便于会计信息的综合与报告。为了适应经济管理的要求，提供连续、完整而又系统的会计信息，就需要运用登记账簿的会计核算方法，把分散在会计凭证上的大量核算资料，加以归类整理，按照一定的方法登记到有关账簿中去。

会计账簿简称账簿，是指由一定格式的账页所组成，以经过审核的会计凭证为依据，全面、系统、连续地记录各项经济业务的簿籍。

设置和登记账簿，是会计核算的专门方法之一，是编制会计报表的基础，是联系会计凭证与会计报表的中间环节。设置和登记账簿具有如下意义：

（1）通过设置和登记账簿，可以记录、储存会计信息。将会计凭证所记录的经济业务逐笔、逐项登入有关账簿，可以完整、集中地反映一段时期的经济活动情况。

（2）通过设置和登记账簿，可以分类汇总会计信息。通过账簿记录，能够将分散在会计凭证上大量的核算资料，按其性质加以分类、整理和汇总，以全面、系统、连续、分类地提供企业资产、负债以及所有者权益等财务状况，同时还能够提供收入、费用和利润等财务成果资料、现金流量资料，为会计信息的使用者提供决策所需要的会计信息。

（3）通过设置和登记账簿，可以检查和校正会计信息。账簿记录是对凭证的进一步整理，账簿记录也是会计分析、会计检查的重要依据。比如账簿中记录的财产物资的账面数，通过实地盘点的方法与实存数进行核对，来检查财产物资是否妥善保管，账实是否相符。

二、设置账簿的原则

任何单位都应该根据本单位经济业务的特点和经营管理的需要，设置一定种类和数量的账簿。一般情况下，设置账簿应当遵循以下原则：

（1）账簿的设置要能保证全面、系统地反映和监督本单位的经济活动情况，为经营管理提供系统、分类、全面的核算资料。

（2）设置账簿要在满足实际需要的前提下，考虑人力和物力的节约，力求避免重复设账。

（3）账簿的格式，要按照所记录的经济业务内容和需要提供的核算指标进行设计，力求简明、实用，避免烦琐、重复。

三、会计账簿与账户的关系

账簿与账户有着十分密切的关系。账户是根据会计科目开设的，账户存在于账簿之中，账簿中的每一账页就是账户存在的形式和载体，没有账簿，账户就无法存在；账簿序时、分类地记载经济业务，是在个别账户中完成的。因此，账簿只是一个外在形式，账户才是账簿的真实内容。所以说，账簿是由若干账页组成的一个载体，而开设于账页上的账户则是这个整体中的个别部分，因而，账簿与账户的关系，就是形式与内容的关系。

四、账簿的种类

在会计核算工作中，账簿的种类是多种多样的，为了便于了解和使用，必须对账簿进行分类。账簿一般可以按其用途、账页格式和外表形式进行分类。

(一) 账簿按用途的分类

账簿按其用途不同，可以分为序时账簿、分类账簿、联合账簿和备查账簿四类。

1. 序时账簿

序时账簿又叫日记账，是按照经济业务发生或完成时间的先后顺序，逐日逐笔进行登记的账簿。会计实务中，这种账簿通常是按照记账凭证编号的先后顺序逐日逐笔进行登记。序时账簿通常有两种：一种是用来逐日逐笔登记全部经济业务发生情况的账簿，称为普通日记账；另一种是用来逐日逐笔登记某一类经济业务发生情况的账簿，称为特种日记账。在实际工作中，因经济业务的复杂性，一般很少采用普通日记账，应用较为广泛的是特种日记账。为了加强对货币资金的监督和管理，各单位应当设置专门用来记录和反映现金收、付业务及其结存情况的现金日记账以及专门用来记录和反映银行存款收、付业务及其结存情况的银行存款日记账。在我国，大多数单位一般只设置现金日记账和银行存款日记账，而不设置转账日记账。

2. 分类账簿

分类账簿是指对全部经济业务事项按照会计要素的具体类别而设置的分类账户进行登记的账簿。分类账簿按照分类的概括程度不同，又分为总分类账簿和明细分类账簿两种。按照总分类账户登记经济业务事项的叫总分类账簿，简称总账；按照明细分类账户登记经济业务事项的叫明细分类账簿，简称明细账。明细分类账是对总分类账的补充和具体化，并受总分类账的控制和统驭。分类账簿所提供的核算信息是编制会计报表的主要依据。

分类账簿和序时账簿的作用不同。序时账簿能够提供连续系统的信息，反映企业资金运动的全貌；分类账簿则是按照经营与决策的需要而设置账户，归集并汇总各类信息，反映资金运动的各种状态、形式及其构成。在账簿组织中，分类账簿占有特别重要的地位，因为只有通过分类账簿，才能把数据按账户形成不同的信息，为会计报表的编制提供依据。

3．联合账簿

联合账簿是指将日记账与分类账结合在一起而形成的账簿。如企业将日记账与总账结合而形成的日记总账就是联合账簿。这种账簿在实际工作中使用较少。

4．备查账簿

备查账簿简称备查账，是对某些在序时账簿和分类账簿等主要账簿中都不予以登记或登记不够详细的经济业务事项进行补充登记所使用的账簿。备查账簿可以对某些经济业务的内容提供必要的参考资料，以加强企业对使用和保管的属于他人的财产物资的监管。例如租入固定资产登记簿、委托加工材料登记簿、代销商品登记簿等。各单位应根据经营管理活动的需要设置备查账簿。

备查账簿与序时账簿和分类账簿相比，有两点不同：一是登账依据可能不需要记账凭证，甚至不需要一般意义上的原始凭证；二是账簿的格式和登记方法不同，备查账簿的主要栏目不记录金额，它更加注重用文字来表述某项经济业务的发生情况。

（二）账簿按账页格式分类

账簿按账页格式的不同，可以分为三栏式账簿、多栏式账簿、数量金额式账簿等。

1．三栏式账簿

三栏式账簿是将账页中登记金额的部分分为三个栏目，即借方、贷方和余额三栏。各种日记账、总分类账以及资本、债权、债务等明细分类账普遍采用三栏式账簿。三栏式账簿又分为设对方科目和不设对方科目两种格式。区别是在摘要栏和借方科目栏之间是否有一栏"对方科目"，设有"对方科目"栏的，称为设对方科目的三栏式账簿；不设有"对方科目"栏的，称为不设对方科目的三栏式账簿。

2．多栏式账簿

多栏式账簿是在账簿的两个基本栏目借方和贷方中的某一方或双方，分设若干专栏的账簿，以详细反映借、贷方金额的组成情况，如多栏式日记账、多栏式明细账等。这种格式适用于核算项目较多，且管理上要求提供各核算项目详细信息的账簿。但是，其专栏是设置在借方还是贷方，或者两方同时设置专栏，专栏的数量等，均应根据需要而确定。收入、成本、费用等明细账一般采用这种格式的账簿。

3．数量金额式账簿

数量金额式账簿是在借方、贷方和余额三个栏目下，分别设置数量、单价和金额三个栏目，用以登记财产物资的实物数量、单价和总金额。这种格式适用于既需要提供价值信息，又需要提供数量信息的账簿。如原材料、库存商品等明细账一般采用这种格式。

（三）账簿按外表形式分类

各种账簿都具有一定的形式，按其外表形式不同可以将账簿分为订本式账簿、活页式账簿和卡片式账簿。

1. 订本式账簿

订本式账簿是指在启用之前就已经将账页装订成册，并对账页进行了连续编号的账簿。这种账簿的优点是将账页固定在一起，并事先进行编号，既可以防止账页散失，也可防止抽换账页。订本式账簿的缺点是使用起来欠灵活，不便于准确地为各账户预留账页，在同一时间内只能由一个人登记账簿，不便于分工记账。这种账簿一般适用于银行存款日记账、现金日记账和总分类账。

2. 活页式账簿

活页式账簿是指在账簿登记完毕之前并不将账页固定在一起，而将账页装在活页夹中形成的账簿。当账簿登记完毕（通常是一个科技年度结束）之后，才将账页予以装订，加具封面，并给各账页连续编号。各种明细分类账一般都采用活页账形式。这类账簿的优点是记账时可以根据实际需要，随时添加空白账页，或抽去不需用的账页，便于分工记账；其缺点是如果管理不善，可能造成账页散失或故意抽换账页。

3. 卡片式账簿

卡片式账簿是指将账户所需格式印刷在硬纸卡上，用来登记有关的经济业务。严格地说，卡片账也是一种活页账，只不过它不是装在活页账夹中，而是装在卡片箱内，卡片不固定在一起，数量可以根据经济业务增减。在我国，企业一般只对固定资产的明细核算采用卡片账形式，也有少数企业在材料明细核算中使用卡片。使用完毕，不再登账后，将卡片穿孔固定保管。

会计账簿的总体分类见图6-1。

```
                    ┌─ 按用途分类 ──┬─ 序时账簿
                    │               ├─ 分类账簿 ──┬─ 总分类账簿
                    │               │             └─ 明细分类账簿
                    │               └─ 备查账簿
                    │
会计账簿 ───────────┼─ 按账页格式分类 ──┬─ 三栏式账簿
                    │                   ├─ 多栏式账簿
                    │                   └─ 数量金额式账簿
                    │
                    └─ 按外表形式不同 ──┬─ 订本式账簿
                                        ├─ 活页式账簿
                                        └─ 卡片式账簿
```

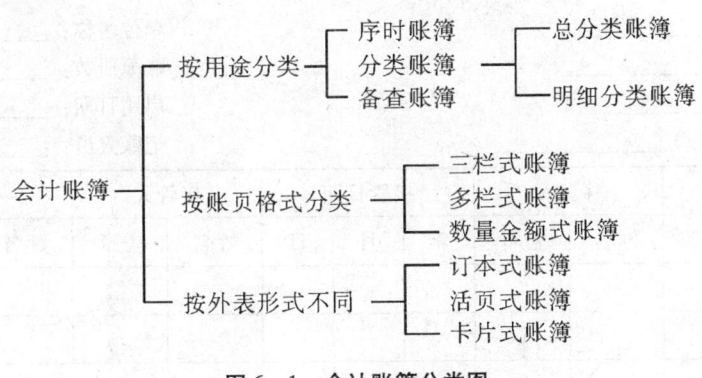

图6-1 会计账簿分类图

第二节 账簿的设置与登记

一、账簿的基本结构

实际工作中,由于各种账簿所记录的经济业务不同,账簿的格式也多种多样。但各种主要账簿都应具备以下基本内容:

(一)封面

每本账簿的封面都应标明账簿的名称以及记账单位的名称。如总分类账、明细分类账、现今日记账、银行存款日记账等。

(二)扉页

扉页主要列明科目索引、账簿启用和经管人员一览表两个内容。活页账、卡片账在装订成册后,填列账簿启用和经管人员一览表。

1. 会计账簿的启用

由于账簿是重要的会计档案,为了确保账簿记录的合法性和完整性,明确记账责任,在启用账簿时,应在账簿封面上填列单位名称和账簿名称,并在账簿扉页附上账簿启用表,表内应详细载明:单位名称、账簿名称、账簿编号、账簿页数、启用日期、记账人员和会计主管人员姓名,并加盖有关人员的签章和单位公章。更换会计人员时,应办理交接手续,在交接记录栏内填写交接日期、交接人员以及监交人员的姓名,并加盖有关人员的签章。账簿启用和经管人员一览表的格式见表6-1。

表6-1　　　　　　　　　账簿启用和经管人员一览表

账簿名称:＿＿＿＿＿＿　　　　　　　　　　　　　　　单位名称:＿＿＿＿＿＿
账簿编号:＿＿＿＿＿＿　　　　　　　　　　　　　　　账簿册数:＿＿＿＿＿＿
账簿页数:＿＿＿＿＿＿　　　　　　　　　　　　　　　启用日期:＿＿＿＿＿＿
会计主管(签章)＿＿＿＿＿＿　　　　　　　　　　　　记账人员:＿＿＿＿＿＿

移交日期			移交人		接管日期			接管人		会计主管	
年	月	日	姓名	盖章	年	月	日	姓名	盖章	姓名	盖章

启用订本式账簿，应当从第一页到最后一页顺序编定页次，不得跳页、缺号。使用活页式账簿，应当按账户顺序编号，并定期装订成册；装订后再按实际使用的账页顺序编定页码，另加账户目录，记录每个账户的名称和页次。

2. 账户目录

账户目录也叫科目索引，是用来顺序标明每个账户所在页次的表格，由科目名称和页次两个要素构成，这样可以在日常工作中很快地查询每一个账户所记录的内容。账户目录是由会计人员在账簿中开设账户后，按顺序将每个账户的名称和页次进行登记。如果是活页账簿，在账簿启用时无法确定页数，可以先将账户名填写好，等到年终装订归档的时候，再把页数填上。

表6-2　　　　　　　　　　　账户目录（科目索引）

页数	科目	页数	科目	页数	科目	页数	科目	页数	科目

（三）账页

账页是账簿用来记录经济业务的载体。账页的格式因其反映经济业务的内容不同，可以有不同的格式，但账页的基本要素应包括以下内容：

（1）账户的名称（总账科目、二级科目、明细科目）；
（2）登账日期栏；
（3）凭证种类和号数栏；
（4）摘要栏（摘要栏记录经济业务内容的简要说明）；
（5）金额栏（金额栏记录经济业务所引起的金额上的增减变动）；
（6）总页次和分户页次。

由于账簿所记录的经济业务内容不同，其结构和登记方法也有所不同，下面依次介绍有关序时账簿和分类账簿的结构与登记方法。

二、日记账的设置与登记

日记账是按照经济业务发生或完成时间的先后顺序逐笔进行登记的账簿。设置日记账的目的就是为了使经济业务的时间顺序能够清晰地反映在账簿记录中。日记账按其核算和监督经济业务的范围不同可以分为特种日记账和普通日记账。

普通日记账是两栏式日记账，是序时地逐笔登记各项经济业务的账簿，它核算和监督全部经济业务的发生和完成情况。实际工作中很少使用普通日记账，其格式见表6-3。

表6-3 普通日记账

第　页

年		凭证		会计科目	摘要	借方金额	贷方金额	过账
月	日	字	号					

特种日记账是用来核算和监督某一类型经济业务的发生和完成情况的账簿，常见的特种日记账有现金日记账、银行存款日记账以及转账日记账三类。一切经济单位都应设置现金日记账和银行存款日记账，用于序时核算现金和银行存款的收入、付出以及结存情况，借以加强对货币资金的管理。

（一）现金日记账的格式与登记方法

1. 现金日记账的格式

现金日记账是用来核算和监督现金每天的收入、支出和结存情况的账簿，其格式有三栏式和多栏式两种。无论采用三栏式还是多栏式现金日记账都必须使用订本式账簿。三栏式现金日记账设借方、贷方和余额三个基本的金额栏目，通常分别称其为收入、支出和结余栏。在金额栏和摘要栏之间常常插入"对方科目"栏，以便反映现金收入的来源和现金支出的去向。三栏式现金日记账的格式见表6-4。

表6-4 现金日记账（三栏式）

第　页

200×年		凭证		摘　要	对方科目	收入	支出	结余
月	日	字	号					
1	1			上年结余				2 500
	4	现付	1	支付入库材料装卸费	物资采购		280	
	4	银付	1	从银行提取现金备用	银行存款	2 000		
	4	现付	2	张强预支差旅费	其他应收款		2 500	
	4	现收	1	收回前欠零星货款	应收账款	650		
	4			本日合计		2 650	2 780	2 370

多栏式现金日记账是在三栏式现金日记账的基础上发展起来的。在实际工作中，如果要设置多栏式现金日记账，通常是把现金收入业务与现金支出业务分设"现金收入日记账"和"现金支出日记账"两本账。其中现金收入日记账按对应的贷方科目设置专栏，另设"支出合计"栏和"结余"栏；现金支出日记账则只按支出的对方科目设置专栏，不设"收入合计"栏与"结余"栏。"现金收入日记账"和"现金支出日记账"的格式分别见表6-5、表6-6。

表6-5　　　　　　　　　　　现金收入日记账（多栏式）

第　页

200×年		收款凭证		摘　要	收入			支出合计	结余
月	日	字	号		应贷科目		合计		
					银行存款	主营业务收入 ……			
6	1			月初余额					2 400
	1	银付	1	从银行提现	2 300		2 300		
	1	现收	1	零星销售款		585	585		
	1	现收	2	退回差旅费余额		115	115		
	1			转记				600	
	1			本日合计	2 300	585　115	3 000	600	4 800

表6-6　　　　　　　　　　　现金支出日记账（多栏式）

第　页

200×年		付款凭证		摘　要	结算凭证		借方科目			支出合计
月	日	字	号		种类	号数	管理费用	其他应收款	……	
6	1	现付	1	预支差旅费				500		200
	1	现付	2	购买办公用品			100			600
	1			本日合计			100	500		600

2．现金日记账的登记方法

现金日记账是由出纳人员根据现金收款凭证、现金付款凭证以及银行存款付款凭证，按照经济业务发生的先后顺序，逐日逐笔进行登记，并根据"上日结余＋本日收入－本日支出＝本日结余"的公式，逐日结出库存现金余额，与库存现金实存数进行核对，以检查每日库存现金收付是否有误。

三栏式现金日记账的登记方法如下：

（1）日期栏。日期栏中应该登记记账凭证的日期，也就是与现金实际收、付日期一致。因为对于现金收、付的业务应该在现金收入或者付出的当日编制记账凭证，并且在当天登记入现金日记账。

（2）凭证栏。凭证栏是指登记入账的收款凭证或者付款凭证的种类、编号。比如"现金收（付）款凭证"通常简写为"现收（付）""银行存款收（付）款凭证"通常简写为"银收（付）"。凭证栏还要填写记账凭证的编号，以便查账和核对。

（3）摘要栏。摘要说明登记入的经济业务的内容。文字要简明扼要，但要能够说明问题。

（4）对方科目栏。对方科目栏是现金收入的来源科目或者支出的用途科目。比如说从银行提取现金，其来源科目（即对方科目）就是"银行存款"。其作用在于了解经济业务的来龙去脉。

（5）收入、支出栏。收入、支出栏是指现金实际收入、支付的金额。每日终了，应分别计算现金收入和支出的合计数，结出余额，同时将余额与出纳员的库存现金核对，即通常说的"日清"。如账款不符应查明原因，并记录备案。月终同样要计算全月现金收、付的合计数及期末余额，通常称为"月结"。

借贷方分设的多栏式现金日记账的登记方法是：

（1）先根据有关现金收入业务的记账凭证登记现金收入日记账，再根据有关现金支出业务的记账凭证登记现金支出日记账。

（2）每日终了，根据现金支出日记账结计的支出合计数，一笔转入现金收入日记账的"支出合计"栏中，并结出当日余额。

（二）银行存款日记账的格式与登记方法

银行存款日记账是用来核算和监督银行存款每日的收入、支出和结余情况的账簿。银行存款日记账应按企业在银行开立的账户和币种分别设置，每一个银行账户设置一本日记账。由出纳员根据与银行存款收、付款业务有关的记账凭证，按时间先后顺序逐日逐笔进行登记。根据银行存款收款凭证和有关的现金付款凭证登记银行存款收入栏，根据银行存款付款凭证登记其支出栏。每日结出存款余额。

1. 银行存款日记账的格式

银行存款日记账的格式与现金日记账相同，既可以采用三栏式，也可以采用多栏式。多栏式银行存款日记账可以将收入和支出的核算在一本账上进行，也可以分设"银行存款收入日记账"和"银行存款支出日记账"。

银行存款日记账的格式与现金日记账的格式基本相同。其中三栏式银行存款日记账的格式见表6-7。

表6-7　　　　　　　　　　　银行存款日记账（三栏式）

第　　页

年		凭证		摘要	对方科目	收入	支出	结余
月	日	字	号					

2. 银行存款日记账的登记方法

银行存款日记账的登记方法也与现金日记账的登记方法基本相同，由出纳人员根据银行存款收款凭证、银行存款付款凭证以及现金付款凭证逐日逐笔进行登记。其登记方法如下：

（1）日期栏。日期栏是指记账凭证的日期。对于银行存款收、付款业务，应在收、付款项完毕之后，马上编制银行存款的收、付款凭证，并且在当天据以入账。

（2）凭证栏。凭证栏是指登记入账的收、付款凭证的种类和编号。通常把"银行存款收款凭证"简称"银收"，把"银行存款付款凭证"简称"银付"，把"现金付款凭证"简称"现付"。

（3）摘要栏。摘要说明登记入账的经济业务的内容。文字要简练，但是要能概括说明问题。

（4）现金支票号数和转支票号数。有的银行存款日记账存在这两个栏目。它是指如果所记录的经济业务是以支票付款结算的，应该在这两栏中填写相应的支票号数，以便与开户银行转来的对账单进行对账。如果账页中没有这两个栏目，应将有关支票的号数写进摘要栏。

（5）对方科目栏。对方科目栏是指银行存款收入的来源科目或支出的用途科目。如开出支票一张支付购料款，其支出的用途科目（也就是对方科目）为"物资采购"，它的作用在于了解经济业务的来龙去脉。

（6）收入、支出栏。收入、支出栏是指银行存款实际收、付的金额。每日终了，应分别计算银行存款的收入和支出的合计数，并结算出余额，做到日清；月终应计算出银行存款全月收入、支出的合计数以及月末余额，做到月结。银行存款日记账要定期与开户银行送来的银行存款对账单核对、相符。

3. 多栏式日记账的设置与登记

现金和银行存款日记账，一般都采用三栏式的账簿。为了反映每一笔收支业务的来龙去脉，分析和汇总对应科目的发生额，也可以采用多栏式日记。这种账簿是把收入栏和支出栏分别按照对方科目设专栏进行登记，把经济业务产生的原因或结果全部反映出来。

多栏式日记账中，对应科目的科目栏次很多，在一个会计年度内发生的业务，凡是涉及现金收、付和银行存款收、付的对应的科目，在这个账簿中都应该列示，每一个科目占一个栏次，如果这个企业经济业务比较复杂，所涉及的会计科目较多的时候，这个账页会很长，所以多栏式现金日记账和多栏式银行存款日记账现在已经不常用了。

在建有多栏式现金日记账和多栏式银行存款日记账的单位，可以据以登记总分类账。其账务处理可以有两种方法：

第一种方法：由出纳人员根据审核后的收、付款凭证，逐日逐笔登记现金和银行存款收入日记账、现金和银行存款支出日记账，每日将支出日记账中当日支出的合计数，转记入收入日记账中"当日支出合计"栏内，以结算当日账面结余额。会计人员应对多栏式现金和银行存款日记账的记录加以检查、监督，并负责于月末根据多栏式现金和银行存款日记账各专栏的合计数，分别登记各有关总分类账户。

第二种方法：单独设置现金和银行存款出纳登记簿，由出纳人员根据审核后的收款凭证、付款凭证逐日逐笔进行登记，以便逐笔掌握现金收付情况、银行存款收付情况。然后将收款凭证、付款凭证交由会计人员据以汇总登记多栏式现金日记账和银行存款日记账，并于月末根据日记账汇总登记总分类账。现金和银行存款出纳登记簿必须与现金日记账和银行存款日记账核对、相符。

上述第一种方法可以简化核算工作，第二种方法可以加强内部牵制。总之，采用多栏式现金和银行存款日记账可以减少收、付款凭证的汇总编制手续，简化登记总账的工作量，而且可以清晰地反映账户的对应关系，了解现金和银行存款收、付情况的来龙去脉。

三、总分类账簿的设置和登记

总分类账簿简称总账，是按照总分类账户设置的分类登记全部经济业务的账簿。在总分类账中，应按照会计科目的编码顺序分别开设账户。由于总分类账一般都采用订本式账簿，所以事先应为每个账户预留若干张账页。应用总分类账，可以全面、系统、综合地反映企业所有的经济活动和财务收支情况，并为编制会计报表提供资料，因而任何单位都必须设置总分类账簿。

总分类账簿的格式因采用的记账方法和会计核算形式不同而异，一般有三栏式、多栏式两种。

（一）三栏式总分类账的设置

三栏式总分类账又分为不反映"对应科目"的三栏式总账和反映"对应科目"的三栏式总账两种。

1. 不反映"对应科目"三栏式总账的设置

不反映"对应科目"的三栏式总分类账，在账页中设有日期栏、凭证种类和编号栏、摘要栏、借方金额栏、贷方金额栏、借或贷栏、余额栏。其格式和内容见表6-8。

表6-8　　　　　　　　　　　　总分类账

会计科目：　　　　　　　　　　　　　　　　　　　　　　　　　　　第　　页

年		凭证		摘要	借方	贷方	借或贷	余额
月	日	种类	编号					

2. 反映"对应科目"三栏式总账的设置

反映"对应科目"三栏式总账，除了在账页中设有账页的一般性栏目外，还分别在借方金额栏和贷方金额栏下设置"对方科目"两个子栏，以便直接从总分类账户中了解经济业务的来龙去脉。其方式和内容见表6-9。

表6-9　　　　　　　　　　　　总分类账

会计科目：　　　　　　　　　　　　　　　　　　　　　　　　　　　第　　页

年		凭证		摘要	借方		贷方		借或贷	余额
月	日	种类	编号		金额	对方科目	金额	对方科目		

（二）多栏式总分类账的设置

多栏式总分类账，是把序时账簿和总分类账簿结合在一起的联合账簿，通常称为日记总账，它具有序时账簿和总分类账簿的双重作用。采用这种总分类账簿，可以减少记账的工作量，提高工作效率，并能较为全面地反映经济活动的来龙去脉，便于分析经济活动情况。其格式和内容见表6-10。

表 6-10　　　　　　　　　多栏式总分类账（日记总账）

第　　页

年		凭证		摘要	发生额	_____科目		_____科目		……
月	日	种类	编号			借方	贷方	借方	贷方	

采用多栏式总分类账，如果会计科目较多，专栏设置过多，账页过长，将不便于登账和查阅，也不便于保管，不过采用电子计算机进行会计核算的单位，采用这种日记总账的方式就有它的优点了。

多栏式总分类账适用于经济业务较少、业务比较简单、涉及会计科目较少的经济单位。

（三）总分类账的登记

总分类账可以根据各种记账凭证逐笔进行登记，也可以将一定时期的各种记账凭证先汇总，编制成科目汇总表或汇总记账凭证，再据以登记总账。

总分类账的登记方法取决于经济单位所采用的会计核算组织形式，这一内容将在第七章中做具体的介绍。

四、明细分类账的设置和登记

明细分类账是根据总分类账所属的二级科目或明细科目开设户，用来分类、连续地记录有关资产、负债和所有者权益以及收入、费用和利润（或亏损）详细资料的会计账簿。

明细分类账是根据总分类账的核算内容和具体要求，按照更加详细的分类，反映某一具体类别的经济活动和财务收支情况。它对总分类账起着补充说明的作用，它所提供的资料也是编制会计报表的重要依据。根据经济管理的要求和各明细分类账记录的内容不同，明细分类账分别采用三栏式、数量金额式和多栏式三种格式的账页。

（一）三栏式明细分类账的设置与登记

三栏式明细分类账的账页，只设有借方、贷方和余额三个金额栏，不设数量栏。它适用于只反映金额，不需要进行数量核算的经济业务。如"应收账款""应付账款"等账户。其格式和内容见表 6-11。

表 6-11　　　　　　　　　　　应付账款　明细分类账

会计科目：　　　　　　　　　　　　　　　　　　　　　　　第　　页

单位：元

200×年		凭证		摘要	借方	贷方	借或贷	余额
月	日	种类	编号					
6	1			期初余额			贷	5 000
	6	银付	15	偿还前欠货款	3 500		贷	1 500
	10	转	22	采购材料欠款		7 020	贷	8 520
≈	≈	≈	≈	≈≈≈	≈	≈	≈	≈
6	30			本月合计	12 500	8 900	贷	1 400

三栏式明细分类账是由会计人员根据审核无误的记账凭证或原始凭证，按经济业务发生时间的先后顺序逐日逐笔进行登记。

(二) 数量金额式明细分类账的设置与登记

数量金额式明细分类账的账页，分别设有收入、发出和结存栏，且在这三栏中的每一栏目内，又分别设有数量、单价和金额栏。通过这种账簿，可以清楚地了解企业财产物资的收入、发出以及结存的数量、单价和金额情况。这种格式适用于既要进行金额核算，又需要进行实物量核算的各种财产物资账户，如"原材料""库存商品"等账户的明细分类核算。其格式和内容见表 6-12。

表 6-12　　　　　　　　　　　原材料　明细分类账

材料类别：原料及主要材料　　　　名称及规格：A 材料　　　　材料编号：q6891

计量单位：千克　　　　　　　　　　　　　　　　　　　　　最高储备量：略

存放地点：3 号库　　　　　　　储备定额：略　　　　　　　　最低储备量：略

单位：元

200×年		凭证		摘要	收入			发出			结存		
月	日	字	号		数量	单价	金额	数量	单价	金额	数量	单价	金额
8	1			月初结存							1 000	60	60 000
	2	转	5	领用				600	60	36 000	400	60	24 000
	8	转	25	购入	1 500	60	90 000				1 900	60	114 000
	15	转	60	领用				800	60	48 000	1 100	60	66 000
≈	≈	≈	≈	≈≈≈	≈	≈	≈	≈	≈	≈	≈	≈	≈
8	31			本月合计	4 000	60	240 000	3 500	600	210 000	1 500	60	90 000

117

数量金额式明细分类账由会计人员根据审核无误的记账凭证或原始凭证,按经济业务发生时间的先后顺序逐日逐笔进行登记。

(三) 多栏式明细分类账的设置与登记

多栏式明细分类账,是根据经济业务的特点和经营管理的需要,在一张账页内按有关明细科目或明细项目分设若干专栏,用以在同一张账页上集中反映各有关明细科目或明细项目的核算资料。按明细分类账登记的经济业务不同,多栏式明细分类账的账页又分为借方多栏式、贷方多栏式和借贷双方多栏式三种。

1. 借方多栏式明细分类账的设置

借方多栏式明细分类账适用于借方需要设置多个明细科目或明细项目的账户,如"物资采购""生产成本""制造费用""管理费用"和"营业外支出"等成本、费用科目的明细分类账核算。借方多栏式明细分类账的账页格式及内容见表6-13。

表6-13　　　　　　　　　　　制造费用　明细账

明细科目:制造费用　　　　　　　　　　　　　　　　　　　　　　第　页
单位:元

| 200×年 || 凭证 || 摘要 | 借方 |||| 贷方 | 余额 |
月	日	字	号		工资及福利费	折旧费	办公费	其他	合计		
8	3	现付	6	购买办公用品			320		320		320
	31	转	65	分配工资费用	4 500				4 500		4 820
	31	转	66	计提福利费	630				630		5 450
	31	转	67	计提折旧费		2 200			2 200		7 650
	31	转	75	结转"本年利润"						7 650	0
	31			本月合计	5 130	2 200	320		7 650	7 650	0

2. 贷方多栏式明细分类账的设置

贷方多栏式明细分类账的账页格式适用于贷方需要分设多个明细科目或明细项目的账户,如"主营业务收入""营业外收入"等收入类科目的明细分类账核算。贷方多栏式明细分类账的账页格式和内容见表6-14。

表6-14　　　　　　　　　　主营业务收入明细分类账

第　页
单位:元

| 200×年 || 凭证 || 摘要 | 借方 | 贷方 |||| 余额 |
月	日	字	号			A产品	B产品	C产品	合计	
7	5	银收	6	销售A产品		2 000			2 000	2 000
	14	转	26	销售B产品			10 000		10 000	12 000
	26	银收	45	销售A、C产品		5 000		20 000	25 000	37 000

表6-14(续)

200×年		凭证		摘要	借方	贷方				余额
月	日	字	号			A产品	B产品	C产品	合计	
	31	转	78	结转"本年利润"	37 000					0
	31			本月合计	37 000	7 000	10 000	20 000	37 000	0

3. 借方贷方双方多栏式明细分类账的设置

借方贷方多栏式明细分类账的账页格式适用于借方、贷方均需要分设多个明细科目或明细项目的账户，如"本年利润""应交税费——应交增值税"科目的明细分类核算。

借方、贷方都采用多栏式明细分类账核算的账页格式和内容见表6-15。

表6-15　　　　　　　　　　__本年利润__　明细分类账

第　　页

年		凭证		摘要	借　　方				贷　　方				借或贷	余额
月	日	字	号		主营业务成本	主营业务税金及附加	…	合计	主营业务收入	其他业务收入	…	合计		

4. 多栏式明细分类账的登记

多栏式明细分类账是由会计人员根据审核无误的记账凭证或原始凭证逐笔登记的。

对于借方多栏式明细分类账，由于只在借方设置分栏项目，平时在借方登记成本、费用的发生额，贷方登记月末将借方发生额一次性转出的数额，所以平时如果有贷方发生额，应该用红色数字登记在借方的有关专栏中。表6-16是某企业某年2月份的生产成本明细账。在2月28日生产车间向仓库退回领而未用的材料1 500元，这笔业务的会计分录是：

借：原材料　　　　　　　　　　　　　　　　　　　　　　　1 500
　　贷：生产成本——甲产品　　　　　　　　　　　　　　　　1 500

根据这笔会计分录登记账簿时，应在"生产成本"总账的贷方登记1 500元发生额，而在登记"生产成本——甲产品"明细分类账时，用红字在借方"原材料"栏登记1 500元发生额，表示抵减领用材料的费用数额。

表6-16　　　　　　　　　　　生产成本　明细账

产品名称：甲产品

第　　页

单位：元

200×年		凭证		摘要	借方				贷方	余额
月	日	字	号		直接材料	直接人工	制造费用	合计		
2	1			期初余额	6 000	5 700	1 300	13 000		13 000
	3	转	15	领用材料	24 500			24 500		37 500
	28	转	78	分配工资费用		15 000		15 000		52 500
	28	转	79	计提福利费		2 100		2 100		54 600
	28	转	85	分配制造费用			12 000	12 000		66 600
	28	转	90	退回多余材料	1 500			1 500		65 100
	28	转	95	结转完工产品成本					53 400	11 700
	28			本月合计	29 000	22 800	13 300	65 100	53 400	11 700

对于贷方多栏式明细分类账，由于只在贷方设置专栏，平时的发生收入额都登记在贷方栏目中，借方应登记月末时将本月所发生的收入总额一次性转入"本年利润"账户的数额。如果平时发生退货，就需要用红色数字在贷方对应栏中进行登记。表6-17是某企业某年10月份的主营业务收入明细账，由于销售产品有质量问题，于10月25日收到客户退回的A产品一批，原售价5 000元，销项税850元，企业当即开出转账支票结清该笔款项。这笔业务的会计分录是：

借：主营业务收入——A产品　　　　　　　　　　　　5 000
　　应交税费——应交增值税（销项税额）　　　　　　　850
　　贷：银行存款　　　　　　　　　　　　　　　　　　　　　5 850

根据这笔会计分录登记账簿时，应在"主营业务收入"总账的借方登记5 000元发生额，而在登记"主营业务收入——A产品"明细分类账时，用红字在贷方"A产品"栏登记5 000元发生额，表示抵减主营业务收入的数额。

表6-17　　　　　　　　　　　主营业务收入　明细分类账

第　　页

单位：元

200×年		凭证		摘要	借方	贷方				余额
月	日	字	号			A产品	B产品	C产品	合计	
10	3	银收	8	销售A产品		5 000			5 000	5 000
	10	转	26	销售B产品			20 000		20 000	25 000
	22	银收	59	销售A、C产品		60 000		10 000	70 000	95 000

表6-17（续）

200×年		凭证		摘要	借方	贷方				余额
月	日	字	号			A产品	B产品	C产品	合计	
	25	银付	86	销售退货		5 000			5 000	90 000
	31	转	78	结转"本年利润"	90 000					0
	31	转		本月合计	90 000	60 000	20 000	10 000	90 000	0

（四）横线登记式明细分类账的设置与登记

横线登记式明细分类账是指采用横线登记，即将相互关联的经济业务登记在账页的同一横行上，从而可依据每一横行各栏目的登记是否齐全来判断该项业务的进展完成情况。这种明细分类账实际上也是一种多栏式明细分类账，适用于登记物资采购、应收票据、其他应收款等业务。其账页格式见表6-18。

表6-18　　　　　　　其他应收款——备用金　明细分类账

第　　页
单位：元

年		凭证		摘要	借　方			年		凭证		摘要	贷　方			余额
月	日	种类	号数		原借	补付	合计	月	日	种类	号数		报销	退	合计	

横线登记式明细分类账由会计人员根据审核无误的记账凭证或原始凭证，按经济业务发生时间的先后顺序逐日逐笔进行登记。在登记时注意，与以前发生的对应经济业务，将其登记在账页的同一横行上。

五、总分类账户与明细分类账户的关系及其平行登记

总分类账户简称总账，是指按总分类科目开设的账户，对总分类科目所反映的经济业务进行总括地核算，提供总括性的核算指标；所谓明细分类账户，是指按照明细分类科目开设的账户，对总分类账所属的经济业务进行明细分类核算，提供具体、详细的核算资料。总分类账户和明细分类账户是既有联系，又有区别的两类账户。

121

（一）总分类账户与明细分类账户的关系

总分类账户与明细分类账户的联系表现在以下两个方面：

（1）两者所反映的经济业务内容相同。如"库存商品"总分类账户与其所属的"甲产品""乙产品"等明细分类账户都是用以反映库存产品的收、发及结存业务的。

（2）登记账簿的原始依据相同。登记总分类账户与登记其所属的明细分类账户的记账凭证和原始凭证是相同的。

总分类账户与明细分类账户的区别主要表现在以下两个方面：

（1）两者反映经济内容的详细程度不同。总分类账反映资金增减变化的总括情况，提供总括性的资料；明细分类账反映资金运动的详细情况，提供某一方面的详细资料；有些明细分类账还可以提供实物量指标和劳动量指标，而总分类账不可能做到这一点。

（2）两者的作用不同。总分类账提供的经济指标，是明细分类账资料的综合，对所属明细分类账起着统驭、控制的作用；明细分类账是对有关总分类账的补充，起着详细说明的作用。

（二）总分类账与明细分类账的平行登记

为了使总分类账与其所属的明细分类账之间能起到统驭与补充的作用，满足各单位经济管理对总括会计信息与详细会计信息的需要，确保核算资料的正确、完整，便于账户核对，在总分类账及其所属的明细分类账中进行记录，必须采用平行登记的方法。所谓平行登记是指经济业务发生后，根据同一会计凭证，一方面登记有关总分类账户，另一方面登记该总分类账所属的有关明细分类账户。

由于明细分类账的格式有三栏式、多栏式和数量金额式之分，采用平行登记规则应注意以下要点：

1. 登记总分类账及其所属明细分类账的时间和依据相同

对于每一项需要提供详细信息的经济业务，应根据审核无误的同一凭证，在同一时间内登记入有关的总分类账户及其所属的有关各明细分类账户。

这里所指的同期是指在同一会计期间，而并非指同一时点，因为明细分类账一般根据记账凭证及其所附的原始凭证于平时逐笔登记；而总分类账的登记，由于所采用的会计核算程序不同，有可能在平时逐笔登记，也可能定期汇总登记。但都必须在同一会计期间登记入账。

2. 登记总分类账及其所属明细分类账的方向一致

这里所指的方向，是指所体现经济业务变动的方向，而并非是指账户的借方或贷方。一般情况下，总分类账及其所属的明细分类账，都按借方、贷方和余额设专栏登记。这时，在总分类账与其所属明细分类账中的记账方向是相同的，如存货账户和债权、债务结算类账户都属于这种情况。

但如果总分类账户采用三栏式，而其所属的明细分类账户采用多栏式格式时，对于某些需要冲减金额的事项，在明细分类账中，只能用红字记入其相反的记账方向，这就与其总分类账中的记账方向不一致。比如说"财务费用"账户按其组成项目设置借方多栏式明细分类账，发生需冲减利息费用的存款利息收入时，总分类账应该记入

"财务费用"账户的贷方,而其明细分类账则是以红色数字记入"财务费用"账户借方的"利息费用"项目中,以其净发生额来反映利息支出情况。这时,在总分类账及其所属的明细分类账中,就不可能按相同的记账方向进行登记,而只能以相同的变动方向进行登记。

3. 记入总分类账户的金额与记入其所属各明细分类账户的金额相等

总分类账户提供总括指标,明细分类账户提供总分类账户所属经济业务的详细信息。所以,记入总分类账的金额与记入其所属各明细分类账户的金额相等。但这种金额相等只表明其数量关系,而不一定都是借方发生额相等和贷方发生额相等的关系。如上例中"财务费用"账户的明细账采用多栏式时,本月既有存款利息收入,也有贷款利息支出,"财务费用"总分类账户的借方发生额与其所属明细分类账的借方发生额就不一致,但在抵减利息收入后的利息净支出数额是相等的。

总分类账户与其所属的明细分类账户进行平行登记,必然产生以下结果:第一,总分类账户期初余额等于所属明细分类账户的期初余额之和;第二,总分类账户的期末余额等于所属明细分类账户的期末余额之和。

综上所述,总分类账户与其所属的明细分类账户,进行平行登记的规则要点是:依据相同、方向一致、金额相等。而不能描述为"借贷方向一致,借贷金额相等",这里要特别强调对"方向一致,金额相等"的正确理解。

(三) 总分类账户与明细分类账户的平行登记举例

在会计核算工作中,可以利用上述平行登记关系检查账簿记录的正确性。下面以"原材料"账户和"应付账款"账户为例,来说明总分类账户与明细分类账户的平行登记。

例6-1 某企业200×年6月1日"原材料"账户、"应付账款"账户及其所属明细分类账户的有关资料如下:

"原材料"总分类账户借方余额为85 000元,其所属明细分类账户余额分别为:甲材料500千克,单价100元,金额50 000元;乙材料700千克,单价50元,金额35 000元。

"应付账款"总分类账户贷方余额为65 000元。其所属明细分类账户的余额分别为:A公司贷方余额40 000元,B公司贷方余额25 000元。

6月份公司发生下列与"原材料"账户和"应付账款"账户有关的经济业务(不考虑购进材料的进项增值税):

(1) 6月5日,向A公司购进甲材料300千克,单价100元,价款30 000元;乙材料500千克,单价50元,价款25 000元。材料已经验收入库,货款尚未支付。编制会计分录如下:

借:原材料——甲材料　　　　　　　　　　　　　　30 000
　　　　——乙材料　　　　　　　　　　　　　　　25 000
　　贷:应付账款——A公司　　　　　　　　　　　　　　　　55 000

(2) 6月11日,生产车间从仓库领用原材料一批,其中甲材料600千克,单价100元,金额60 000元;乙材料800千克,单价50元,金额40 000元。编制会计分录如下:

借：生产成本　　　　　　　　　　　　　　　　　　　　　100 000
　　贷：原材料——甲材料　　　　　　　　　　　　　　　　60 000
　　　　　　——乙材料　　　　　　　　　　　　　　　　40 000

（3）6月20日，向B公司购进材料一批，其中甲材料200千克，单价100元，价款20 000元；乙材料300千克，单价50元，价款15 000元。材料已经验收入库，货款尚未支付。编制会计分录如下：

借：原材料——甲材料　　　　　　　　　　　　　　　　20 000
　　　　——乙材料　　　　　　　　　　　　　　　　　15 000
　　贷：应付账款——B公司　　　　　　　　　　　　　　35 000

（4）6月24日，以银行存款偿还购货款，其中：偿还A公司80 000元，偿还B公司45 000元。编制会计分录如下：

借：应付账款——A公司　　　　　　　　　　　　　　　80 000
　　　　　　——B公司　　　　　　　　　　　　　　　 45 000
　　贷：银行存款　　　　　　　　　　　　　　　　　　125 000

根据上述资料，在"原材料"和"应付账款"的总分类账户及其所属的明细分类账户中进行平行登记，有关步骤如下：

第一步：将月初余额分别登记入"原材料"和"应付账款"的总分类账户及其所属的明细分类账户，在"原材料"的明细分类账户中还要登记各种原材料的数量、单价。

第二步：根据各项经济业务发生的先后顺序和编制的会计分录，采用平行登记的方法，逐笔登记"原材料"和"应付账款"两个总分类账户及其所属的明细分类账户，并计算出各账户的本期发生额和期末余额。

有关"原材料"和"应付账款"总分类账户及其所属的明细分类账户的期初余额、发生额、本期发生额和期末余额的登记及计算结果，见表6-19至表6-24。

表6-19　　　　　　　　　　总分类账

会计科目：原材料　　　　　　　　　　　　　　　　　　　第　　页
　　　　　　　　　　　　　　　　　　　　　　　　　　　单位：元

200×年		凭证		摘要	借方		贷方		借或贷	余额
月	日	种类	编号		金额	对方科目	金额	对方科目		
6	1			月初余额					借	85 000
	5		1	购入	55 000	应付账款			借	140 000
	11		2	生产领用			100 000	生产成本	借	40 000
	20		3	购入	35 000	应付账款			借	75 000
	30			本月合计	90 000		100 000		借	75 000

124

表6-20　　　　　　　　　　原材料　明细分类账

材料类别：原料及主要材料　　　　　　　　　　　　　　　　　材料编号：q5921
计量单位：千克　　　　　　名称及规格：甲材料　　　　　　　最高储备量：略
存放地点：3号库　　　　　　储备定额：略　　　　　　　　　　最低储备量：略

200×年		凭证字号	摘要	收入			发出			结存		
月	日			数量	单价(元)	金额(元)	数量	单价(元)	金额(元)	数量	单价(元)	金额(元)
6	1		月初结存							500	100	50 000
	5	1	购入	300	100	30 000				800	100	80 000
	11	2	领用				600	100	60 000	200	100	20 000
	20	3	购入	200	100	20 000				400	100	40 000
6	30		本月合计	500	100	50 000	600	100	60 000	400	100	40 000

表6-21　　　　　　　　　　原材料明细分类账

材料类别：原料及主要材料　　　　　　　　　　　　　　　　　材料编号：q5922
计量单位：千克　　　　　　名称及规格：乙材料　　　　　　　最高储备量：略
存放地点：4号库　　　　　　储备定额：略　　　　　　　　　　最低储备量：略

200×年		凭证字号	摘要	收入			发出			结存		
月	日			数量	单价(元)	金额(元)	数量	单价(元)	金额(元)	数量	单价(元)	金额(元)
6	1		月初结存							700	50	35 000
	5	1	购入	500	50	25 000				1 200	50	60 000
	11	2	领用				800	50	40 000	400	50	20 000
	20	3	购入	300	50	15 000				700	50	35 000
6	30		本月合计	800	50	40 000	800	50	40 000	700	50	35 000

表6-22　　　　　　　　　　总分类账

会计科目：应付账款　　　　　　　　　　　　　　　　　　　　　　　　　第　　页
　　　　　　　　　　　　　　　　　　　　　　　　　　　　　　　　　　单位：元

200×年		凭证		摘要	借方		贷方		借或贷	余额
月	日	种类	编号		金额	对方科目	金额	对方科目		
6	1			月初余额					贷	65 000
	5		1	购货欠款			55 000	原材料	贷	120 000

表6-22(续)

200×年		凭证		摘要	借方		贷方		借或贷	余额
月	日	种类	编号		金额	对方科目	金额	对方科目		
	20		3	购货欠款			35 000	原材料	贷	155 000
	24		4	偿还购货欠款	125 000	银行存款			贷	30 000
6	30			本月合计	125 000		90 000		贷	30 000

表6-23　　　　　　　　　　　应付账款　明细分类账

会计科目：A公司　　　　　　　　　　　　　　　　　　　　　　　第　页

单位：元

200×年		凭证		摘要	借方	贷方	借或贷	余额
月	日	种类	编号					
6	1			月初余额			贷	40 000
	5		1	购货欠款		55 000	贷	95 000
	24		4	偿还购货欠款	80 000		贷	15 000
6	30			本月合计	80 000	55 000	贷	15 000

表6-24　　　　　　　　　　　应付账款明细分类账

会计科目：B公司　　　　　　　　　　　　　　　　　　　　　　　第　页

单位：元

200×年		凭证		摘要	借方	贷方	借或贷	余额
月	日	种类	编号					
6	1			月初余额			贷	25 000
	20		3	购货欠款		35 000	贷	60 000
	24		24	偿还购货欠款	45 000		贷	15 000
6	30			本月合计	45 000	35 000	贷	15 000

从上述总分类账户与其所属的明细分类账户可以看出，在平行登记下，"原材料"和"应付账款"总分类账户的期初余额、本期借方发生额、本期贷方发生额以及期末余额，都分别与其所属的明细分类账户的期初余额之和、本期借方发生额之和、本期贷方发生额之和以及期末余额之和相等。这样，总分类账户对其所属的明细分类账户的统驭作用、明细分类账户对其总分类账户的补充作用一目了然。

因总分类账户与其所属的明细分类账户的本期发生额及余额的必然相等关系，在期末可以对总分类账户与其所属的明细分类账户进行核对和检查，以发现并纠正错误。通常这种核对是通过编制"总分类账户与明细分类账户发生额及余额对照表"来实现的。其格式和内容见表6-25。该表列示了"原材料"和"应付账款"两个总分类账户与其所属的明细分类账户的发生额及余额的对照情况。

表6-25　　　　　　　总分类账户与明细分类账户发生额及余额对照表　　　　　　　单位：元

账户名称	期初余额 借方	期初余额 贷方	本期发生额 借方	本期发生额 贷方	期末余额 借方	期末余额 贷方
原材料	85 000		90 000	100 000	75 000	
甲材料	50 000		50 000	60 000	40 000	
乙材料	35 000		40 000	40 000	35 000	
应付账款		65 000	125 000	90 000		30 000
A公司		40 000	80 000	55 000		15 000
B公司		25 000	45 000	35 000		15 000

从表6-25可以看出，"原材料"总账的期初借方余额85 000元等于"甲材料"的期初借方余额50 000元加上"乙材料"的期初借方余额35 000元；"原材料"总账的本期借方发生额90 000元等于"甲材料"的本期借方发生额50 000元加上"乙材料"的本期借方发生额40 000元；"原材料"总账的本期贷方发生额100 000元等于"甲材料"的本期贷方发生额60 000元加上"乙材料"的本期贷方发生额40 000元；"原材料"总账的期末借方余额75 000元等于"甲材料"的期末借方余额40 000元加上"乙材料"的期末借方余额35 000元。同理，"应付账款"总分类账户与其所属的明细分类账户的期初余额、本期借方发生额、本期贷方发生额以及期末余额也分别相等。通过以上核对，可以确定本例中的账簿记录是正确的。

第三节　账簿登记和使用的规则

一、账簿登记的规则

登记账簿必须按照以下要求来办理：

（1）必须根据审核无误的会计凭证登记账簿。登记会计账簿时，应当将会计凭证的日期、编号、业务内容摘要、金额和其他有关资料逐项登记入账，做到数字准确、摘要清楚、登记及时、字迹工整。所有会计事项，一方面要登记入有关的总账，另一方面要登记入该总账的所属明细账。账簿记录中的日期，应该填写记账凭证上的日期；以自制原始凭证作为记账依据的，账簿记录中的日期应按有关自制凭证上的日期填列。

（2）记账必须用蓝色墨水或者碳素墨水的钢笔书写，不得用铅笔或圆珠笔记账。这是因为会计账簿作为重要的档案资料要求保存 15 年之久，现金日记账和银行存款日记账更是长达 25 年。因此要求账簿要长久保持字迹清晰，防止被涂改，以备长期核查、使用。

（3）记账时应按户页次顺序逐页逐行登记，不得隔页、跳行。如果无意发生了隔页、跳行现象，应在空页、空行处用红色墨水划对角线注销，或者注明"此页空白"或"此行空白"等字样，并由记账人员和会计机构负责人（会计主管人员）签章。

（4）在账簿记录中，红字表示对蓝色数字的冲销数或负数。因此，只有在下列情况下，才可以用红色墨水记账：

①按照红字冲账的记账凭证，冲销错误记录；

②在不设减少栏的多栏式账页中，登记减少数；

③在三栏式账页的余额栏前，如未印明余额方向的，在余额栏内登记负数余额。

④根据国家统一会计制度的规定可以用红字登记的其他会计记录。

（5）记账以后，应在记账凭证上注明所记账簿的页次，并注明已登账的符号，避免重记、漏记。

（6）账簿记录要保持清晰、整洁，记账文字和数字都要端正、清楚，严禁刮擦、挖补、涂改或用药水消除字迹。如果发生账簿记录错误，必须严格按照规定的方法进行更正。

（7）凡需结出余额的账户，结出余额后，应在"借或贷"栏内写明"借"或"贷"的字样。没有余额的账户，应在"借或贷"栏中写"平"字，并在余额栏"元"位上写"0"。现金日记账或银行存款日记账必须做到日清月结，每日结出余额。

（8）每一账页登记完毕结转下页时，应在该账页的最末一行加计发生额合计数并结出余额，在该行"摘要"栏注明"转次页"字样，然后转抄这个发生额合计数和余额填列到下一页的第一行内，并在"摘要"栏内注明"承前页"字样；也可以只将本页合计数及余额填入下页第一行有关栏目内，并在"摘要"栏内注明"承前页"字样，以保证账簿记录的连续性，便于对账和结账。

对需要结计本月发生额的账户，结计"过次页"的本页合计数应当为本月初至本页末止的发生额合计数；需要结计本年累计发生额的账户，结计"过次页"的本页合计数应当为自本年初至本页末止的发生额合计数；对既不需要结计本月发生额也不需要结计本年累计发生额的账户可以只将本页末的金额结转次页。

（9）订本式账簿，都编有账页的顺序号，不得任意撕毁。活页式账簿也不得随便抽换账页。

（10）文字和数字的书写要符合规范。账簿中文字和数字的书写要留有适当的空格，通常占格距的二分之一。这样，一旦发生记账错误时，有更正错账的空间，同时也方便查账。不要使用怪体字、错别字书写，字迹不得潦草。

　　实行会计电算化的单位，用计算机打印的会计账簿必须连续编号，经审查无误后装订成册，并由记账人员和会计机构负责人、会计主管人员签字或盖章。总账和明细账必须定期打印。发生收款和付款业务的，在输入收款凭证和付款凭证的当天必须打印出现金日记账、银行存款日记账，并与库存现金核对相符。

二、错账更正的方法

　　会计人员填制会计凭证和登记账簿，必须严肃认真，一丝不苟，既要保持账簿整洁、美观，又要做到准确、可靠，尽最大努力把账记好算对，防止差错，以保证核算质量。

　　在记账过程中，如果账簿记录发生错误，不得刮擦、挖补、涂改或用退色药水更改字迹，必须根据错误的具体情况，采用相应的方法予以更正。更正错账的方法一般有划线更正法、红字更正法和补充登记法三种。

（一）划线更正法

　　划线更正法又叫红线更正法，是指在结账之前，发现账簿记录有错误，而记账凭证无错误，即纯属登账时发生的文字或数字错误，应采用划线更正法更正。

　　具体操作方法是：在错误的文字或数字上划上一条红线予以注销，在红线的上方用蓝色墨水钢笔或者碳素墨水钢笔填写正确的文字或数字，并由记账人员在更正处签名或盖章，以明确责任。对于错误的数字，不得只划线更正其中的个别数字，对于文字错误，可只划去错误的部分；对已划销的数字，应当保持原有字迹仍可辨认，以备查核。例如，某账簿记录中，会计人员将739.85元误记为793.85元时，还没有结账，凭证也没有发生错误，就可以将错误数字793.85全部用一条红线划掉，在其上方写上正确的数字739.85即可。

（二）红字更正法

　　红字更正法是指用红字冲销原有错误的账户记录或凭证记录，以更正或调整账簿记录的一种方法。红字更正法适用于以下两种情况：

　　（1）记账以后在当年以内发现记账凭证中所记会计科目错误时，可采用红字更正法进行更正。具体做法是，用红色数字填写一份与原来科目、借贷方向和金额完全相同的记账凭证，并根据这张红字填写的记账凭证，登记账簿以冲销原错误的记录，然后再用蓝色数字填写一张正确的记账凭证，并据以登记入账。

　　例6-2　某企业购进材料1 500元，材料已验收入库，货款尚未支付。在编制记账凭证时，误将"应付账款"记为"应收账款"，并已据以登记入账。原错误会计分录如下：

　　①借：原材料　　　　　　　　　　　　　　　　　　　　　　1 500
　　　　贷：应收账款　　　　　　　　　　　　　　　　　　　　　　　1 500

　　更正时，用红色数字填制一张与原错误记账凭证的科目名称、借贷方向及金额完全相同的记账凭证，并在摘要栏写上"更正×号记账凭证的错误记录"，会计分录如下：

②借：原材料　　　　　　　　　　　　　　　　　　　　　　　1 500
　　贷：应收账款　　　　　　　　　　　　　　　　　　　　　　　1 500

将上述会计分录登记入账，以冲销第一笔会计分录所记录的错误内容。然后再用蓝色数字填制一张正确的记账凭证，并登记入账。

③借：原材料　　　　　　　　　　　　　　　　　　　　　　　1 500
　　贷：应付账款　　　　　　　　　　　　　　　　　　　　　　　1 500

以上错误更正记录如图6-2所示：

借方	应收账款	贷方		借方	原材料	贷方
(1) 1 500				(1) 1 500		
	(2) 1 500				(2) 1 500	
				(3) 1 500		

借方	应付账款	贷方
	(3) 1 500	

图6-2

（2）在记账以后，如发现记账凭证和账簿记录的金额有错误，而应借、应贷的会计科目没有错误，只是所记金额大于应记金额，也就是说多记了。这时候应采用红字更正法予以更正。其具体做法就是将多记的金额，也就是正确数字与错误数字之间的差数用红色数字填写一张与原记账凭证应借、应贷科目完全相同的记账凭证来冲销多记的金额，并登记入账。

例6-3 某企业生产A产品领用原材料1 000元，在填写记账凭证时，将1 000元误记为10 000元，但应借、应贷科目均没有错误，并已登记入账。其错误记账凭证的会计分录如下：

①借：生产成本——A产品　　　　　　　　　　　　　　　　　10 000
　　贷：原材料　　　　　　　　　　　　　　　　　　　　　　　10 000

更正时，应将多记的金额9 000元用红色数字编制一张与原记账凭证应借、应贷科目完全相同的记账凭证来冲销多记的金额，在摘要栏写明"冲销×号凭证多记金额"，并登记入账。

②借：生产成本——A产品　　　　　　　　　　　　　　　　　9 000
　　贷：原材料　　　　　　　　　　　　　　　　　　　　　　　9 000

以上错账更正记录如图6-3所示：

借方	原材料	贷方		借方	生产成本	贷方
	(1) 10 000				(1) 10 000	
	(2) 9 000				(2) 9 000	

图 6-3

红字更正法不仅能保持账户之间的对应关系，而且还能保持账户中的正确发生额，不至于因改正错账而使数字虚增或虚减。

(三) 补充登记法

补充登记法是在记账后发现记账凭证上应借、应贷的会计科目并无错误，只是所记金额小于应记金额时，所采用的一种错账更正方法。

具体更正方法是：按少记的金额用蓝字编制一张与原记账凭证应借、应贷科目完全相同的记账凭证，以补充少记金额，在摘要栏写明"补充×号凭证少记金额"，并据以登记入账。

例 6-4 某企业销售产品一批，价款 20 000 元，货款尚未收到。但在记账凭证中将金额误记为 2 000 元，少记 18 000 元，并已经登记入账。错误记账凭证上的会计分录是：

(1) 借：应收账款　　　　　　　　　　　　　　　　　　2 000
　　　贷：主营业务收入　　　　　　　　　　　　　　　　　　2 000

发现这个错误后，可将少记的 18 000 元另编一张记账凭证进行补充登记。补充登记的会计分录如下：

(2) 借：应收账款　　　　　　　　　　　　　　　　　　18 000
　　　贷：主营业务收入　　　　　　　　　　　　　　　　　　18 000

将上述记账凭证登记入账后，就将少记的 18 000 元补记完成。有关账户记录见图 6-4。

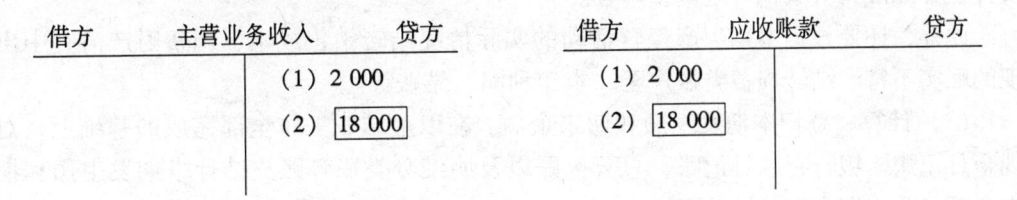

借方	主营业务收入	贷方		借方	应收账款	贷方
		(1) 2 000			(1) 2 000	
		(2) 18 000			(2) 18 000	

图 6-4

第四节　结账和对账

为了总结某一会计期间（年度、季度、月份）的经济活动情况，考核经营活动成果，必须使各种账簿的记录保持准确、系统和完整，为会计报表的编制提供资料。为此，需要进行定期的结账和对账。

一、结账

结账是指在一定时期（月份、季度、年度）终了之时，将各种账簿记录结算清楚的账务处理活动，以便进一步根据账簿记录编制会计报表。另外，因企业撤销、合并而办理账务交接时，也需要结账。

结账的内容通常包括两个方面：一是结清各种损益类账户，并据以计算确定本期利润；二是结清各资产、负债和所有者权益账户，分别结出本期发生额和期末余额。

（一）结账的程序

（1）将本期内所发生的经济业务全部记入有关账簿，并保证其正确性。既不能提前登账，也不能将本期发生的业务延至下期登账。

（2）根据权责发生制原则的要求调整有关账项，合理确定本期的收入和费用。期末账项调整主要包括以下内容：

①本期已经发生且符合收入确认条件，但尚未收到款项而未入账的产品销售收入、劳务收入，即应计收入。这类事项的调整方法是，将应确认为本期的收入，记入"主营业务收入"账户的贷方，同时将尚未收到的款项记入"应收账款"账户的借方。

②已经收取款项，并已经提供产品或劳务而未确认收入的产品销售收入或劳务收入，如预收款项。这类事项的调整方法是，按照本期实际提供的产品或劳务确认本期的产品销售收入和增值税额，贷记"主营业务收入"和"应交税费"账户，同时调整以前预收款项时形成的负债，借记"预收账款"账户。

③本期已经发生，因款项尚未支付而未登记入账的费用，如应计提的银行借款利息等费用。这类事项的调整方法是，将本期应当承担而尚未支出的各项费用，分别记入"在建工程""管理费用"以及"财务费用"等账户的借方，同时将尚未支付的款项计入"应付利息"账户的贷方。

④除上述内容外，还有计提固定资产折旧、无形资产摊销、长期待摊费用摊销以及计提坏账准备等其他一些调整内容。

此外，还要根据本期生产经营活动的实际情况结转销售成本、调整财产清查中出现的账实不符、结转损益类账户至"本年利润"结账等。

（3）计算、登记本期发生额和期末余额。在以上结账工作全部完成的基础上，对现金日记账、银行存款日记账、总分类账以及明细分类账各账户结计本期发生额和期末余额，并将期末余额结转下期。

（二）结账方法

（1）对不需要按月结计本期发生额的账户，每次记账以后，都要随时结出余额，每月最后一笔业务的余额为月末余额。月末结账时，只需要在最后一笔经济业务事项记录之下划通栏单红线，不需要再结计一次余额。

（2）现金、银行存款日记账和需要按月结计发生额的收入、费用等明细账，每月结账时，要结出本月发生额和余额，在摘要栏内注明"本月合计"字样，并在下面划通栏单红线。

（3）需要结计本年累计发生额的某些明细分类账户，每月结账时，应在"本月合计"行下结出自年初至本月末止的累计发生额，登记在月份发生额的下面，在摘要栏注明"本年累计"字样，并在下面划通栏单红线。12月末的"本年累计"就是全年累计发生额，全年累计发生额下划通栏双红线。

（4）总账账户平时只需结出月末余额。年终结账时，将所有总账账户结出全年发生额和期末余额，在摘要栏内注明"本年合计"字样，并在合计数下划通栏双红线。

（5）年度终了结账时，有余额的账户，要将其余额结转下年，并在摘要栏注明"结转下年"字样；在下一会计年度新建有关账户的第一行余额栏内填写上年结转的余额，并在摘要栏内注明"上年结转"字样。

现以"库存现金"账户为例说明结账的方法，详见表6-26。

表6-26　　　　　　　　　　　总分类账

会计科目：库存现金　　　　　　　　　　　　　　　　　　　　　　第　页

单位：元

200×年		凭证		摘　要	借方	贷方	借或贷	余额
年	月	种类	号数					
1	1			上年结转			借	850
	8	（略）	（略）			260	借	590
	15				150		借	740
	28					240	借	500
1	31			本月合计	150	500	借	500
2	5				1 100		借	1 600
	16					680	借	920
	23					340	借	580
2	28			本月合计	1 100	1 020	借	580
3	6				220		借	800
	14				450		借	1 250
	26					550	借	700
3	31			本月合计	670	550	借	700
3	31			本季合计	1 920	2 070	借	700
≈	≈	≈	≈	≈≈≈≈≈	≈	≈	≈	≈
12	31			本年累计	11 200	11 100	借	950
	31			上年结转	850			
	31			结账下年		950		
	31			合　计	12 050	12 050	平	-0-

年终结账后，总账和日记账应当更换新账，明细账一般也要更换。但有的明细账，如固定资产（卡片）明细账等可以连续使用，不必每年更换。

二、对账

对账就是核对账目，即对账簿、账户记录所进行的核对工作。通过对账，应当做到账证相符、账账相符和账实相符。

日常会计核算工作中，在填制凭证、登记账簿、算账结账过程中，难免出现差错，出现账款、账物不实的情况。因而在结账前后，通过对账，将有关账簿记录进行核对，确保会计记录的准确性和完整性，为编制会计报表提供真实可靠的数据资料。对账的内容包括账证核对、账账核对和账实核对几个方面。

（一）账证核对

账证核对是指核对会计账簿记录与原始凭证、记账凭证的时间、凭证字号、内容、金额以及记账方向是否一致。为了保证账证相符，必须将账簿记录同有关会计凭证进行核对。一般来说，日记账与收款凭证、付款凭证相核对，总账与记账凭证相核对，明细账应与记账凭证或原始凭证相核对。通常这些核对工作是在日常制证和记账工作中进行的。每月终了，如果发现账账不符时，可能追溯到会计账簿与会计凭证的检查核对，只有账证相符才能保证账账相符。

（二）账账核对

账账核对是指核对不同会计簿之间的账簿记录是否相符。为了保证账账相符，必须将各种账簿之间的有关数据进行核对。其主要内容包括：

1. 总分类账簿有关账户的余额核对

资产类各账户期末借方余额合计数与权益类各账户期末贷方余额合计数必须相等。这是根据"资产＝负债＋所有者权益"这一会计恒等式得出的必然结果。

2. 总分类账簿与所属明细分类账簿核对

总分类账各户余额与其所属明细分类账各账户余额之和必须相等。这是根据总账与其所属明细分类账进行平行登记的必然结果。

3. 总分类账簿与序时账簿核对

序时账簿包括特种日记账簿和普通日记账簿。我国企事业单位必须设置的特种日记账簿是现金日记账和银行存款日记账，这两类业务还必须同时设置总分类账。现金日记账和银行存款日记账的期末余额与总分类账各该账户的余额必须分别相等。

4. 明细分类账簿之间的核对

会计部门有关财产物资的明细分类账期末余额，应该同财产物资保管或使用部门的有关明细分类账的期末余额按月或定期核对相符。

（三）账实核对

账实核对是指各种财产物资、债权债务等账户的账面余额与其实有数额之间核对相符。为了保证账实核对，应将各种账簿记录与有关财产物资、债权债务的实际数相核对。其具体核对内容包括：

1. 现金日记账账面余额与库存现金的实际数核对

现金日记账账面余额应逐日与出纳人员保管的库存现金的实际数核对相符。

2. 银行存款日记账账面余额与银行对账单核对

银行存款日记账的账面余额应该定期与开户银行转来的对账单核对相符。

3. 各种材料物资明细分类账账面余额与材料物资实有数核对

各种材料、物资明细分类账的账面余额应该定期与材料、物资实存数额核对相符。

4. 各种应收、应付款明细分类账账面余额与债权、债务单位的账目核对

各种应收、应付款明细分类账的账面余额应该与债权、债务单位的账目核对相符；与上下级单位、财政和税务部门的拨缴款项也应定期核对相符。

三、账簿的保管

各种账簿同会计凭证及会计报表一样，都是重要的经济档案。必须按照制度统一规定的保存年限妥善保管、不得丢失和任意销毁。保管期满后，按照规定的审批程序报经批准以后，再行销毁。

第七章 会计核算程序

第一节 会计核算程序的意义

一、会计核算程序的意义

会计核算程序又称会计核算形式或账务处理程序，是指凭证和账簿组织、记账程序和方法相互结合的组织形式。它是记账和产生会计信息的步骤和方法。

所谓凭证和账簿组织是指会计核算所应用的会计凭证和会计账簿的种类、格式，以及各种会计凭证之间、会计凭证与会计账簿之间、各种会计账簿之间的相互关系。所谓记账程序和方法是指会计凭证的填制、审核和传递，会计账簿的登记直至编制财务会计报告的程序和方法。

会计核算程序的核心是账簿组织，因为不仅会计凭证的种类、格式和填制方法要取决于账簿组织，而且记账程序和方法也要适应账簿组织的需要。不同的凭证和账簿组织、记账程序和方法相互结合在一起，就形成了不同的会计核算程序。

在实际工作中，由于各单位的业务性质、规模大小各不相同，管理要求也不一样，因此需要设置的凭证和账簿的格式与种类，以及与之相适应的记账程序和方法也就不完全相同。为了使会计工作有条不紊地进行，提高会计工作的质量和效率，确保能正确、及时、系统、完整地提供各种会计信息，各单位应根据各自的实际情况，组织适应本单位生产经营活动特点的会计核算程序。也就是说每一个会计主体在进行会计核算前，都要根据自身的经营规模、经济业务的性质和业务数量以及财会人员的配备情况和水平，建立和选用合理、适用的会计核算程序，以保证会计工作质量、提高会计工作效率。

科学、合理地组织会计核算程序有如下意义：

（1）有利于会计工作程序的规范化，确定合理的凭证、账簿与报表之间的联系方式，保证会计信息加工过程的严密性，提高会计信息的质量。

（2）有利于保证会计记录的完整性、正确性，通过凭证、账簿及报表之间的牵制作用，增强会计信息的可靠性。

（3）有利于减少不必要的会计核算环节，通过井然有序的会计核算程序，能有效地提高会计工作效率，保证会计信息的及时性。

二、设计会计核算程序的要求

一种合理、适用的会计核算程序，一般应符合以下四个基本要求：

（1）应该与本单位的生产经营性质，组织规模的大小、经济业务的繁简程度、经管理水平的高低和记账分工的特点相适应，以保证会计核算的顺利进行。

（2）要使提供的会计核算资料既准确、及时，又系统、完整，能全面地提供本单位财务状况和经营成果等方面的会计信息，以满足内部经营管理和外部相关利益各方了解决策所需会计主体实际经营情况的会计信息需求。

（3）要在保证会计工作质量的前提下，力求简化核算手续，节约人力、物力，提高会计工作的效率，节省核算费用，并积极创造条件实现核算工具的现代化。

（4）选择最适合本单位特点的会计核算程序，以利于建立岗位责任制，提高会计工作效率。

三、会计核算程序的种类

根据上述要求，结合我国会计工作的实际情况，我国各经济单位采用的会计核算程序一般有以下六种：

（1）记账凭证核算程序；
（2）科目汇总表核算程序；
（3）多栏式日记账核算程序；
（4）汇总记账凭证核算程序；
（5）日记总账核算程序；
（6）通用日记账核算程序。

这六种会计核算程序既有共同点，又有各自的特点。长期以来，我国的会计工作依据会计制度的指导，而会计制度中往往对通用原始凭证的种类、格式，原始凭证与记账凭证的联系，单位应设置的账簿体系，财务报表体系及其格式，账簿与财务报表的联系等进行详细规定，并且要求各单位遵照执行。因此，各种会计核算组织程序的差别仅在于记账凭证的格式、总分类账登记的依据和方法不同。

目前，在我国企业、事业、机关等单位会计实践中，采用比较普遍的会计核算程序是：记账凭证会计核算程序、科目汇总表会计核算程序、汇总记账凭证会计核算程序、多栏式日记账会计核算程序四种，因此，下面各节将分别介绍这四种常用的会计核算程序的基本内容。

四、会计核算的一般程序

会计核算的一般程序是指各种不同的会计核算程序的共同步骤。目前我国会计人员进行会计核算的一般程序或步骤为：

第一，经济业务发生后，取得或填制原始凭证，作为原始记录。原始凭证根据经济业务的需要采用自制原始凭证或外来原始凭证，如果同类经济业务较多，可以采用汇总原始凭证。

第二，按复式记账原理，根据原始凭证或汇总原始凭证编制记账凭证。记账凭证可以采用收款凭证、付款凭证、转账凭证的格式，也可以采用通用记账凭证格式。

第三，根据收、付款凭证，按经济业务发生时间的先后顺序，逐日逐笔登记现金日记账和银行存款日记账。现金日记账和银行存款日记账一般采用收、付、余三栏式的日记账簿。

第四，按经济业务所涉及的账户，根据原始凭证和记账凭证登记各种分类账。明细分类账簿登记的内容较详细，如果记账凭证不能满足登记明细分类账的需要，应当结合原始凭证登记明细分类账。明细分类账的格式应根据所记录经济业务的特点以及经营管理的需要，分别采用三栏式、多栏式以及数量金额式等。

第五，会计期期末，依据账簿之间的平衡关系对账。为了保证账簿记录的正确性，应依据账簿之间的平衡关系进行对账，通常将现金日记账、银行存款日记账与库存现金、银行存款的总分类账进行核对；将总分类账与其所属的明细分类账进行核对；将有关的明细分类账进行核对。通过对账，保证账账相符。

第六，根据各种分类账编制本期发生额及期末余额试算平衡表。

第七，以账簿资料为依据，按照规定的格式和要求，编制会计报表。

以上七个步骤是账务处理的一般程序，该程序如图7-1所示：

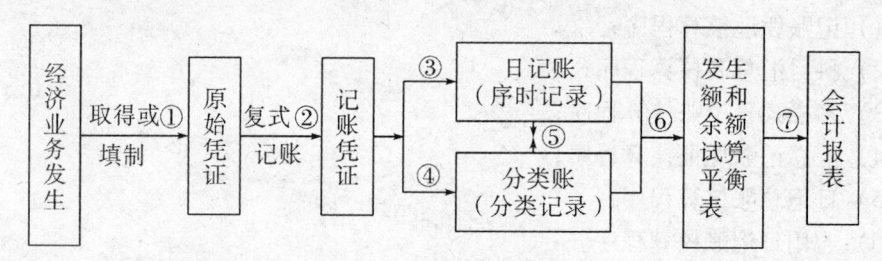

图7-1 会计核算的一般程序

电子计算机在会计领域的广泛应用，改变了会计数据处理的技术手段，使得会计处理的速度和效率得到很大程度的提高。为适应计算机高效、自动化的特点，手工操作下形成的会计核算流程也相应地会发生较大变化，有关此方面内容会在会计电算化或计算机会计课程中作详细的介绍。

第二节 记账凭证会计核算

一、记账凭证会计核算程序的特点

记账凭证账务处理程序是指对会计主体发生的每项经济业务，根据原始凭证或原始凭证汇总表编制记账凭证，再直接根据记账凭证逐笔登记总分类账的一种账务处理程序。

记账凭证账务处理程序的显著特点是：记账凭证不需要按一定方式汇总，直接根据每一张记账凭证逐笔登记总分类账。它是基本的会计核算程序，是其他各种会计核算程序的基础，其他各种会计核算程序都是在此基础上发展、演变出来的。

二、记账凭证核算形式下会计凭证和账簿的设置

在记账凭证核算程序下，记账凭证可以采用通用式记账凭证，用以反映各类经济业务；也可以分别设置收款凭证、付款凭证和转账凭证三种专用记账凭证，用以分别反映日常发生的各种收款、付款和转账经济业务。

账簿需要设置现金日记账、银行存款日记账、总分类账和明细分类账四种。现金日记账和银行存款日记账一般采用"收入、支出和结余"三栏式的订本式账簿，分别作为库存现金、银行存款收付业务的序时记录。明细分类账可根据需要分别采用"三栏式""数量金额式"或"多栏式"的活页式账簿，进行必要的明细分类核算。总分类账根据会计准则规定的一级科目设置，一般采用"三栏式"的订本式账簿，进行总分类核算。

在记账凭证核算形式下，需设置收款凭证、付款凭证和转账凭证，作为登记总分类账的依据。

三、记账凭证会计核算程序的步骤

（1）根据原始凭证编制汇总原始凭证。
（2）根据各种原始凭证或汇总原始凭证，编制记账凭证（包括收款凭证、付款凭证和转账凭证）。
（3）根据收款凭证、付款凭证逐笔登记现金日记账和银行存款日记账。
（4）根据原始凭证、汇总原始凭证和记账凭证，登记各种明细分类账。
（5）根据记账凭证逐笔登记总分类账。
（6）月终，将现金日记账、银行存款日记账的余额，以及各种明细分类账户余额合计数，分别与总分类账中有关科目的余额核对相符。
（7）月终，根据核对无误的总分类账和各种明细分类账的记录，编制会计报表。

记账凭证核算形式账务处理程序见图7-2所示。

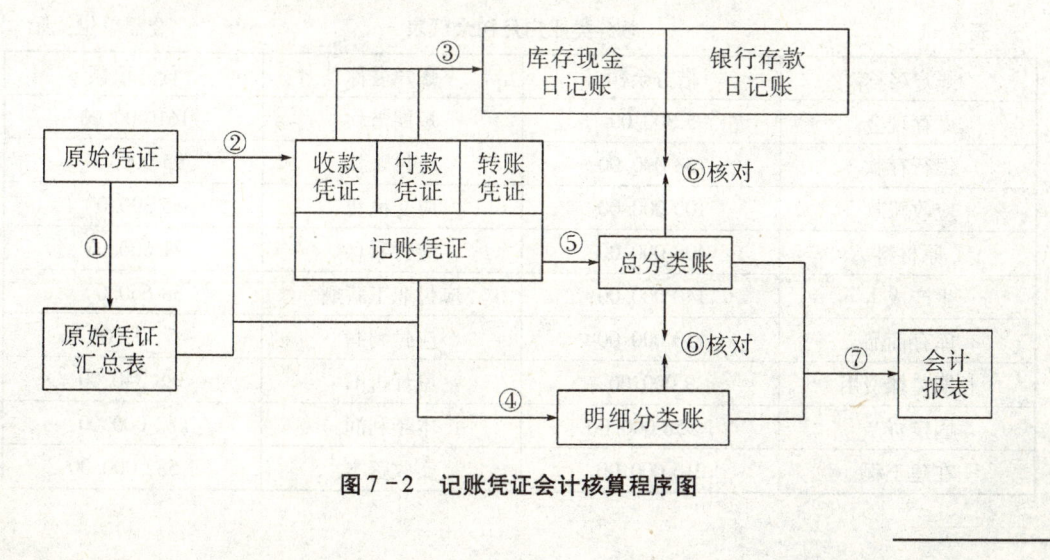

图7-2 记账凭证会计核算程序图

四、记账凭证会计核算程序的优缺点和适用范围

(一) 优点

采用记账凭证核算形式的优点是:

(1) 直接根据记账凭证登记总账,会计核算程序简单明了,记账层次清楚,易学易懂;

(2) 手续简便,由于根据记账凭证直接登记总分类账,通过总账能直接反映经济业务的完成情况,且不进行中间汇总,省去了汇总手续;

(3) 总分类账记录详细,用账、查账方便,对于一些不经常发生经济业务的会计科目,可以不设置明细分类账,只需在总分类账有关科目的摘要栏中,对经济业务加以说明即可,使总分类账的一些会计科目的摘要记录起到了明细分类账的作用。

(二) 缺点

由于总分类账是直接根据记账凭证逐笔登记的,当会计主体的经济业务量比较大时,登记总分类账的工作量就很大,不便于分工协作,也不利于提高会计工作效率。

(三) 适用范围

由于存在上述优缺点,记账凭证会计核算程序一般只适用于一些规模小、业务量少、记账凭证不多的单位。

在实际工作中,为了减少登记总分类账的工作量,最好将原始凭证进行汇总,根据汇总原始凭证编制记账凭证,减少记账凭证数量从而减少登记总分类账的工作量,提高会计核算工作效率。

五、记账凭证会计核算程序举例

(一) 资料

1. 通达公司 200×年 12 月 1 日总分类账户余额如表 7-1 所示:

表 7-1　　　　　　　　　　　总分类账户月初余额表　　　　　　　　　　金额单位:元

账户名称	借方余额	账户名称	贷方余额
库存现金	5 800.00	短期借款	161 000.00
银行存款	133 000.00	应付账款	95 000.00
应收账款	100 000.00	应交税费	15 300.00
原材料	408 000.00	应付利息	21 600.00
生产成本	140 000.00	应付职工薪酬	38 660.00
库存商品	150 000.00	应付利润	5 300.00
长期待摊费用	9 000.00	累计折旧	328 340.00
固定资产	1 558 000.00	本年利润	282 000.00
在建工程	216 000.00	实收资本	1 582 000.00

表7-1(续)

账户名称	借方余额	账户名称	贷方余额
		盈余公积	70 000.00
		利润分配	120 600.00
合　计	2 719 800.00	合　计	2 719 800.00

2. 有关主要明细分类账户余额资料

应收账款 100 000 元。其中：海达实业 40 000 元；洪昌工厂 50 000 元；长兴实业 10 000 元。

原材料 408 000 元。其中：A 材料 300 吨，单价 400 元，金额 120 000 元；B 材料 200 吨，单价 1 200 元，金额 240 000 元；C 材料 400 吨，单价 120 元，金额 48 000 元。

生产成本 140 000 元。其中：甲产品 80 000 元；乙产品 60 000 元。

库存商品 150 000 元。其中：甲产品 2 000 件，单位成本 50 元，总成本 100 000 元；乙产品 500 件，单位成本 100 元，总成本 50 000 元。

应付账款 95 000 元。其中：爱民公司 66 000 元；爱华公司 29 000 元。

3. 通达公司 200×年 12 月份发生如下经济业务

(1) 1 日，从银行提取现金 3 600 元供日常使用。

(2) 2 日，从爱民公司购入 B 材料 100 吨，单价 1 200 元，货款共计 120 000 元，增值税税率为 17%，经双方协商，先用转账支票支付一半款项即 70 200 元，另一半两个月后支付。同日从爱华公司购入 A 材料 50 吨，单价 400 元，货款计 20 000 元，增值税率 17%，款未付。A 材料由爱华公司负责送货。A、B 材料均已到达企业并验收入库，按实际采购成本转账。

(3) 3 日，生产车间领用材料情况如表 7-2 所示。

表 7-2　　　　　　　　　　生产车间领用材料表

材料名称 用途	A 材料 数量(吨)	A 材料 金额(元)	B 材料 数量(吨)	B 材料 金额(元)	C 材料 数量(吨)	C 材料 金额(元)	合计(元)
产品耗用：							
甲产品	150	60 000.00					60 000.00
乙产品			70	84 000.00			84 000.00
生产车间一般耗用					80	9 600.00	9 600.00
合　计	150	60 000.00	70	84 000.00	80	9 600.00	153 600.00

(4) 6 日，收到日丰公司转来投资款项 456 000 元，已办妥手续存入银行。

(5) 8 日，以支票方式，用银行存款支付本月电费 6 380 元，其中，车间生产用电 3 180 元，厂部用电 3 200 元。

(6) 10 日，厂部购买办公文具 580 元，以库存现金支付；同日，职工李明申请困难补助680元已获批，以库存现金支付，李明已领走款项。

（7）15日，开出转账支票支付前欠爱民公司材料款66 000元。

（8）25日，计提本月固定资产应提折旧33 000元，其中，生产用固定资产26 000元，管理部门用固定资产7 000元。

（9）26日，分配本月应付职工工资51 000元，其中生产甲产品工人工资18 000元，生产乙产品工人工资18 000元，车间管理人员工资7 000元，厂部管理人员工资8 000元；同时，按工资总额的14%计提职工福利费。

（10）27日，以银行存款支付职工工资51 000元。

（11）28日，销售给海达实业公司甲产品600件，单价100元，销售给长兴实业公司乙产品200件，单价160元，甲、乙两产品的货款共计92 000元，增值税率17%，款项尚未收到；同时结转本月已销售产品的生产成本：其中甲产品600件，单位成本50元；乙产品200件，单位成本100元。

（12）28日，开出转账支票1 680元支付销售甲、乙产品的运费。

（13）29日，计提本月应交城市维护建设税1 600元，教育费附加1 100元。

（14）30日，按生产产品工人的工资比例分配本月发生的制造费用。

（15）30日，结转本月已完工产品成本，其中：甲产品1 100件，总成本55 000元；乙产品720件，总成本72 000元。

（16）31日，摊销应由本月负担的租入设备租金1 250元。

（17）31日，计提应由本月负担的短期借款利息5 500元。

（18）31日，收到海达实业、洪昌工厂、长兴实业归还前欠购货款分别为31 000元、21 000元、5 500元。

（19）31日，将本月主营业务收入转入"本年利润"账户。

（20）31日，将本月主营业务成本、销售费用、营业税金及附加、管理费用、财务费用转入"本年利润"账户。

（21）31日，按本月利润总额的25%计算应交纳的所得税费用。

（22）31日，将所得税费用转入"本年利润"账户。

（23）31日，将本年净利润转入"利润分配"账户。

（24）31日，假定本年度净利润为52 000元，按净利润的10%计提盈余公积金，按净利润的40%计算应付投资者利润。

（25）结转已分配的利润。

（二）编制记账凭证

根据原始凭证编制记账凭证（在此以会计分录簿代替），如表7-3所示。

表 7-3 会计分录簿

200×年 月	日	业务序号	凭证 字	凭证 号	摘要	会计科目 一级科目	会计科目 明细科目	借方金额（元）	贷方金额（元）	记账
12	1	(1)	银付	1	提现	库存现金		3 600.00		√
						银行存款			3 600.00	√
12	2	(2)	银付	2	支付购料款	材料采购	B材料	60 000.00		√
						应交税费	应交增值税（进项税额）	10 200.00		√
						银行存款			70 200.00	√
12	2	(2)	转	1	购材料款未付	材料采购	A材料	20 000.00		√
							B材料	60 000.00		√
						应交税费	应交增值税（进项税额）	13 600.00		√
						应付账款	爱民公司		70 200.00	√
							爱华公司		23 400.00	√
12	2	(2)	转	2	结转入库材料成本	原材料	A材料	20 000.00		√
							B材料	120 000.00		√
						材料采购	A材料		20 000.00	√
							B材料		120 000.00	√
12	3	(3)	转	3	领用材料	生产成本	甲产品	60 000.00		√
							乙产品	84 000.00		√
						制造费用		9 600.00		√
						原材料	A材料		60 000.00	√
							B材料		84 000.00	√
							C材料		9 600.00	√
12	5	(4)	银收	1	收到投资款	银行存款		456 000.00		√
						实收资本	日丰公司		456 000.00	√
12	8	(5)	银付	3	支付车间、厂部水电费	制造费用		3 180.00		√
						管理费用		3 200.00		√
						银行存款			6 380.00	√
12	10	(6)	现付	1	购办公文具	管理费用		580.00		√
						库存现金			580.00	√
12	10	(6)	现付	2	支付李明困难补助	应付职工薪酬	职工福利	680.00		√
						库存现金			680.00	√
12	15	(7)	银付	4	支付前欠购货款	应付账款	爱民公司	66 000.00		√
						银行存款			66 000.00	√

143

表7-3(续)

200×年 月	日	业务序号	凭证 字	号	摘 要	会计科目 一级科目	明细科目	借方金额（元）	贷方金额（元）	记账
12	25	(8)	转	4	计提固定资产折旧	制造费用		26 000.00		√
						管理费用		7 000.00		√
						累计折旧			33 000.00	√
12	26	(9)	转	5	分配工资费用	生产成本	甲产品	18 000.00		√
							乙产品	18 000.00		√
						制造费用		7 000.00		√
						管理费用		8 000.00		√
						应付职工薪酬	工资		51 000.00	√
12	26	(9)	转	6	计提职工福利费	生产成本	甲产品	2 520.00		√
							乙产品	2 520.00		√
						制造费用		980.00		√
						管理费用		1 120.00		√
						应付职工薪酬	职工福利		7 140.00	√
12	27	(10)	银付	5	支付职工工资	应付职工薪酬	工资	51 000.00		√
						银行存款			51 000.00	√
12	28	(11)	转	7	出售产品未收款	应收账款	海达实业	70 200.00		√
							长兴实业	37 440.00		√
						主营业务收入	甲产品		60 000.00	√
							乙产品		32 000.00	√
						应交税费	应交增值税（销项税额）		15 640.00	√
12	28	(11)	转	8	结转本月已售产品生产成本	主营业务成本	甲产品	30 000.00		√
							乙产品	20 000.00		√
						库存商品	甲产品		30 000.00	√
							乙产品		20 000.00	√
12	28	(12)	银付	6	支付销售产品运费	销售费用		1 680.00		√
						银行存款			1 680.00	√
12	29	(13)	转	9	本月应交城建税、教育费附加	营业税金及附加		2 700.00		√
						应交税费	应交城建税		1 600.00	√

表7-3(续)

200×年 月	日	业务序号	凭证字	凭证号	摘 要	会计科目 一级科目	会计科目 明细科目	借方金额（元）	贷方金额（元）	记账
						应交教育费附加			1 100.00	√
	30	(14)	转	10	结转分配本月制造费用	生产成本	甲产品	23 380.00		√
							乙产品	23 380.00		√
						制造费用			46 760.00	√
	30	(15)	转	11	结转本月完工产品生产成本	库存商品	甲产品	55 000.00		√
							乙产品	72 000.00		√
						生产成本	甲产品		55 000.00	√
							乙产品		72 000.00	√
12	31	(16)	转	12	摊销租入设备租金	管理费用		1 250.00		√
						长期待摊费用			1 250.00	√
12	31	(17)	转	13	计提本月借款利息	财务费用		5 500.00		√
						应付利息			5 500.00	
	31	(18)	银收	2	收回销货款	银行存款		57 500.00		√
						应收账款	海达实业		31 000.00	√
							洪昌工厂		21 000.00	√
							长兴实业		5 500.00	√
	31	(19)	转	14	结转产品销售收入	主营业务收入	甲产品	60 000.00		√
							乙产品	32 000.00		√
						本年利润			92 000.00	√
12	31	(20)	转	15	结转主营业务成本等费用	本年利润		81 030.00		√
						主营业务成本	甲产品		30 000.00	√
							乙产品		20 000.00	√
						销售费用			1 680.00	√
						营业税金及附加			2 700.00	√
						管理费用			21 150.00	
						财务费用			5 500.00	√
	31	(21)	转	16	计提应交所得税	所得税费用		2 742.50		√
						应交税费	应交所得税		2 742.50	√

145

表7-3(续)

200×年		业务序号	凭证		摘 要	会计科目		借方金额（元）	贷方金额（元）	记账
月	日		字	号		一级科目	明细科目			
	31	(22)	转	17	结转本月所得税	本年利润		2 742.50		√
						所得税费用			2 742.50	√
	31	(23)	转	18	结转本年实现的净利润	本年利润		290 227.50		√
						利润分配	未分配利润		290 227.50	√
	31	(24)	转	19	提盈余公积、分配投资者利润	利润分配	提取盈余公积	29 022.75		√
						利润分配	应付利润	116 091.00		√
						盈余公积			29 022.75	√
						应付利润			116 091.00	√
	31	(25)	转	20	结转已分配利润	利润分配	未分配利润	145 113.75		√
						利润分配	提取盈余公积		29 022.75	√
						利润分配	应付利润		116 091.00	√

（三）根据记账凭证登记现金日记账、银行存款日记账

根据现金收、付款凭证及相关的银行存款付款凭证逐日逐笔登记现金日记账；根据银行存款收、付款凭证以及相关的现金付款凭证逐日逐笔登记银行存款日记账，分别见表7-4，表7-5。

表7-4　　　　　　　　　　　　　现金日记账　　　　　　　　　　　单位：元

200×年		凭证		摘 要	对方科目	收 入	支 出	结 余
月	日	字	号					
12	1			期初余额				5 800.00
	1	银付	1	提现	银行存款	3 600.00		9 400.00
	10	现付	1	购办公文具	管理费用		580.00	8 820.00
	10	现付	2	支付李明困难补助	应付职工薪酬		680.00	8 140.00
	31			本期发生额及期末余额		3 600.00	1 260.00	8 140.00

表7-5　　　　　　　　　　　　　银行存款日记账　　　　　　　　　　　单位：元

200×年		凭证		摘 要	对方科目	收 入	支 出	结 余
月	日	字	号					
12	1			期初余额				133 000.00
	1	银付	1	提现	库存现金		3 600.00	129 400.00
	2	银付	2	付购材料款	材料采购等		70 200.00	59 200.00

表7-5(续)

200×年		凭证		摘 要	对方科目	收 入	支 出	结 余
月	日	字	号					
	5	银收	1	收日丰公司投资款	实收资本	456 000.00		515 200.00
	8	银付	3	支付电费	制造费用等		6 380.00	508 820.00
	15	银付	4	付前欠购货款	应付账款		66 000.00	442 820.00
	27	银付	5	支付职工工资	应付职工薪酬		51 000.00	391 820.00
	28	银付	6	支付销售产品运费	销售费用		1 680.00	390 140.00
	31	银收	2	收回销货款	应收账款	57 500.00		447 640.00
	31			本期发生额及期末余额		513 500.00	198 860.00	447 640.00

(四) 登记明细分类账

根据收、付、转记账凭证,参照相应的原始凭证逐笔登记有关明细分类账。

在本例中,主要根据有关凭证登记原材料、生产成本、应收账款、应付账款等明细分类账户,见表7-6至表7-15所示,其他明细分类账户略。

表7-6　　　　　　　　　　　　　　原材料　明细分类账

材料类别:主要材料　　　　　　　　　　　　　　　　　　　材料名称:A材料
计量单位:吨　　　　　　　　　　　　　　　　　　　　　　其他内容:(略)

200×年		凭证		摘 要	收 入			发 出			结 余		
月	日	字	号		数量	单价(元)	金额(元)	数量	单价(元)	金额(元)	数量	单价(元)	金额(元)
12	1			期初余额							300	400	120 000.00
	2	转	1	购入	50	400	20 000.00				350	400	140 000.00
	3	转	3	生产领用				150	400	60 000.00	200	400	80 000.00
	31			本月合计	50	400	20 000.00	150	400	60 000.00	200	400	80 000.00

表7-7　　　　　　　　　　　　　　原材料　明细分类账

材料类别:主要材料　　　　　　　　　　　　　　　　　　　材料名称:B材料
计量单位:吨　　　　　　　　　　　　　　　　　　　　　　其他内容:(略)

200×年		凭证		摘 要	收 入			发 出			结 余		
月	日	字	号		数量	单价(元)	金额(元)	数量	单价(元)	金额(元)	数量	单价(元)	金额(元)
12	1			期初余额							200	1 200	240 000.00
	2	转	1	购入	100	1 200	120 000.00				300	1 200	360 000.00
	3	转	3	生产领用				70	1 200	84 000.00	230	1 200	276 000.00
	31			本月合计	100	1 200	120 000.00	70	1 200	84 000.00	230	1 200	276 000.00

表7-8　　　　　　　　　　　　　　　__原材料__　明细分类账

材料类别：主要材料　　　　　　　　　　　　　　　　　　　材料名称：C材料
计量单位：吨　　　　　　　　　　　　　　　　　　　　　　其他内容：（略）

200×年		凭证		摘要	收入			发出			结余		
月	日	字	号		数量	单价（元）	金额（元）	数量	单价（元）	金额（元）	数量	单价（元）	金额（元）
12	1			期初余额							400	120	48 000.00
	3	转	3	生产领用				80	120	9 600.00	320	120	38 400.00
	31			本月合计							320	120	38 400.00

表7-9　　　　　　　　　　　　　　　__生产成本__　明细分类账

产品名称：甲产品　　　　　　　　　　　　　　　　　　　　　　　　　单位：元

200×年		凭证		摘要	借方				贷方	余额
月	日	字	号		直接材料	直接人工	制造费用	合计		
12	1			期初余额						80 000.00
	3	转	3	领用材料	60 000.00			60 000.00		140 000.00
	26	转	5	分配本月工资		18 000.00		18 000.00		158 000.00
	26	转	6	计提福利费		2 520.00		2 520.00		160 520.00
	30	转	10	分配制造费用			23 380.00	23 380.00		183 900.00
	30	转	11	结转完工成本					55 000.00	128 900.00
	31			本月合计	60 000.00	20 520.00	23 380.00	103 900.00	55 000.00	128 900.00

表7-10　　　　　　　　　　　　　　　__生产成本__　明细分类账

产品名称：乙产品　　　　　　　　　　　　　　　　　　　　　　　　　单位：元

200×年		凭证		摘要	借方				贷方	余额
月	日	字	号		直接材料	直接人工	制造费用	合计		
12	1			期初余额						60 000.00
	3	转	3	领用材料	84 000.00			84 000.00		144 000.00
	26	转	5	分配本月工资		18 000.00		18 000.00		162 000.00
	26	转	6	计提福利费		2 520.00		2 520.00		164 520.00
	30	转	10	分配制造费用			23 380.00	23 380.00		187 900.00
	30	转	11	结转完工成本					72 000.00	115 900.00
	31			本月合计	84 000.00	20 520.00	23 380.00	127 900.00	72 000.00	115 900.00

表 7-11   应收账款 明细分类账

明细科目：海达实业   单位：元

200×年		凭证		摘要	借方	贷方	借或贷	余额
月	日	字	号					
12	1			期初余额			借	40 000.00
	28	转	7	出售产品款未收回	70 200.00		借	110 200.00
	31	银收	2	收回销货款		31 000.00	借	79 200.00
	31			本期发生额及期末余额	70 200.00	31 000.00	借	79 200.00

表 7-12   应收账款 明细分类账

明细科目：洪昌工厂   单位：元

200×年		凭证		摘要	借方	贷方	借或贷	余额
月	日	字	号					
12	1			期初余额			借	50 000.00
12	31	银收	2	收回销货款		21 000.00	借	29 000.00
	31			本期发生额及期末余额		21 000.00	借	29 000.00

表 7-13   应收账款 明细分类账

明细科目：长兴实业   单位：元

200×年		凭证		摘要	借方	贷方	借或贷	余额
月	日	字	号					
12	1			期初余额			借	10 000.00
	28	转	7	出售产品款未收回	37 440.00		借	47 440.00
	31	银收	2	收回销货款		5 500.00	借	41 940.00
	31			本期发生额及期末余额	37 440.00	5 500.00	借	41 940.00

表 7-14   应付账款 明细分类账

明细科目：爱民公司   单位：元

200×年		凭证		摘要	借方	贷方	借或贷	余额
月	日	字	号					
12	1		1	期初余额			贷	66 000.00
	2	转	1	购材料未付款		70 200.00	贷	136 200.00
	15	银付	4	偿付前欠购货款	66 000.00		贷	70 200.00
	31			本期发生额及期末余额	66 000.00	70 200.00	贷	70 200.00

表 7-15　　　　　　　　　　　应付账款　明细分类账

明细科目：爱华公司　　　　　　　　　　　　　　　　　　　　　　　　单位：元

200×年		凭证		摘要	借方	贷方	借或贷	余额
月	日	字	号					
12	1			期初余额			贷	29 000.00
	2	转	1	购材料未付款		23 400.00	贷	52 400.00
	31			本期发生额及期末余额		23 400.00	贷	52 400.00

（五）登记总分类账

根据记账凭证逐笔登记总分类账。见表 7-16 至表 7-41 所示。

表 7-16　　　　　　　　　　　总分类账

会计科目：库存现金　　　　　　　　　　　　　　　　　　　　　　　　单位：元

200×年		凭证		摘要	借方	贷方	借或贷	余额
月	日	字	号					
12	1			期初余额			借	5 800.00
	1	银付	1	提现	3 600.00		借	9 400.00
	1	现付	1	购办公文具		580.00	借	8 820.00
	10	现付	2	付李明医药补助		680.00	借	8 140.00
	31			本期发生额及期末余额	3 600.00	1 260.00	借	8 140.00

表 7-17　　　　　　　　　　　总分类账

会计科目：银行存款　　　　　　　　　　　　　　　　　　　　　　　　单位：元

200×年		凭证		摘要	收入	支出	借或贷	余额
月	日	字	号					
12	1			期初余额			借	133 000.00
	1	银付	1	提现		3 600.00	借	129 400.00
	2	银付	2	付购料款		70 200.00	借	59 200.00
	5	银收	1	收日丰公司投资款	456 000.00		借	515 200.00
	8	银付	3	支付电费		6 380.00	借	508 820.00
	15	银付	4	付前欠购货款		66 000.00	借	442 820.00
	27	银付	5	支付职工工资		51 000.00	借	391 820.00
	28	银付	6	支付销售产品运费		1 680.00	借	390 140.00
	31	银收	2	收回销货款	57 500.00		借	447 640.00
	31			本期发生额及期末余额	513 500.00	198 860.00	借	447 640.00

表 7-18

总分类账

会计科目：应收账款　　　　　　　　　　　　　　　　　　　　　　　单位：元

200×年		凭证		摘要	借方	贷方	借或贷	余额
月	日	字	号					
12	1			期初余额			借	100 000.00
	28	转	7	出售产品款未收回	107 640.00		借	207 640.00
	31	银收	2	收回销货款		57 500.00	借	150 140.00
	31			本期发生额及期末余额	107 640.00	57 500.00	借	150 140.00

表 7-19

总分类账

会计科目：原材料　　　　　　　　　　　　　　　　　　　　　　　　单位：元

200×年		凭证		摘要	借方	贷方	借或贷	余额
月	日	字	号					
12	1			期初余额			借	408 000.00
	2	转	2	购进材料入库	140 000.00		借	548 000.00
	3	转	3	领用材料		153 600.00	借	394 400.00
	31			本期发生额及期末余额	140 000.00	153 600.00	借	394 400.00

表 7-20

总分类账

会计科目：生产成本　　　　　　　　　　　　　　　　　　　　　　　单位：元

200×年		凭证		摘要	借方	贷方	借或贷	余额
月	日	字	号					
12	1			期初余额			借	140 000.00
12	3	转	3	领用材料	144 000.00		借	284 000.00
	26	转	5	分配应付职工薪酬	36 000.00		借	320 000.00
	26	转	6	计提职工福利费	5 040.00		借	325 040.00
	30	转	10	分配本月制造费用	46 760.00		借	371 800.00
	30	转	11	结转完工产品成本		127 000.00	借	244 800.00
	31			本期发生额及期末余额	231 800.00	127 000.00	借	244 800.00

表7-21　　　　　　　　　　　　　　　总分类账

会计科目：库存商品　　　　　　　　　　　　　　　　　　　　　　　　　单位：元

200×年		凭证		摘要	借方	贷方	借或贷	余额
月	日	字	号					
12	1			期初余额			借	150 000.00
	28	转	8	结转已销产品生产成本		50 000.00	借	100 000.00
	30	转	11	产品完工入库	127 000.00		借	227 000.00
	31			本期发生额及期末余额	127 000.00	50 000.00	借	227 000.00

表7-22　　　　　　　　　　　　　　　总分类账

会计科目：长期待摊费用　　　　　　　　　　　　　　　　　　　　　　　单位：元

200×年		凭证		摘要	借方	贷方	借或贷	余额
月	日	字	号					
12	1			期初余额			借	9 000.00
	31	转	12	本月摊销租入设备租金		1 250.00	借	7 750.00
	31			本期发生额及期末余额		1 250.00	借	7 750.00

表7-23　　　　　　　　　　　　　　　总分类账

会计科目：应付账款　　　　　　　　　　　　　　　　　　　　　　　　　单位：元

200×年		凭证		摘要	借方	贷方	借或贷	余额
月	日	字	号					
12	1			期初余额			贷	95 000.00
	2	转	1	购材料未付款		93 600.00	贷	188 600.00
	15	银付	4	支付前欠购货款	66 000.00		贷	122 600.00
	31			本期发生额及期末余额	66 000.00	93 600.00	贷	122 600.00

表7-24　　　　　　　　　　　　　　　总分类账

会计科目：应付利息　　　　　　　　　　　　　　　　　　　　　　　　　单位：元

200×年		凭证		摘要	借方	贷方	借或贷	余额
月	日	字	号					
12	1			期初余额			贷	21 600.00
	31	转	13	预提借款利息		5 500.00	贷	27 100.00
	31			本期发生额及期末余额		5 500.00	贷	27 100.00

表 7-25

总分类账

会计科目：应交税费　　　　　　　　　　　　　　　　　　　　　　　　单位：元

200×年		凭证		摘要	借方	贷方	借或贷	余额
月	日	字	号					
12	1		3	期初余额			贷	15 300.00
	2	银付	2	付购材料进项税额	10 200.00		贷	5 100.00
	2	转	1	购材料款未付(进项税额)	13 600.00		借	8 500.00
	28	转	7	出售产品应交销项税额		15 640.00	贷	7 140.00
	29	转	9	应交城建税		1 600.00	贷	8 740.00
	29	转	9	应交教育费附加		1 100.00	贷	9 840.00
	31	转	16	应交所得税		2 742.50	贷	12 582.50
	31			本期发生额及期末余额	23 800.00	21 082.50	贷	12 582.50

表 7-26

总分类账

会计科目：应付职工薪酬　　　　　　　　　　　　　　　　　　　　　　　单位：元

200×年		凭证		摘要	借方	贷方	借或贷	余额
月	日	字	号					
12	1			期初余额			贷	38 660.00
	10	现付	2	付李明医药补助	680.00		贷	37 980.00
	26	转	5	分配本月工资费用		51 000.00	贷	88 980.00
	26	转	6	计提本月职工福利费		7 140.00	贷	96 120.00
	27	银付	5	以存款发放职工工资	51 000.00		贷	45 120.00
	31			本期发生额及期末余额	51 680.00	58 140.00	贷	45 120.00

表 7-27

总分类账

会计科目：应付利润　　　　　　　　　　　　　　　　　　　　　　　　　单位：元

200×年		凭证		摘要	借方	贷方	借或贷	余额
月	日	字	号					
12	1			期初余额			贷	5 300.00
	31	转	19	应分配投资者利润		116 091.00	贷	121 391.00
	31			本期发生额及期末余额		116 091.00	贷	121 391.00

表 7-28　　　　　　　　　　　　　　总分类账

会计科目：累计折旧　　　　　　　　　　　　　　　　　　　　　　　　　单位：元

200×年		凭证		摘要	借方	贷方	借或贷	余额
月	日	字	号					
12	1			期初余额			贷	328 340.00
	25	转	4	计提本月固定资产折旧		33 000.00	贷	361 340.00
	31			本期发生额及期末余额		33 000.00	贷	361 340.00

表 7-29　　　　　　　　　　　　　　总分类账

会计科目：盈余公积　　　　　　　　　　　　　　　　　　　　　　　　　单位：元

200×年		凭证		摘要	借方	贷方	借或贷	余额
月	日	字	号					
12	1			期初余额			贷	70 000.00
	31	转	19	提取盈余公积		29 022.75	贷	99 022.75
	31			本期发生额及期末余额		29 022.75	贷	99 022.75

表 7-30　　　　　　　　　　　　　　总分类账

会计科目：利润分配　　　　　　　　　　　　　　　　　　　　　　　　　单位：元

200×年		凭证		摘要	借方	贷方	借或贷	余额
月	日	字	号					
12	1			期初余额			贷	120 600.00
	31	转	18	从"本年利润"账户转入		290 227.50	贷	410 827.50
	31	转	19	提盈余公积、分配投资者利润	145 113.75		贷	265 713.75
	31	转	20	结转明细账户余额	145 113.75	145 113.75	贷	265 713.75
	31			本期发生额及期末余额	290 227.50	435 341.25	贷	265 713.75

表 7-31　　　　　　　　　　　　　　总分类账

会计科目：实收资本　　　　　　　　　　　　　　　　　　　　　　　　　单位：元

200×年		凭证		摘要	借方	贷方	借或贷	余额
月	日	字	号					
12	1			期初余额			贷	1 582 000.00
	5	银收	1	日丰公司投资款		456 000.00	贷	2 038 000.00
	31			本期发生额及期末余额		456 000.00	贷	2 038 000.00

表7-32　　　　　　　　　　　　　　　总分类账

会计科目：材料采购　　　　　　　　　　　　　　　　　　　　　　　　　单位：元

200×年		凭证		摘　要	借　方	贷　方	借或贷	余　额
月	日	字	号					
12	2	银付	2	外购材料实际成本	60 000.00		借	60 000.00
	2	转	1	外购材料实际成本	80 000.00		借	140 000.00
	3	转	2	外购材料验收入库		140 000.00	平	0
	31			本期发生额及期末余额	140 000.00	140 000.00	平	0

表7-33　　　　　　　　　　　　　　　总分类账

会计科目：销售费用　　　　　　　　　　　　　　　　　　　　　　　　　单位：元

200×年		凭证		摘　要	借　方	贷　方	借或贷	余　额
月	日	字	号					
12	28	银付	6	销售产品运费	1 680.00		借	1 680.00
	31	转	15	结转本月销售费用		1 680.00	平	0
	31			本期发生额及期末余额	1 680.00	1 680.00	平	0

表7-34　　　　　　　　　　　　　　　总分类账

会计科目：主营业务收入　　　　　　　　　　　　　　　　　　　　　　　单位：元

200×年		凭证		摘　要	借　方	贷　方	借或贷	余　额
月	日	字	号					
12	28	转	7	出售产品		92 000.00	贷	92 000.00
12	31	转	14	结转本月主营业务收入	92 000.00		平	0
	31			本期发生额及期末余额	92 000.00	92 000.00	平	0

表7-35　　　　　　　　　　　　　　　总分类账

会计科目：管理费用　　　　　　　　　　　　　　　　　　　　　　　　　单位：元

200×年		凭证		摘　要	借　方	贷　方	借或贷	余　额
月	日	字	号					
12	8	银付	3	厂部水电费	3 200.00		借	3 200.00
	10	现付	1	购办公文具	580.00		借	3 780.00
	25	转	4	管理部门固定资产折旧	7 000.00		借	10 780.00
	26	转	5	管理人员工资	8 000.00		借	18 780.00
	26	转	6	管理人员福利费	1 120.00		借	19 900.00
	31	转	12	摊租入设备租金	1 250.00		借	21 150.00

表7-35(续)

200×年		凭证		摘要	借方	贷方	借或贷	余额
月	日	字	号					
	31	转	15	结转本月管理费用		21 150.00	平	0
	31			本期发生额及期末余额	21 150.00	21 150.00	平	0

表7-36 总分类账

会计科目：制造费用　　　　　　　　　　　　　　　　　　　　　　　　　　单位：元

200×年		凭证		摘要	借方	贷方	借或贷	余额
月	日	字	号					
12	3	转	3	车间领用材料	9 600.00		借	9 600.00
	8	银付	3	支付车间用水电费	3 180.00		借	12 780.00
	25	转	4	车间用固定资产折旧	26 000.00		借	38 780.00
	26	转	5	车间管理人员工资	7 000.00		借	45 780.00
	26	转	6	车间管理人员福利费	980.00		借	46 760.00
	30	转	10	结转本月制造费用		46 760.00	平	0
	31			本期发生额及期末余额	46 760.00	46 760.00	平	0

表7-37 总分类账

会计科目：营业税金及附加　　　　　　　　　　　　　　　　　　　　　　　单位：元

200×年		凭证		摘要	借方	贷方	借或贷	余额
月	日	字	号					
12	28	转	9	本月应交城建税、教育费附加	2 700.00		借	2 700.00
	31	转	15	结转本月城建税及教育费附加		2 700.00	平	0
	31			本期发生额及期末余额	2 700.00	2 700.00	平	0

表7-38 总分类账

会计科目：主营业务成本　　　　　　　　　　　　　　　　　　　　　　　　单位：元

200×年		凭证		摘要	借方	贷方	借或贷	余额
月	日	字	号					
12	28	转	8	本月已销产品生产成本	50 000.00		借	50 000.00
	31	转	15	结转本月主营业务成本		50 000.00	平	0
	31			本期发生额及期末余额	50 000.00	50 000.00	平	0

表 7-39　　　　　　　　　　　　　　　总分类账

会计科目：财务费用　　　　　　　　　　　　　　　　　　　　　　　　　　　单位：元

200×年		凭证		摘　要	借　方	贷　方	借或贷	余　额
月	日	字	号					
12	31	转	13	预提借款利息	5 500.00		借	5 500.00
	31	转	15	结转本月财务费用		5 500.00	平	0
	31			本期发生额及期末余额	5 500.00	5 500.00	平	0

表 7-40　　　　　　　　　　　　　　　总分类账

会计科目：本年利润　　　　　　　　　　　　　　　　　　　　　　　　　　　单位：元

200×年		凭证		摘　要	借　方	贷　方	借或贷	余　额
月	日	字	号					
12	1			期初余额			贷	282 000.00
12	31	转	14	结转本月主营业务收入		92 000.00	贷	374 000.00
	31	转	15	结转本月成本、费用等	81 030.00		贷	292 970.00
	31	转	17	结转本月所得税	2 742.50		贷	290 227.50
	31	转	18	结转全年净利润	290 227.50		平	0
	31			本期发生额及期末余额	374 000.00	92 000.00	平	0

表 7-41　　　　　　　　　　　　　　　总分类账

会计科目：所得税费用　　　　　　　　　　　　　　　　　　　　　　　　　　单位：元

200×年		凭证		摘　要	借　方	贷　方	借或贷	余　额
月	日	字	号					
12	31	转	16	本月应交所得税	2 742.5		借	2 742.5
	31	转	17	结转本月所得税		2 742.5	平	0
	31			本期发生额及期末余额	2 742.5	2 742.5	平	0

注："固定资产""在建工程""短期借款"账户由于没有发生额，在此没有列出其账页。

(六) 对账

将以下各账项进行核对，并进行试算：

(1) 总分类账中"库存现金"账户本期借方发生额、本期贷方发生额以及期末余额与现金日记账对应金额完全一致；

(2) 总分类账中"银行存款"账户本期借方发生额、本期贷方发生额以及期末余额与银行存款日记账对应金额完全一致；

(3) "应收账款"账户所属的三个明细分类账余额合计与总分类账中"应收账款"账户余额核对相符，均为 150 140 元；

（4）"原材料"账户所属的三个明细分类账余额合计与总分类账中"原材料"账户余额核对相符，均为 394 400 元；

（5）"生产成本"账户所属的两个明细分类账余额合计与总分类账中"生产成本"账户余额核对相符，均为 244 800 元；

（6）"应付账款"账户所属的两个明细分类账余额合计与总分类账中"应付账款"账户余额核对相符，均为 122 600 元。

总分类账户本期发生额及余额试算表如表 7-42 所示。

表 7-42　　　　　　　　　总分类账户本期发生额及余额试算表　　　　　　　　　单位：元

会计科目	期初余额 借方	期初余额 贷方	本期发生额 借方	本期发生额 贷方	期末余额 借方	期末余额 贷方
库存现金	5 800.00		3 600.00	1 260.00	8 140.00	
银行存款	133 000.00		513 500.00	198 860.00	447 640.00	
应收账款	100 000.00		107 640.00	57 500.00	150 140.00	
原材料	408 000.00		140 000.00	153 600.00	394 400.00	
生产成本	140 000.00		231 800.00	127 000.00	244 800.00	
库存商品	150 000.00		127 000.00	50 000.00	227 000.00	
长期待摊费用	9 000.00			1 250.00	7 750.00	
固定资产	1 558 000.00				1 558 000.00	
在建工程	216 000.00				216 000.00	
短期借款		161 000.00				161 000.00
应付账款		95 000.00	66 000.00	93 600.00		122 600.00
应交税费		15 300.00	23 800.00	21 082.50		12 582.50
应付利息		21 600.00		5 500.00		27 100.00
应付职工薪酬		38 660.00	51 680.00	58 140.00		45 120.00
应付利润		5 300.00		116 091.00		121 391.00
累计折旧		328 340.00		33 000.00		361 340.00
盈余公积		70 000.00		29 022.75		99 022.75
利润分配		120 600.00	290 227.50	435 341.25		265 713.75
实收资本		1 582 000.00		456 000.00		2 038 000.00
材料采购			140 000.00	140 000.00		
管理费用			21 150.00	21 150.00		
主营业务收入			92 000.00	92 000.00		
销售费用			1 680.00	1 680.00		
制造费用			46 760.00	46 760.00		
营业税金及附加			2 700.00	2 700.00		
主营业务成本			50 000.00	50 000.00		

表7-42(续)

会计科目	期初余额		本期发生额		期末余额	
	借方	贷方	借方	贷方	借方	贷方
财务费用			5 500.00	5 500.00		
本年利润		282 000.00	374 000.00	92 000.00		
所得税费用			2 742.5	2 742.5		
合　计	2 719 800.00	2 719 800.00	2 291 780.00	2 291 780.00	3 253 870.00	3 253 870.00

（七）根据总分类账和明细分类账编制会计报表

根据总分类账和明细分类账编制会计报表在此不做详细描述。

第三节　科目汇总表会计核算程序

一、科目汇总表会计核算程序的概念及特点

科目汇总表会计核算程序又叫记账凭证汇总表会计核算程序，就是根据记账凭证定期汇总编制科目汇总表，并据以登记总分类账的一种会计核算形式。这种会计核算程序的主要特点是，根据记账凭证定期编制科目汇总表，并据以登记总分类账。

二、科目汇总表会计核算程序下凭证、账簿的设置

采用科目汇总表会计核算程序，记账凭证可以采用收款凭证、付款凭证和转账凭证三种形式，也可以采用通用记账凭证格式。此外，必须设置"科目汇总表"。"科目汇总表"是根据记账凭证定期汇总各有关总分类账户的本期发生额，据以登记总分类账的一种特殊记账凭证。

科目汇总表会计核算程序下的现金日记账和银行存款日记账，一般采用三栏、订本式账簿；设置总分类账，一般也采用三栏、订本式账簿，在总分类账簿中按每一总账科目设置账页，账页中不设"对方科目"栏，因为科目汇总表中不能反映各个账户之间的对应关系；设置各总账科目所属明细分类账，根据所记录经济业务内容，可分别采用三栏式、数量金额式或多栏式等账页格式。

三、科目汇总表的编制方法

科目汇总表的编制方法是根据一定期间内的全部记账凭证，按照相同会计科目归类，定期（1天、5天或10天等，最长不超过1个月）汇总每一会计科目的本期借方发生额和本期贷方发生额。具体编制方法是：

（1）定期将全部记账凭证按照相同总账科目归类汇总（可借助"T"字型账户作为工作底稿）；

（2）汇总计算出每一会计科目的本期借方发生额和本期贷方发生额，将其汇总数

填列在科目汇总表中各相应会计科目的"本期借方发生额"和"本期贷方发生额"栏内；

（3）加总所有本期借方发生额和本期贷方发生额，进行发生额的试算平衡。若两者相等，说明记账凭证的编制和科目汇总表的编制基本正确，即可据以登记总分类账。

科目汇总表可以汇总一次编制一张，也可以分次汇总，每月编制一张。其格式分别见表7-43，表7-44所示。

表7-43　　　　　　　　　　　科目汇总表

200×年___月___日至___日　　　　　　　　科汇第___号

会计科目	总账页次	本期借方发生额	本期贷方发生额	记账凭证起讫号数
合计				

注："记账凭证起讫号数"是指据以编制科目汇总表的起始凭证号至终止凭证号。

表7-44　　　　　　　　　　　科目汇总表

_____年___月份　　　　　　　　　　科汇第　号

会计科目	账页	1日至10日发生额		11日至20日发生额		21日至31日发生额		本月合计	
		借方	贷方	借方	贷方	借方	贷方	借方	贷方
合计									

采用表7-43格式，应汇总一次编制一张科目汇总表，据以登记一次总分类账。采用表7-44格式，则分旬汇总，每月编制一张记账凭证汇总表，可以汇总一次登记一次总分类账，也可以按本月合计数于月末登记一次总分类账。

四、科目汇总表会计核算程序的步骤

科目汇总表会计核算程序主要包括以下八个步骤：

（1）根据同类经济业务的原始凭证编制原始凭证汇总表。
（2）按复式记账原理，根据各种原始凭证或汇总原始凭证编制记账凭证。
（3）根据收、付现金和银行存款的记账凭证，按经济业务发生时间的先后顺序，逐日逐笔登记现金日记账和银行存款日记账。
（4）按经济业务所涉及的账户，根据记账凭证，结合原始凭证或汇总原始凭证，逐笔登记各种明细分类账。
（5）根据各种记账凭证每日或定期汇总编制科目汇总表。
（6）按经济业务所涉及的账户，根据科目汇总表每日或定期登记总分类账。
（7）会计期末将现金日记账、银行存款日记账、各种明细分类账的余额与总分类账的余额相核对，并进行试算平衡。
（8）会计期末根据总分类账和明细分类账的账簿资料，按照规定的格式和要求，编制会计报表。

以上会计核算程序可用图 7-3 表示：

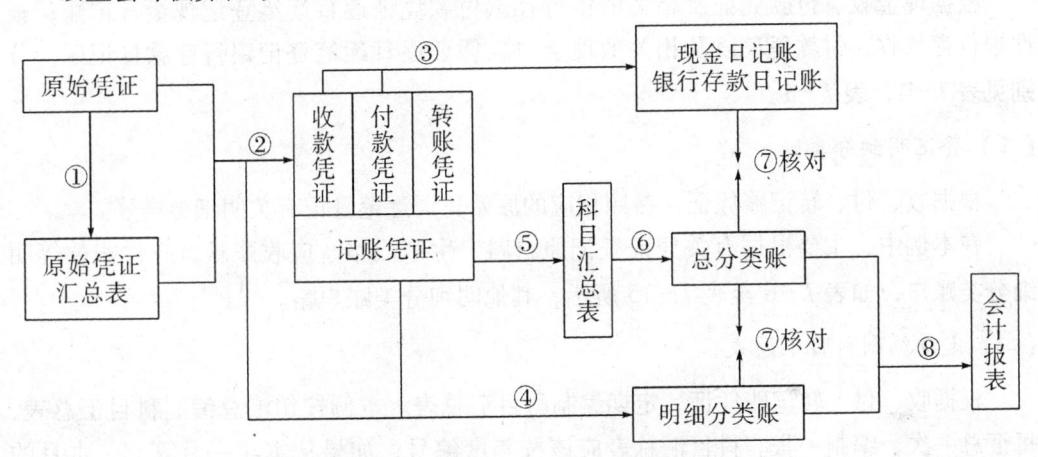

图 7-3　科目汇总表会计核算程序图

五、科目汇总表会计核算程序的优缺点及适用范围

（一）优点

（1）由于科目汇总表会计核算程序是根据科目汇总表登记总账，每一个总分类账户每月只登记一次或几次，对于经济业务量比较大，对记账凭证较多的单位来说，能大大减少登记总分类账的工作量。
（2）科目汇总表汇总方法简单、操作方便，并可根据总分类账户本期借、贷方发生额合计数试算平衡，检查记账凭证的填制和汇总是否正确，可以大大降低登记总账的错误，保证总账的质量。

（二）缺点

（1）由于科目汇总表只按科目进行汇总，不反映科目间的对应关系，不便于了解分析具体经济业务的来龙去脉，不利于查找错账。

（2）由于总分类账登记的是汇总数字，也看不出经济业务的内容，因而降低了总分类账所提供资料的可用性。

（三）适用范围

科目汇总表会计核算程序适用于规模较大、经济业务频繁、记账凭证数量多的单位。

六、科目汇总表会计核算程序举例

沿用记账凭证会计核算程序例题，核算程序如下：

（一）根据当月发生的经济业务，编制记账凭证

记账凭证以会计分录簿代替，登记结果与表7-3一致。

（二）根据记账凭证登记现金日记账、银行存款日记账

根据现金收、付款凭证及相关的银行存款付款凭证逐日逐笔登记现金日记账；根据银行存款收、付款凭证以及相关的现金付款凭证逐日逐笔登记银行存款日记账，分别见表7-4，表7-5。

（三）登记明细分类账

根据收、付、转记账凭证，参照相应的原始凭证逐笔登记有关明细分类账。

在本例中，主要根据有关凭证登记原材料、生产成本、应收账款、应付账款等明细分类账户，如表7-6至表7-15所示，其他明细分类账户略。

（四）定期编制科目汇总表

根据收、付、转记账凭证，定期编制科目汇总表。本例按旬汇总编制科目汇总表，每汇总一次，编制一张。科目汇总表应该按年度编号，如果从本年一月算起，本月的三张科目汇总表编号应该分别为科汇34号、科汇35号、科汇36号。

本月编制的三张科目汇总表见表7-45、表7-46、表7-47。

表7-45   科目汇总表

200×年12月1日至10日   科汇第34号

单位：元

会计科目	总账页次	本期借方发生额	本期贷方发生额	记账凭证起讫号数
库存现金		3 600	1 260	
银行存款		456 000	80 180	
原材料		140 000	153 600	
生产成本		144 000		
应付账款			93 600	
应交税费		23 800		
应付职工薪酬		680		

表7-45(续)

会计科目	总账页次	本期借方发生额	本期贷方发生额	记账凭证起讫号数
实收资本			456 000	
材料采购		140 000	140 000	
管理费用		3 780		
制作费用		12 780		
合 计		924 640	924 640	

表7-46　　　　　　　　　　科目汇总表

200×年12月11日至20日　　　　　　　　科汇第35号

单位：元

会计科目	总账页次	本期借方发生额	本期贷方发生额	记账凭证起讫号数
银行存款			66 000	
应付账款		66 000		
合 计		66 000	66 000	

表7-47　　　　　　　　　　科目汇总表

200×年12月21日至31日　　　　　　　　科汇第36号

单位：元

会计科目	总账页次	本期借方发生额	本期贷方发生额	记账凭证起讫号数
银行存款		57 500	52 680	
应收账款		107 640	57 500	
生产成本		87 800	127 000	
库存商品		127 000	50 000	
长期待摊费用			1 250	
应付利息			5 500	
应交税费			21 082.5	
应付职工薪酬		51 000	58 140	
应付利润			116 091	
累计折旧			33 000	
盈余公积			29 022.75	
利润分配		290 227.5	435 341.25	

表4-47(续)

会计科目	总账页次	本期借方发生额	本期贷方发生额	记账凭证起讫号数
销售费用		1 680	1 680	
主营业务收入		92 000	92 000	
管理费用		17 370	21 150	
制造费用		33 980	46 760	
营业税金及附加		2 700	2 700	
主营业务成本		50 000	50 000	
财务费用		5 500	5 500	
本年利润		374 000	92 000	
所得税费用		2 742.5	2 742.5	
合计		1 301 140	1 301 140	

(五) 根据科目汇总表定期登记总分类账

每编制一张科目汇总表就登记一次总分类账，见表7-48至表7-73。

表7-48　　　　　　　　　　总分类账

会计科目：库存现金　　　　　　　　　　　　　　　　　　单位：元

200×年		凭证		摘要	借方	贷方	借或贷	余额
月	日	字	号					
12	1			期初余额			借	5 800.00
	10	科汇	34	上旬汇总	3 600.00	1 260.00	借	8 140.00
	31			本期发生额及期末余额	3 600.00	1 260.00	借	8 140.00

表7-49　　　　　　　　　　总分类账

会计科目：银行存款　　　　　　　　　　　　　　　　　　单位：元

200×年		凭证		摘要	收入	支出	借或贷	余额
月	日	字	号					
12	1			期初余额			借	133 000.00
	10	科汇	34	上旬汇总	456 000.00	80 180.00		508 820.00
	20	科汇	35	中旬汇总		66 000.00		442 820.00
	31	科汇	36	下旬汇总	57 500.00	52 680.00		447 640.00
	31			本期发生额及期末余额	513 500.00	198 860.00	借	447 640.00

164

表 7-50 总分类账

会计科目：应收账款 单位：元

200×年		凭证		摘要	借方	贷方	借或贷	余额
月	日	字	号					
12	1			期初余额			借	100 000.00
	31	科汇	36	下旬汇总	107 640.00	57 500.00	借	150 140.00
	31			本期发生额及期末余额	107 640.00	57 500.00	借	150 140.00

表 7-51 总分类账

会计科目：原材料 单位：元

200×年		凭证		摘要	借方	贷方	借或贷	余额
月	日	字	号					
12	1			期初余额			借	408 000.00
	10	科汇	34	上旬汇总	140 000.00	153 600.00	借	394 400.00
	31			本期发生额及期末余额	140 000.00	153 600.00	借	394 400.00

表 7-52 总分类账

会计科目：生产成本 单位：元

200×年		凭证		摘要	借方	贷方	借或贷	余额
月	日	字	号					
12	1			期初余额			借	140 000.00
	10	科汇	34	上旬汇总	144 000.00		借	284 000.00
	31	科汇	36	下旬汇总	87 800.00	127 000.00	借	244 800.00
	31			本期发生额及期末余额	231 800.00	127 000.00	借	244 800.00

表 7-53 总分类账

会计科目：库存商品 单位：元

200×年		凭证		摘要	借方	贷方	借或贷	余额
月	日	字	号					
12	1			期初余额			借	150 000.00
	31	科汇	36	下旬汇总	127 000.00	50 000.00	借	227 000.00
	31			本期发生额及期末余额	127 000.00	50 000.00	借	227 000.00

表 7-54　　　　　　　　　　　　　　　总分类账

会计科目：长期待摊费用　　　　　　　　　　　　　　　　　　　　　　　单位：元

200×年		凭证		摘要	借方	贷方	借或贷	余额
月	日	字	号					
12	1			期初余额			借	9 000.00
	31	科汇	36	下旬汇总		1 250.00	借	7 750.00
	31			本期发生额及期末余额		1 250.00	借	7 750.00

表 7-55　　　　　　　　　　　　　　　总分类账

会计科目：应付账款　　　　　　　　　　　　　　　　　　　　　　　　　单位：元

200×年		凭证		摘要	借方	贷方	借或贷	余额
月	日	字	号					
12	1			期初余额			贷	95 000.00
	10	科汇	34	上旬汇总		93 600.00	贷	188 600.00
	20	科汇	35	中旬汇总	66 000.00		贷	122 600.00
	31			本期发生额及期末余额	66 000.00	93 600.00	贷	122 600.00

表 7-56　　　　　　　　　　　　　　　总分类账

会计科目：应付利息　　　　　　　　　　　　　　　　　　　　　　　　　单位：元

200×年		凭证		摘要	借方	贷方	借或贷	余额
月	日	字	号					
12	1			期初余额			贷	21 600.00
	31	科汇	36	下旬汇总		5 500.00	贷	27 100.00
	31			本期发生额及期末余额		5 500.00	贷	27 100.00

表 7-57　　　　　　　　　　　　　　　总分类账

会计科目：应交税费　　　　　　　　　　　　　　　　　　　　　　　　　单位：元

200×年		凭证		摘要	借方	贷方	借或贷	余额
月	日	字	号					
12	1		3	期初余额			贷	15 300.00
	10	科汇	34	上旬汇总	23 800.00		借	8 500.00
	31	科汇	36	下旬汇总		21 082.5	贷	12 582.50
	31			本期发生额及期末余额	23 800.00	21 082.50	贷	12 582.50

表7-58　　　　　　　　　　　　　　总分类账

会计科目：应付职工薪酬　　　　　　　　　　　　　　　　　　　　　　　单位：元

200×年		凭证		摘要	借方	贷方	借或贷	余额
月	日	字	号					
12	1			期初余额			贷	38 660.00
	10	科汇	34	上旬汇总		680.00	贷	37 980.00
	31	科汇	36	下旬汇总	51 000.00	58 140.00	贷	45 120.00
	31			本期发生额及期末余额	51 680.00	58 140.00	贷	45 120.00

表7-59　　　　　　　　　　　　　　总分类账

会计科目：应付利润　　　　　　　　　　　　　　　　　　　　　　　　　单位：元

200×年		凭证		摘要	借方	贷方	借或贷	余额
月	日	字	号					
12	1			期初余额			贷	5 300.00
	31	科汇	36	下旬汇总		116 091.00	贷	121 391.00
	31			本期发生额及期末余额		116 091.00	贷	121 391.00

表7-60　　　　　　　　　　　　　　总分类账

会计科目：累计折旧　　　　　　　　　　　　　　　　　　　　　　　　　单位：元

200×年		凭证		摘要	借方	贷方	借或贷	余额
月	日	字	号					
12	1			期初余额			贷	328 340.00
	31	科汇	36	下旬汇总		33 000.00	贷	361 340.00
	31			本期发生额及期末余额		33 000.00	贷	361 340.00

表7-61　　　　　　　　　　　　　　总分类账

会计科目：盈余公积　　　　　　　　　　　　　　　　　　　　　　　　　单位：元

200×年		凭证		摘要	借方	贷方	借或贷	余额
月	日	字	号					
12	1			期初余额			贷	70 000.00
	31	科汇	36	下旬汇总		29 022.75	贷	99 022.75
	31			本期发生额及期末余额		29 022.75	贷	99 022.75

表 7-62　　　　　　　　　　　　　　总分类账

会计科目：利润分配　　　　　　　　　　　　　　　　　　　　　　　单位：元

200×年		凭证		摘要	借方	贷方	借或贷	余额
月	日	字	号					
12	1			期初余额			贷	120 600.00
	31	科汇	36	下旬汇总	290 227.50	435 341.25	贷	265 713.75
	31			本期发生额及期末余额	290 227.50	435 341.25	贷	265 713.75

表 7-63　　　　　　　　　　　　　　总分类账

会计科目：实收资本　　　　　　　　　　　　　　　　　　　　　　　单位：元

200×年		凭证		摘要	借方	贷方	借或贷	余额
月	日	字	号					
12	1			期初余额			贷	1 582 000.00
	10	科汇	34	上旬汇总		456 000.00	贷	2 038 000.00
	31			本期发生额及期末余额		456 000.00	贷	2 038 000.00

表 7-64　　　　　　　　　　　　　　总分类账

会计科目：材料采购　　　　　　　　　　　　　　　　　　　　　　　单位：元

200×年		凭证		摘要	借方	贷方	借或贷	余额
月	日	字	号					
12	10	科汇	34	上旬汇总	140 000.00	140 000.00	平	0
	31			本期发生额及期末余额	140 000.00	140 000.00	平	0

表 7-65　　　　　　　　　　　　　　总分类账

会计科目：销售费用　　　　　　　　　　　　　　　　　　　　　　　单位：元

200×年		凭证		摘要	借方	贷方	借或贷	余额
月	日	字	号					
12	31	科汇	36	下旬汇总	1 680.00	1 680.00	平	0
	31			本期发生额及期末余额	1 680.00	1 680.00	平	0

表 7-66 总分类账

会计科目：主营业务收入　　　　　　　　　　　　　　　　　　　　单位：元

200×年		凭证		摘要	借方	贷方	借或贷	余额
月	日	字	号					
12	31	科汇	36	下旬汇总	92 000.00	92 000.00	平	0
	31			本期发生额及期末余额	92 000.00	92 000.00	平	0

表 7-67 总分类账

会计科目：管理费用　　　　　　　　　　　　　　　　　　　　　　单位：元

200×年		凭证		摘要	借方	贷方	借或贷	余额
月	日	字	号					
12	10	科汇	34	上旬汇总	3 780.00		借	3 780.00
	31	科汇	36	下旬汇总	17 370.00	21 150.00	平	0
	31			本期发生额及期末余额	21 150.00	21 150.00	平	0

表 7-68 总分类账

会计科目：制造费用　　　　　　　　　　　　　　　　　　　　　　单位：元

200×年		凭证		摘要	借方	贷方	借或贷	余额
月	日	字	号					
12	10	科汇	34	上旬汇总	12 780.00		借	12 780.00
	31	科汇	36	下旬汇总	33 980.00	46 760.00	平	0
	31			本期发生额及期末余额	46 760.00	46 760.00	平	0
	31							

表 7-69 总分类账

会计科目：营业税金及附加　　　　　　　　　　　　　　　　　　　单位：元

200×年		凭证		摘要	借方	贷方	借或贷	余额
月	日	字	号					
12	31	科汇	36	下旬汇总	2 700.00	2 700.00	平	0
	31			本期发生额及期末余额	2 700.00	2 700.00	平	0

表7-70　总分类账

会计科目：主营业务成本　　　　　　　　　　　　　　　　　　　　　　　　单位：元

200×年		凭证		摘要	借方	贷方	借或贷	余额
月	日	字	号					
12	31	科汇	36	下旬汇总	50 000.00	50 000.00	平	0
	31			本期发生额及期末余额	50 000.00	50 000.00	平	0

表7-71　总分类账

会计科目：财务费用　　　　　　　　　　　　　　　　　　　　　　　　　　单位：元

200×年		凭证		摘要	借方	贷方	借或贷	余额
月	日	字	号					
12	31	科汇	36	下旬汇总	5 500.00	5 500.00	平	0
	31			本期发生额及期末余额	5 500.00	5 500.00	平	0

表7-72　总分类账

会计科目：本年利润　　　　　　　　　　　　　　　　　　　　　　　　　　单位：元

200×年		凭证		摘要	借方	贷方	借或贷	余额
月	日	字	号					
12	1			期初余额			贷	282 000.00
12	31	科汇	36	下旬汇总	374 000.00	92 000.00	平	0
	31			本期发生额及期末余额	374 000.00	92 000.00	平	0

表7-73　总分类账

会计科目：所得税费用　　　　　　　　　　　　　　　　　　　　　　　　　单位：元

200×年		凭证		摘要	借方	贷方	借或贷	余额
月	日	字	号					
12	31	科汇	36	下旬汇总	2 742.5	2 742.5	平	0
	31			本期发生额及期末余额	2 742.5	2 742.5	平	0

注："固定资产""在建工程""短期借款"账户由于没有发生额，在此没有列出其账页。

（六）对账

月末，在总分类账与其所属的明细分类账、总账与日记账以及总账之间进行相互核对，核对方法及结果与记账凭证账务处理程序一致。

（七）月末，根据总账及明细分类账编制会计报表

月末，根据总账及明细分类账编制会计报表在此不作详细叙述。

第四节　汇总记账凭证会计核算程序

一、汇总记账凭证核算形式的概念和特点

汇总记账凭证核算形式就是定期根据收款凭证、付款凭证和转账凭证，按照账户的对应关系进行汇总，分别编制汇总收款凭证、汇总付款凭证和汇总转账凭证，然后根据各种汇总记账凭证登记总分类账的一种核算形式。这种核算形式的显著特点是：首先定期根据收款凭证、付款凭证和转账凭证，按照账户的对应关系，汇总并编制汇总收款凭证、汇总付款凭证和汇总转账凭证，然后再根据三种汇总记账凭证登记总分类账。

汇总记账凭证会计核算程序和科目汇总表会计核算程序都是在记账凭证账务处理程序基础上发展、演变而来的。汇总记账凭证会计核算程序与科目汇总表会计核算程序有相似之处，都是设置一种凭据，汇总一定时期的记账凭证，然后据以登记总分类账；不同之处在于汇总记账凭证是按会计科目的对应关系进行汇总，能够反映会计科目之间的对应关系；而科目汇总表是将同一科目的借、贷方发生额分别进行汇总，反映不出会计科目之间的对应关系。

二、汇总记账凭证会计核算程序下凭证、账簿的设置

采用汇总记账凭证核算形式，除仍应设置收款凭证、付款凭证和转账凭证外，还要设置汇总收款凭证、汇总付款凭证和汇总转账凭证。为了便于编制汇总记账凭证，收款凭证应按一个科目的借方与一个或几个科目的贷方相对应的原则编制；付款凭证应按一个科目贷方与一个或几个科目的借方相应的原则编制；转账凭证也应按一个科目的贷方与一个或几个科目的借方相对应的原则编制。不宜设置通用的记账凭证。

此外，还需设置现金日记账、银行存款日记账、相关明细分类账和总分类账。日记账采用"三栏式"账页；明细分类账根据需要采用"三栏式""数量金额式"或"多栏式"账页；总分类账应采用有"对应科目"栏的"三栏式"的账页。

三、汇总记账凭证的编制方法

汇总记账凭证一般分为汇总收款凭证、汇总付款凭证和汇总转账凭证三种。它们是分别根据收款凭证、付款凭证和转账凭证进行汇总填制的。各种汇总记账凭证汇总的期限一般不应超过 10 天，每月至少汇总 3 次，每月填制 1 张，月终计算出合计数，据以登记总分类账。

汇总收款凭证、汇总付款凭证和汇总转账凭证的格式分别见表 7-45、表 7-46、表 7-47：

表 7-45　　　　　　　　　　　　　汇总收款凭证
借方科目：银行存款　　　　　　　200×年6月份　　　　　　　　　　　汇收第＿＿号

贷方科目	金额				总账页次	
	1~10日收款凭证 自　号至　号	11~20日收款凭证 自　号至　号	21~31日收款凭证 自　号至　号	合　计	借方	贷方
主营业务收入	300 000.00	200 000.00	380 000.00	88 000.00		
应收账款	80 000.00	12 000.00		92 000.00		
库存现金	5 000.00	6 000.00	12 000.00	23 000.00		
合　计						

表 7-46　　　　　　　　　　　　　汇总付款凭证
贷方科目：库存现金（或银行存款）　　200×年　月　　　　　　　　　汇付第　号

借方科目	金额				总账页次	
	1~10日付款凭证 自　号至　号	11~20日付款凭证 自　号至　号	21~31日付款凭证 自　号至　号	合　计	借方	贷方
合计						

表 7-47　　　　　　　　　　　　　汇总转账凭证
贷方科目：　　　　　　　　　　　200×年　月　　　　　　　　　　　汇付第　号

借方科目	金额				总账页次	
	1~10日付款凭证 自　号至　号	11~20日付款凭证 自　号至　号	21~31日付款凭证 自　号至　号	合　计	借方	贷方
合计						

1. 汇总收款凭证的编制

汇总收款凭证是根据一定时期内全部收款凭证汇总编制的一种特殊的记账凭证。收款凭证按借方科目分类，分为库存现金收款凭证和银行存款收款凭证。依据收款凭证编制的汇总收款凭证也分为汇总库存现金收款凭证和汇总银行存款收款凭证。收款凭证的借方科目只有库存现金和银行存款两个，如果按其借方科目设置汇总记账凭证，可以减少汇总记账凭证的张数，因此汇总收款凭证按借方科目设置凭证、按贷方科目归类汇总编制。具体编制方法是：

（1）设置汇总库存现金收款凭证和汇总银行存款收款凭证两张汇总凭证；

（2）分别将收款凭证中，与库存现金和银行存款对应的贷方科目归类汇总；

（3）加总各贷方科目的本期合计数，据以登记总分类账。即一方面登记在"库存现金"或"银行存款"账户的借方，另一方面登记在有关对应账户的贷方。

2. 汇总付款凭证的编制

汇总付款凭证是根据一定时期全部付款凭证汇总编制的一种特殊的记账凭证。付款凭证按借方科目分类，分为库存现金付款凭证和银行存款付款凭证。依据付款凭证编制的汇总付款凭证也分为汇总库存现金付款凭证和汇总银行存款付款凭证。付款凭证的贷方科目只有库存现金和银行存款两个，如果按其贷方科目设置汇总记账凭证，可以减少汇总记账凭证的张数，因此汇总付款凭证按贷方设置凭证，按借方科目归类汇总编制。具体编制方法是：

（1）设置汇总库存现金付款凭证和汇总银行存款付款凭证两张汇总凭证；

（2）分别将与库存现金和银行存款对应的借方科目归类汇总；

（3）加总各借方科目的本期合计数，据以登记分类账户的借方。

3. 汇总转账凭证的编制

汇总转账凭证是根据一定时期全部转账凭证汇总编制的一种特殊的记账凭证。转账凭证不像收款凭证或付款凭证那样借方或贷方的单一科目，可以按照其借方或贷方科目的规律设置汇总凭证，转账凭证的借方或贷方均无规律可循。为了避免混乱，规定汇总转账凭证一律按照贷方科目设置，按照借方科目归类汇总。具体编制方法是：

（1）按照转账凭证的贷方科目设置若干张汇总转账凭证；

（2）分别将与贷方科目对应的借方科目归类汇总；

（3）加总各借方科目的本期合计数。

如果某一贷方科目的转账凭证数量不多时，可以不编制汇总转账凭证，而以转账凭证代替汇总转账凭证。如企业一般一个月只提取一次固定资产折旧，相应地填制一张折旧的转账凭证，此时如果再据此编制汇总转账凭证，反而增加了会计处理的工作量。为简化核算，可以不再编制汇总转账凭证，而以转账凭证代替汇总转账凭证。

四、汇总记账凭证会计核算程序的步骤

汇总记账凭证会计核算程序的步骤可归纳为：

（1）根据原始凭证或汇总原始凭证编制收款凭证、付款凭证和转账凭证。

（2）根据收款凭证和付款凭证，登记现金日记账和银行存款日记账。

（3）根据各种记账凭证并参考原始凭证或汇总原始凭证，登记各种明细分类账。

（4）根据收款凭证、付款凭证和转账凭证分别定期编制汇总收款凭证、汇总付款凭证和汇总转账凭证。

（5）根据汇总收款凭证、汇总付款凭证和汇总转账凭证登记总分类账。

（6）期末，将现金日记账、银行存款日记账以及各明细分类账的余额与总分类账中各相关账户的余额进行核对，并进行试算平衡。

（7）期末，根据总分类账和明细分类账的有关数据编制会计报表。

上述账务处理程序如图7-4所示。

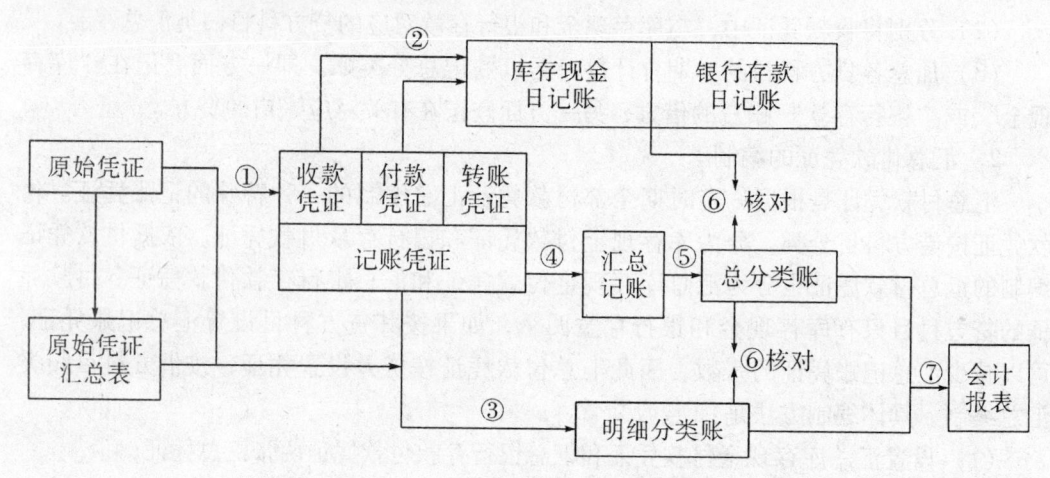

图7-4 汇总记账凭证会计核算程序

五、汇总记账凭证会计核算程序的优缺点及适用范围

（一）优点

（1）汇总记账凭证核算形式的特点是把一定时期内的全部记账凭证进行归类和汇总编制汇总记账凭证，再根据汇总记账凭证期末登记总分类账，与记账凭证会计核算程序相比较，可以大大减少登记总分类账的工作量，提高会计核算工作效率。

（2）由于汇总记账凭证根据每个科目的对方科目进行归类、汇总编制，能够明确反映账户之间的对应关系，由此反映经济业务的来龙去脉，因而便于分析、检查经济活动情况，便于对账、查账。

（二）缺点

汇总转账凭证是按每一贷方科目设置的，而不是按经济业务的性质归类、汇总的，这种分类汇总不利于会计日常核算的合理分工，当转账凭证数量很多时，编制汇总转账凭证的工作量较大。

（三）适用范围

这种会计核算程序对于经营规模小、经济业务少的单位是不适用的，只适于规模较大，业务量较多尤其是同类型业务量较多的企业。

第五节 多栏式日记账会计核算程序

一、多栏式日记账会计核算程序的概念和特点

多栏式日记账核算形式又称专栏式日记账核算形式，就是设置多栏式现金日记账和银行存款日记账，对于收款、付款业务，先根据收款凭证和付款凭证登记多栏式库存现金、银行存款日记账，月终时再根据多栏式日记账汇总登记总分类账，对于转账业务仍根据转账凭证逐笔登记总分类账的一种会计核算程序。

多栏式日记账会计核算程序的主要特点是：各种有关收、付款项的经济业务均需通过多栏式日记账进行汇总，再据以登记总分类账。对于转账业务，可以根据转账凭证逐笔登记总账，也可以根据转账凭证定期编制转账凭证汇总表，再据以登记总账。

二、多栏式日记账会计核算程序下凭证、账簿的设置

采用多栏式日记账会计核算程序时，不能设置通用格式的记账凭证，只能分别设置收款凭证、付款凭证和转账凭证。

账簿方面，分别设置"现金收入日记账""现金支出日记账""银行存款收入日记账"和"银行存款支出日记账"四种多栏式日记账。或设置"现金日记账"和"银行存款日记账"两种多栏式日记账，以便明确反映收、付款经济业务的账户对应关系，并简化收、付款业务的记账工作。此外，还应设置总分类账，进行总分类核算，设置一定种类的明细分类账，进行必要的明细分类核算。总分类账一般采用三栏式账页，明细分类账可根据管理需要采用三栏式、多栏式或数量金额式账页。

采用多栏式日记账会计核算程序，由于库存现金和银行存款日记账都按其对应账户设置专栏，具备了汇总收、付款凭证的作用，因此，在月终，可以根据这些日记账合计栏的本月收、付栏发生额和各专栏对应账户的发生额直接过入各总分类账户。

三、多栏式日记账会计核算程序的步骤

多栏式日记账会计核算程序的步骤可概括为：

（1）根据原始凭证或原始凭证汇总表填制记账凭证。

（2）根据收款凭证登记现金收入日记账和银行存款收入日记账，根据付款凭证登记现金支出日记账和银行存款支出日记账。

（3）根据记账凭证及其所附的原始凭证或原始凭证汇总表登记各种明细分类账。

（4）根据现金收入日记账、现金支出日记账、银行存款收入日记账和银行存款支出日记账期末的库存现金收入合计数、库存现金支出合计数、银行存款收入合计数、银行存款支出合计数，以及各专栏应借、应贷会计科目的期末合计数定期汇总登记总分类账，同时根据转账凭证或转账凭证汇总表逐笔登记总分类账。

（5）期末，将各种明细分类账的余额合计数，分别与其有关总分类账户的余额核

对相符。

（6）期末，根据核对无误的总分类账和明细分类账编制会计报表。

多栏式日记账会计核算程序的步骤如图7-5所示。

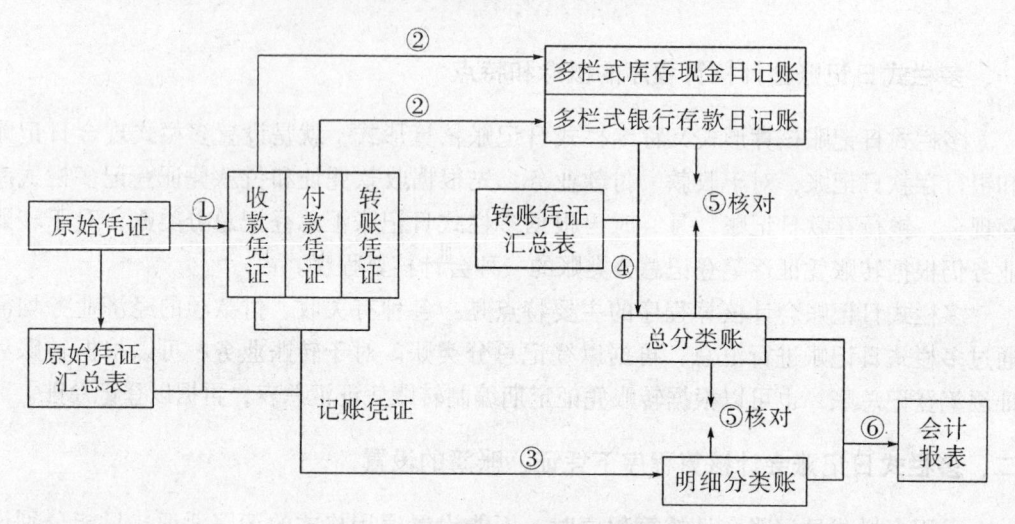

图7-5 多栏式日记账会计核算程序图

四、多栏式日记账会计核算程序的优缺点及适用范围

（一）优点

（1）多栏式日记账会计核算程序是对货币资金的收款和付款业务，通过多栏式日记账汇总以后，再登记总分类账的一种会计核算程序。经过汇总，大大简化了凭证归类和总分类账的登记工作。

（2）由于多栏式日记账按总账科目的对应关系分设专栏进行登记，因而能够明确反映收、付款经济业务的账户对应关系，可以具体反映有关库存现金、银行存款的收支业务。便于了解这一部分经济业务的来龙去脉。

（二）缺点

（1）如果企业经济业务种类繁多，多栏式日记账所设的专栏势必增多，账页庞大，不便于记账。

（2）由于多栏式库存现金和银行存款日记账成为登记总分类账的直接依据，因而日记账与总分类账就丧失了相互核对的作用。而且转账凭证汇总表也反映不出账户间的对应关系。

（三）适用范围

多栏式日记账会计核算程序适用于收、付款经济业务较多，转账业务较少，经营规模不大的单位，不适用于转账业务很多的单位。

第六节　日记总账会计核算程序

一、日记总账会计核算程序的特点

日记总账是将日记账和总分类账结合在一起的联合账簿，它是将全部会计科目都集中设置在一张账页上，以记账凭证为依据，对所发生的全部经济业务进行序时登记，月末将每个科目借、贷方登记的发生额分别合计，并计算出每个科目的月末余额。

日记总账核算形式的特点是：设置日记总账，根据记账凭证逐笔登记日记总账。

日记总账的格式见表 7-48。

表 7-48　　　　　　　　　　　　　日记总账

年		凭证		摘要	发生额	银行存款		原材料		应收账款		管理费用		……
月	日	字	号			借方	贷方	借方	贷方	借方	贷方	借方	贷方	

日记总账的登记的方法是：对于收款业务、付款业务和转账业务，都分别根据收款凭证、付款凭证和转账凭证逐日、逐笔登记日记总账，对每一笔经济业务所涉及的各个会计科目的借方发生额和贷方发生额，都应分别登记在同一行的不同科目的借方栏和贷方栏内，并将借贷发生额合计数登记在"发生额"栏内。月终时，分别结出各栏次的合计数，计算各科目的月末借方或贷方余额，并进行账簿记录的核对工作。核对工作的主要内容是检查"发生额"栏内的本月合计数，与全部科目的借方发生额或贷方发生额的合计数是否相符，各科目的借方余额合计数与贷方余额合计数是否相符。

二、日记总账会计核算程序的凭证和账簿设置

在日记总账会计核算程序下，设置的记账凭证按其所记录的经济业务内容不同，有收款凭证、付款凭证和转账凭证三种；设置的现金日记账和银行存款日记账一般采用三栏式账页，设置的明细分类账，根据需要可分别采用三栏式、数量金额式或多栏式账页，除此之外，还需要特别设置日记总账账簿，其账页格式见表 7-48。

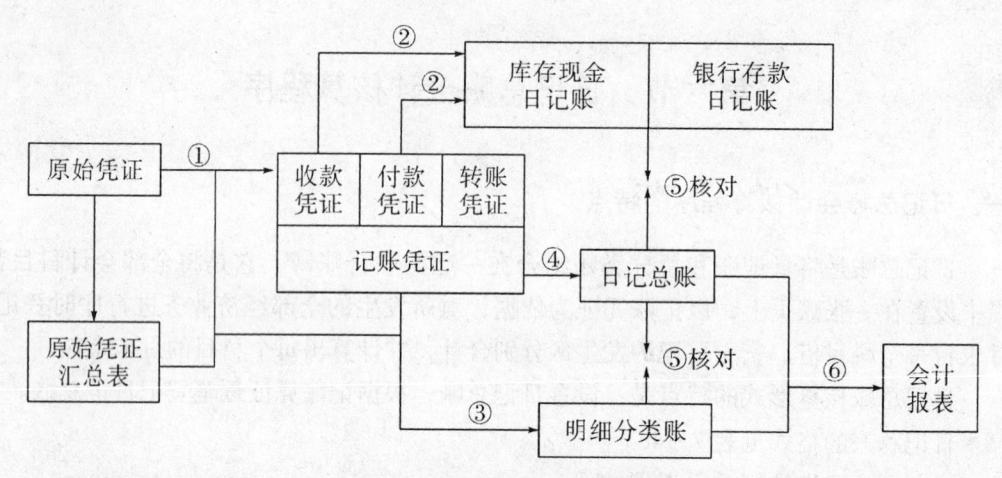

图 7-6　记账凭证会计核算程序图

三、日记总账会计核算程序的步骤

日记总账会计核算程序一般包括以下几个步骤：
（1）根据原始凭证或原始凭证汇总表填制记账凭证。
（2）根据收款凭证和付款凭证，登记现金日记账和银行存款日记账。
（3）根据记账凭证及其所附的原始凭证或原始凭证汇总表登记各种明细分类账。
（4）根据记账凭证逐日逐笔登记日记总账。
（5）期末，将现金日记账、银行存款日记账以及各种明细分类账的余额合计数，分别与有关总分类账户的余额核对相符。
（6）期末，根据核对无误的总分类账和明细分类账编制会计报表。
记账凭证核算形式账务处理程序如图 7-6 所示。

四、日记总账会计核算程序的优缺点及适用范围

（一）优点

日记总账是按全部总账科目分借方和贷方设置的，并且是根据记账凭证逐日逐笔登记的，可以全面地反映各项经济业务的来龙去脉，有利于对会计核算资料的分析和使用，而且其账务处理程序也较简单。

（二）缺点

日记总账核算形式的不足之处在于，经济单位如果运用的会计科目较多，总分类账的账页就过长，不便于记账和查阅。

（三）适用范围

采用日记总账会计核算程序的企业比较少，它只适用于规模小、经济业务简单，尤其是使用会计科目少和实行会计电算化的单位。

第八章　财务会计报告

第一节　财务会计报告概述

一、财务会计报告的概念及其基本内容

财务会计报告简称财务报告，是指企业对外提供的反映企业某一特定日期财务状况和某一会计期间经营成果、现金流量等会计信息的文件。我国会计制度规定：企业不得编制和对外提供虚假的或者隐瞒重要事实的财务会计报告，企业负责人对本企业财务会计报告的真实性、完整性负责；任何组织或者个人不得授意、指使、强令企业编制和对外提供虚假的或者隐瞒重要事实的财务会计报告；注册会计师、会计师事务所审计企业财务会计报告，应当依照有关法律、行政法规以及注册会计师执业规则的规定进行，并对所出具的审计报告负责。

我国《企业会计准则第 30 号——财务报表列报》规定，财务报表至少应当包括资产负债表、利润表、现金流量表、所有者权益（或股东权益）变动表以及附注五个部分，它是财务会计报告的核心。

二、编制财务会计报告的重要意义

编制财务报告是会计核算的又一种专门方法，也是会计工作的一项重要内容。财务报告的作用在于：

（一）为投资者、债权人的投资决策和信贷决策提供信息

企业的生产和发展需要投资者、债权人的资金、信贷支持。若投资者、债权人不了解企业的经营情况和财务状况，是不会轻易投资和借贷资金给企业的。只有了解企业各方面的信息，分析对比后，才会决定他们投资的方向。企业的责任，就是向投资人、债权人提供真实、及时、可靠的会计信息。

（二）为管理当局提供决策信息

通过会计报表，管理当局可以了解和掌握企业、单位当前的财务状况、经营成果及其变动情况，以便不断改善管理。如本期企业的利润是上升还是下降，成本是超支还是节约，目前资本是多少，分布、使用是否合理，资金周转速度是快还是慢，经费运用是否合理等，这些信息对于管理当局来说，都是十分重要的。

（三）便于满足上级主管、专业公司和国家经济管理部门的需要

上级主管，专业公司需对所属企业、单位上报的会计报表进行审阅，并汇总上报。利用会计报表提供的资料，可以使企业或单位的上级主管、专业公司和国家管理部门，了解和掌握企业或单位一定期间财务状况和经营成果，以便加强领导，进行宏观调控。

（四）便于财政、税务部门、银行了解和监督企业

会计报表所反映的企业在一定时期的资金使用情况、缴纳税金情况、贷款使用情况、利润实现情况等，都会在报表中得到充分的反映。财政、税务、银行等机构需要了解企业、单位的这些情况并进行监督。

三、编制财务会计报告的基本要求

（一）企业应当以持续经营为基础，根据实际发生的交易或事项，按照会计准则的规定进行会计确认和计量，在此基础上编制财务报表

企业不能以附注披露代替会计确认和计量。在编制财务报表的过程中，企业管理者应当考虑市场经营风险、盈利能力和偿债能力，以及管理层改变经营政策的意向等因素的基础上，对企业的持续经营能力进行评价。如果对企业的持续经营能力产生重大怀疑，应当在附注中披露导致对企业的持续经营能力产生重大怀疑的影响因素。企业正式决定或被迫在当期或将在下一个会计期间进行清算或停止营业的，表明其处于非持续经营状态，应当采用其他基础编制财务报表，并在附注中声明财务报表不是以持续经营为基础列报的，并披露未以持续经营为基础编制财务报表的原因以及编制财务报表所采用的基础。

（二）财务报表项目的列报应当在各个会计期间保持一致，不得随意变更

但下列情况除外：
（1）企业会计准则要求改变财务报表项目的列报。
（2）企业经营业务的性质发生重大变化后，变更财务报表项目的列报能够提供更可靠、更相关的会计信息。

（三）在编制财务报表的过程中，企业应当考虑报表项目的重要性

重要性是指财务报表某些项目的省略或错报会造成会计信息使用者作出错误的决策。判断项目的重要性，应当考虑该项目的性质是否属于企业日常活动，是否对企业的财务状况和经营成果具有较大影响等因素；判断项目金额大小的重要性，应当通过单项金额占资产总额、负债总额、所有者权益总额、营业收入总额、营业成本总额净利润等直接相关项目金额的比重加以确定。对于性质或功能不同的项目，如长期股权投资、固定资产等，应当在财务报表中单独列报，但不具有重要性的项目除外；对于性质或功能类似的项目，如库存商品、原材料等，应当予以合并，作为存货项目列报。

（四）财务报表中的资产项目和负债项目的金额、收入项目和费用项目的金额不得相互抵销，但满足抵销条件的除外

如果金融资产和金融负债同时满足下列条件，应当以相互抵销后的净额在资产负

债表内列示：第一，企业具有抵销已确认金额的法定权利，且该种法定权利现在是可执行的。抵销的法定权利，主要是指债权人根据相关合同或规定，可以用其欠债权人的金额抵销应收同一债权人债权的权利。例如，从事证券经纪业务的证券公司，可以按照证券交易结算的相关规定，采用净额方式与证券登记公司进行结算。第二，企业计划以净额结算，或同时变现该金融资产和清偿该金融负债。例如，甲、乙两公司有长期合作关系，为简化结算，两公司在合同中明确约定，双方往来款项定期以净额结算（法律上有效）。这种情况满足金融资产和金融负债相互抵销的条件，应当在资产负债表中以净额列示相关的应收款项或应付款项。

下列两种情况不属于抵销，可以净额列示：第一，资产项目按扣除减值准备后的净额列示，不属于抵销。对资产计提减值准备，表明资产的价值已经发生减损，按扣除减值准备后的净额列示，能够反映资产给企业带来的经济利益，不属于抵销。第二，非日常活动产生的损益，以收入扣减费用后的净额列示，不属于抵销。非日常活动的发生具有偶然性，不是企业的经常性活动以及与经常性活动相关的其他活动。非日常活动产生的损益以收入扣减费用后的净额列示，更有利于会计信息使用者的经济决策，不属于抵销。

（五）当期财务报表的列报，至少应当提供所有列报项目上一可比会计期间的比较数据，以及与理解当期财务报表相关的说明，但另有规定的除外

财务报表项目的列报发生变更的，应当对上期比较数据按照当期的列报要求进行调整，并在附注中披露调整的原因和性质，以及调整的各项目金额。对上期比较数据进行调整不可行的，应当在附注中披露不能调整的原因。调整不可行是指企业在作出所有合理努力后仍然不能采用某项规定。

（六）企业应当在财务报表的显著位置至少披露下列各项

（1）编报企业的名称；

（2）资产负债表日或财务报表涵盖的会计期间；

（3）人民币金额单位；

（4）财务报表是合并报表的，应当标明。

（七）企业至少应当按年编制财务报表

年度财务报表涵盖的期间短于一年的，应当披露年度财务报表的涵盖期间，以及短于一年的原因。

四、会计报表的种类

按照会计准则的规定，会计报表至少应当包括资产负债表、利润表、现金流量表、所有者权益变动表以及附注。会计报表可以根据不同标准进行分类，以区别其性质和内容。

（一）按反映的经济内容分类

（1）反映财务状况的报表。反映财务状况的报表指用来反映企业在一定会计期末，

资产、负债及所有者权益等财务状况的报表，如资产负债表。

（2）反映经营成果的会计报表。反映经营成果的会计报表指用来反映企业在一定会计期间，收入、费用和最终经营成果的报表，如损益表。

（3）反映财务状况变动情况的会计报表。反映财务状况变动情况的会计报表指反映企业在一定会计期内，财务状况变动情况的会计报表，如现金流量表。

（二）按编制报表的时间分类

（1）月报。月报指每月月末编制的报表。

（2）季报。季报指每季季末编制的报表。

（3）半年报。半年报指每年年度中期编制的报表。

（4）年报。年报指每年年末编制的报表。

其中半年报、季报和月报统称为中期会计报表。资产负债表、利润表和现金流量表一般均报送中期报表和年度报表，所有者权益变动表为年度报表。

（三）按反映资金运动的状态分类

（1）静态报表。静态报表指反映资金运动处于相对静止状态时的会计报表，它用来反映企业经营中资产与负债的分布与来源的状况。资产负债表是典型的静态报表。

（2）动态报表。动态报表指反映资金运动显著变动状态的会计报表，它用来反映资金的投入与退出，以及资金在企业内部周转运动的情况。损益报表、现金流量表等都是动态报表。

（四）按编报报表的单位分类

（1）单位报表。单位报表指由基层独立核算单位编制的会计报表。

（2）汇总报表。汇总报表指由主管部门和财政部门根据基层报表逐级汇总编制的会计报表。

（3）合并报表。合并报表指由投资企业编制的，将投资企业和接受投资的企业作为一个会计主体，综合反映投资企业和接受投资的企业（即企业集团）整体经营成果、财务状况及其变动情况的会计报表。投资企业编制合并会计报表时，并不是将其所有的被投资企业均纳入合并范围，纳入合并范围的只是投资企业拥有实质性控制权的被投资企业。本章的重点是阐述独立核算企业编制的单位会计报表。

（五）按报表提供对象划分

（1）对外报表。对外报表，即向企业以外的单位、机构或个人提供的会计报表，主要是资产负债表、利润表和现金流量表，其格式和内容由财政部规定。

（2）对内报表。对内报表是指为了满足企业内部管理的需要，而向企业内部各管理机构报送的报表。如"制造费用表""商品产品成本表"等，其格式、编制方法以及内容由企业根据内部管理的需要自行规定。但两者都必须遵守会计核算的基本原则，保证会计信息的真实、可靠。

第二节　资产负债表

一、资产负债表的意义

资产负债表是反映企业在某一特定日期财务状况的报表。某一特定日期是指编制报表这一天，因此说资产负债表是静态报表。财务状况主要是指企业资产、负债、所有者权益的总额、构成以及各项目之间的合理组合。资产负债表根据"资产＝负债＋所有者权益"这一基本公式，依照一定的分类标准和一定的次序，把企业在某一特定日期的资产、负债和所有者权益项目予以适当排列编制而成。

资产负债表是主要的会计报表之一，它所提供的会计信息是国家宏观管理和企业内部管理、制定决策所必需的资料，企业的投资者和债权人也要分别从不同的角度来利用它。每一会计主体都必须以月、季、半年以及年度为期间编制资产负债表，及时为有关部门和有关人员提供企业的会计信息，作为企业投资人、债权人、国家管理部门和各级管理人员进行投资、信贷及经营决策的依据。

资产负债表是以企业的资产、负债和所有者权益的静态状况来说明企业某一特定日期的财务状况，因而资产负债表又称财务状况表。利用资产负债表的资料，可以了解企业拥有或控制的资产总额及其构成情况、企业负债和所有者权益状况；评价企业的偿债能力和筹资能力；考察企业资本的保全和增值情况；分析企业财务结构的优劣和负债经营的合理程度；预测企业未来的财务状况和财务安全程度等。

二、资产负债表的内容和结构

（一）资产负债表的内容

资产负债表是反映企业在某一特定日期全部资产、负债、所有者权益状况的报表，那么资产负债表的内容就应当包括资产、负债和所有者权益三类，各类项目分别列示排列。

（1）资产类项目。资产类项目按其流动性的大小，或按资产变现能力的强弱，分为流动资产和非流动资产两类，并分项列示。

流动资产项目包括货币资金、交易性金融资产、应收账款、预付账款、其他应收款、存货等。

非流动资产项目包括可供出售金融资产、长期股权投资、固定资产、无形资产和其他非流动资产等。

（2）负债类项目。负债类项目按其承担经济义务期限的长短，分为流动负债和非流动负债两类，并分项列示。

流动负债项目包括短期借款、应付账款、预收账款、应付职工薪酬、应交税费、应付利润、其他应付款等。

非流动负债项目包括长期借款、应付债券、长期应付款等。

(3) 所有者权益类项目。所有者权益类项目按其来源一般分为实收资本（或股本）、资本公积、盈余公积、未分配利润等。

(二) 资产负债表的结构

资产负债表由表头和表体两个部分组成。表头部分列示报表的名称、编制单位、编制日期和货币计量单位等内容；表体部分是资产负债表的核心部分，列示资产负债表的具体内容。资产负债表列示具体内容有两种不同的结构方式：一种是账户式，一种是报告式。

(1) 账户式。账户式又称横式。它是依据"资产＝负债＋所有者权益"的会计方程式，利用账户余额相等的形式予以排列的方式。即将资产负债表分为左、右两方（类似于借贷记账法下把账户分为左右两方，故名账户式），左边列示资产项目，右边列示负债及所有者权益项目，左右两方的总计金额相等。我国现行制度规定，各行业广泛使用这一形式，其格式和内容如表8-1所示。

表8-1　　　　　　　　　　　　资产负债表

会企01表

编制单位：　　　　　　　　　　　年　　月　　日　　　　　　　　　　　　单位：元

资产	行次	期末余额	年初余额	负债和所有者权益	行次	期末余额	年初余额
流动资产：				流动负债：			
货币资金	1			短期借款	32		
交易性金融资产	2			交易性金融负债	33		
应收票据	3			应付票据	34		
应收账款	4			应付账款	35		
预付账款	5			预收账款	36		
应收利息	6			应付职工薪酬	37		
应收股利	7			应交税费	38		
其他应收款	8			应付利息	39		
存货	9			应付股利	40		
一年内到期的非流动资产	10			其他应付款	41		
其他流动资产	11			一年内到期的非流动负债	42		
流动资产合计	12			其他流动负债	43		
非流动资产：				流动负债合计	44		
可供出售金融资产	13			非流动负债：			
持有至到期资产	14			长期借款	45		
长期应收款	15			应付债券	46		
长期股权投资	16			长期应付款	47		
投资性房地产	17			专项应付款	48		

表8－1(续)

资　产	行次	期末余额	年初余额	负债和所有者权益	行次	期末余额	年初余额
固定资产	18			预计负债	49		
在建工程	19			递延所得税负债	50		
工程物资	20			其他非流动负债	51		
固定资产清理	21			非流动负债合计	52		
生产性生物资产	22			负债合计	53		
油气资产	23			所有者权益（或股东权益）：			
无形资产	24			实收资本（或股本）	54		
开发支出	25			资本公积	55		
商誉	26			减：库存股	56		
长期待摊费用	27			盈余公积	57		
递延所得税资产	28			未分配利润	58		
其他非流动资产	29			所有者权益(或股东权益)合计	59		
非流动资产合计	30				60		
资产总计	31			负债或所有者权益（或股东权益）合计	61		

按照会计准则的要求，企业在填制账户式资产负债表时，正表中每一项目均要求填列年初余额和期末余额两个数字，分别反映本年初即上年末的财务状况和本期末（月末或年末）的财务状况，其目的在于方便报表使用者进行对比分析。所以账户式资产负债表实际上是一张比较资产负债表。

（2）报告式。报告式又称竖式或垂直式，它是依据"资产－负债＝所有者权益"的会计方程式，采用垂直排列方式排列的资产负债表。即将资产负债表由上而下，分别列示其资产、负债、所有者权益项目，采取上下对照平衡原理而设计的一种形式。其简化格式见表8－2。

表8－2　　　　　　　　　　资产负债表（报告式）　　　　　　　　　　单位：元

资　产	金　额
流动资产	40 000.00
长期投资	10 000.00
固定资产	80 000.00
无形资产	9 000.00
其他资产	1 000.00
资产合计	140 000.00
负债	
流动负债	30 000.00

表8-2(续)

资　　产	金　　额
长期负债	20 000.00
负债合计	50 000.00
净资产	90 000.00
所有者权益	
实收资本	75 000.00
资本公积	5 000.00
盈余公积	5 000.00
未分配利润	5 000.00
所有者权益合计	90 000.00

账户式资产负债表和报告式资产负债表在国外都被广泛地应用。我国主要采用账户式的资产负债表。其原因：一是账户式资产负债表反映资产、负债和所有者权益关系比较直观，其提供的会计信息清晰明了；二是我国广大会计人员对账户式会计报表已经习惯，比较熟悉。

三、资产负债表的填列方法

(一)"年初余额"的填列

"年初余额"的填列栏各项目的数字，应根据上年末资产负债表"期末余额"栏内所列数字填列。如果本年度资产负债表规定的各个项目的名称和内容同上年度不相一致，应对上年年末资产负债表各项目的名称和数字按照本年度的规定进行调整，填入本表"年初余额"栏内。

(二)"期末余额"的填列

"期末余额"栏各项目的数字，应根据会计账簿记录填列。其中部分项目是根据总分类账簿中有关科目的期末余额直接填列，如"应收票据""短期借款"等；有些项目要根据几个总分类账户期末余额计算填列，如"货币资金"项目是根据"库存现金""银行存款"以及"其他货币资金"等科目的期末余额合计填列；有些项目要根据总分类账户所属明细分类账户余额分析、计算后填列，如"应收账款"项目要根据"应收账款"与"预收账款"等科目明细分类账的期末借方余额合计填列；有些项目直接根据总分类账户和明细分类账户余额分析、计算填列，如"一年内到期的非流动资产""一年内到期的非流动负债"等；有些项目是根据总账科目与其备抵科目抵销后的净额填列，如"固定资产项目"是根据"固定资产"科目的余额减去"累计折旧""固定资产减值准备"等科目的期末余额后的金额填列；还有些项目要根据资产负债表内有关项目的数额计算填列，如"流动资产合计""非流动负债合计"等。

(三)各项目的具体填列方法

(1)"货币资金"项目，反映企业期末持有的库存现金、银行存款和其他货币资金等总额。

例8-1 某企业2011年12月31日结账后的"库存现金"科目余额为8 000元,"银行存款"科目余额为3 800 000元,"其他货币资金"科目余额为1 200 000元。

该企业2011年12月31日资产负债表中的"货币资金"项目金额为:

8 000+3 800 000+1 200 000=5 080 000(元)

即企业应当按照"库存现金""银行存款"和"其他货币资金"三个总账科目余额加总后的金额,作为资产负债表中"货币资金"项目的金额。

(2)"交易性金融资产""应收票据""应收账款""预付款项""应收利息""应收股利""其他应收款""存货"、"可供出售金融资产""持有至到期投资""长期应收款""长期股权投资""投资性房地产""固定资产""在建工程""工程物资""固定资产清理""生产性生物资产""油气资产""无形资产""开发支出""商誉""长期待摊费用""递延所得税资产""其他非流动资产"等项目,反映企业期末持有的相应资产的账面余额扣减累计折旧(折耗)、累计摊销、累计减值准备后的账面价值。

例8-2 某企业2011年12月31日结账后的"交易性金融资产"科目下"成本"明细账为借方余额120 000元,"公允价值变动"明细账为贷方余额20 000元。该企业2011年12月31日资产负债表中的"交易性金融资产"项目金额为100 000元。

本例中,由于企业是以公允价值计量交易性金融资产,每期交易性金融资产价值的变动,无论上升还是下降,均已直接调整"交易性金融资产"科目金额,因此,企业应按"交易性金融资产"总账科目余额填列在资产负债表中。

例8-3 某企业2011年12月31日结账后有关科目所属明细科目借贷方余额如表8-3所示。

表8-3   单位:元

科目名称	明细科目借方余额合计	明细科目贷方合计
应收账款	1 500 000	100 000
预付账款	600 000	80 000
应付账款	500 000	1 600 000
预收账款	800 000	1 200 000

需要说明的是:"应收账款"项目,需要根据"应收账款"和"预收账款"两个科目所属的相关明细科目的期末借方余额计算填列;相应的,"应付账款"项目,需要根据"应付账款"和"预付账款"两个科目所属的相关明细科目的期末贷方余额计算填列。

该企业2011年12月31日资产负债表中相关项目的金额为:

"应收账款"项目金额为:1 500 000+800 000=2 300 000(元)

"预付账款"项目金额为:600 000+500 000=1 100 000(元)

"应付账款"项目金额为:1 600 000+80 000=1 680 000(元)

"预收账款"项目金额为：1 200 000 + 100 000 = 1 300 000（元）

例8-4 某企业2011年12月31日结账后的"固定资产"科目余额为1 800 000元，"累计折旧"科目余额为100 000元，"固定资产减值准备"科目余额为120 000元。

该企业2011年12月31日资产负债表中的"固定资产"项目金额为：

1 800 000 - 100 000 - 120 000 = 1 580 000（元）

例8-5 某企业2011年12月31日结账后"应收账款"科目所属各明细科目的期末借方余额合计500 000元，贷方余额合计100 000元，对应收账款计提的坏账准备为40 000元，假定"预收账款"科目所属明细科目无借方余额。

该企业2011年12月31日资产负债表中的"应收账款"项目金额为：

500 000 - 40 000 = 460 000（元）

本例中，企业应当以"应收账款"科目所属明细科目借方余额500 000元，减去对应收账款计提的坏账准备40 000元后的净额，作为资产负债表"应收账款"项目的金额，即460 000元。应收账款科目所属明细科目贷方余额100 000元，应与"预收账款"科目所属明细科目贷方余额加总，填列为"预收款项"项目。

例8-6 企业2011年12月31日"生产成本"借方余额600 000元，"原材料"借方400 000元，"材料成本差异"贷方余额1 000元，"委托代销商品"借方余额300 000元，"工程物资"借方余额200 000元，"存货跌价准备"贷方余额5 000元，则资产负债表"存货"项目的金额计算如下：

"存货"项目的金额 = 600 000 + 400 000 + 300 000 - 1 000 - 5 000 = 1 294 000（元）

"工程物资"在资产负债表中单独列示。

例8-7 某企业采用计划成本核算材料，2011年12月31日结账后有关科目余额为："材料采购"科目余额为100 000元（借方），"原材料"科目余额为4 400 000（借方），"周转材料"科目余额为1 500 000元（借方），"库存商品"科目余额为2 000 000元（借方），"生产成本"科目余额为600 000元（借方），"材料成本差异"科目余额为100 000元（贷方），"存货跌价准备"科目余额为200 000元。

该企业2008年12月31日资产负债表中的"存货"项目金额为：

100 000 + 4 400 000 + 1 500 000 + 2 000 000 + 600 000 - 100 000 - 200 000 = 8 300 000(元)

企业应当以"材料采购"（表示在途材料采购成本）"原材料""周转材料"（比如包装物和低值易耗品等）"库存商品""生产成本"（表示期末在产品金额）各总账科目余额加总后，加上或减去"材料成本差异"总账科目的余额（若为贷方余额，应减去；若为借方余额，应加上），再减去"存货跌价准备"总账科目余额后的净额，作为资产负债表中"存货"项目的金额。

"存货"项目还反映建造承包商的"工程施工"期末余额大于"工程结算"期末余额的差额。

例8-8 某企业2011年12月31日结账后的"其他应收款"科目余额为63 000元，"坏账准备"科目中有关其他应收款计提的坏账准备为3 000元。

该企业2011年12月31日资产负债表中的"其他应收款"项目金额为：

63 000 - 3 000 = 60 000（元）

本例中，企业应当以"其他应收款"总账科目余额，减去"坏账准备"科目中为其他应收款计提的坏账准备金额后的净额，作为资产负债表中"其他应收款"的项目金额。

例 8-9 某企业 2011 年 12 月 31 日结账后的"长期股权投资"科目余额为 1 200 000元，"长期股权投资减值准备"科目余额为 160 000 元。

该企业 2011 年 12 月 31 日资产负债表中的"长期股权投资"项目金额为：

1 200 000 - 16 000 = 1 040 000（元）

例 8-10 某企业 2011 年 12 月 31 日结账后的"固定资产"科目余额为 1 800 000元，"累计折旧"科目余额为 100 000 元，"固定资产减值准备"科目余额为 200 000 元。

该企业 2011 年 12 月 31 日资产负债表中的"固定资产"项目金额为：

1 800 000 - 100 000 - 200 000 = 1 500 000（元）

本例中，企业应当以"固定资产"总账科目余额，减去"累计折旧"和"固定资产减值准备"两个备抵类总账科目余额后的净额，作为资产负债表中"固定资产"的项目金额。

例 8-11 某企业 2011 年交付安装的设备价值为 300 000 元，未完建筑安装工程已经耗用的材料 50 000 元，工资费用支出 70 000 元，"在建工程减值准备"科目余额为 10 000 元，安装工作尚未完成。

该企业 2011 年 12 月 31 日资产负债表中的"在建工程"项目金额为：

300 000 + 50 000 + 70 000 - 10 000 = 410 000（元）

本例中，企业应以"在建工程"总账科目余额，减去为该项工程已计提的减值准备总账科目余额后的净额，作为资产负债表中"在建工程"的项目金额。

例 8-12 某企业 2011 年 12 月 31 日结账后的"无形资产"科目余额为 480 000元，"累计摊销"科目余额为 240 000 元，"无形资产减值准备"科目余额为 20 000 元。

该企业 2011 年 12 月 31 日资产负债表中的"无形资产"项目金额为：

480 000 - 240 000 - 20 000 = 220 000（元）

本例中，企业应当以"无形资产"总账科目余额，减去"累计摊销"和"无形资产减值准备"两个备抵类总账科目余额后的净额，作为资产负债表中"无形资产"的项目金额。

（3）"一年内到期的非流动资产"项目，反映长期应收款、持有至到期投资、长期待摊费用等资产中将于一年内到期或摊销完毕的部分。"其他非流动资产"项目，反映企业期末持有的"衍生工具""套期工具""被套期项目"等。融资租赁出租方以及分期收款销售且实质上具有融资性质的"长期应收款"项目，反映扣减相应的"未实现融资收益"后的净额（折现值）。有公益性生物资产的企业，应增设"公益性生物资产"项目，列在"生产性生物资产"项目之后。

例 8-13 某企业 2011 年"长期待摊费用"科目的期末余额为 485 000 元，将于一年内摊销的数额为 200 000 元。

该企业 2011 年 12 月 31 日资产负债表中的"长期待摊费用"项目金额为：

485 000 - 20 000 = 285 000（元）

本例中，企业应当根据"长期待摊费用"总账科目余额 485 000 元，减去将于一年内摊销的金额 200 000 元，作为资产负债表中"长期待摊费用"项目的金额，即 285 000 元。将于一年内摊销完毕的 200 000 元，应当填列在流动资产下"一年内到期的非流动资产"项目中。

（4）"短期借款""交易性金融负债""应付票据""应付账款""预收款项""应付职工薪酬""应交税费""应付利息""应付股利""其他应付款""其他流动负债""长期借款""应付债券""长期应付款""专项应付款""递延所得税负债""预计负债"等项目，通常反映企业期末尚未偿还的各项负债的账面余额。

例 8 - 14 某企业 2011 年 12 月 31 日应付 A 企业商业票据 30 000 元，应付 B 企业商业票据 50 000 元，应付 C 企业商业票据 600 000 元，尚未支付。

该企业在 2011 年 12 月 31 日资产负债表中"应付票据"项目金额为：

30 000 + 50 000 + 600 000 = 680 000（元）

本例中，企业直接以"应付票据"总账科目余额填列在资产负债表中。

例 8 - 15 某企业 2011 年 12 月 31 日应付管理人员工资 300 000 元，应付车间工作人员工资 50 000 元，应计提福利费计提比例为 10%，无其他应付职工薪酬项目。

企业 2011 年 12 月 31 日资产负债表中"应付职工薪酬"项目金额为：

（300 000 + 50 000）×（1 + 10%）= 385 000（元）

管理人员工资、车间工作人员工资和福利费都属于职工薪酬的范围，应当以各种应付未付职工薪酬加总后的金额，即"应付职工薪酬"总账科目余额填列在资产负债表中。

例 8 - 16 某企业 2011 年 12 月 1 日购入原材料一批，价款 200 000 元，增值税 34 000 元，款项已付，材料已验收入库，当年根据实现的产品销售收入计算的增值税销项税额为 50 000 元。该月转让一项专利，需要交纳营业税 40 000 元尚未支付，没有其他未支付的税费。

该企业 2011 年 12 月 31 日资产负债表中"应交税费"项目金额为：

50 000 - 34 000 + 40 000 = 56 000（元）

本例中企业只有未付增值税和营业税两项：由于本期应交增值税为销项税额减进项税额，即 16 000（50 000 - 34 000）元，加上未缴纳的营业税 40 000 元，作为资产负债表中"应交税费"的项目金额，即 56 000 元。

（5）"应付账款"项目还反映建造承包商的"工程施工"期末余额小于"工程结算"期末余额的差额。"一年内到期的非流动负债"项目，反映长期应付款、长期借款、应付债券、预计负债等负债中将于一年内到期的部分。"其他流动负债"项目，反映企业期末持有的"衍生工具""套期工具""被套期项目"以及"递延收益"中将于一年内到期的部分等。"长期应付款"项目，反映企业除长期借款、应付债券外的其他各种长期应付款项。其中，融资租赁承租方以及分期付款购买固定资产且实质上具有融资性质的，反映扣减相应的"未实现融资费用"后的净额（折现值）。

例8-17 某企业长期借款情况如表8-4所示。

表8-4

借款起始日期	借款期限（年）	金额（元）
2011年1月1日	3	1 000 000
2009年1月1日	5	2 500 000
2008年6月1日	4	1 000 000

该企业2011年12月31日资产负债表中"长期借款"项目金额为：
1 000 000 + 2 500 000 = 3 500 000（元）

企业应当根据"长期借款"总账科目余额4 500 000（1 000 000 + 2 500 000 + 1 000 000）元，减去一年内到期的长期借款1 000 000元，作为资产负债表中"长期借款"项目的金额，即3 500 000元。将在一年内到期的长期借款1 000 000元，应当填列在流动负债下"一年内到期的非流动负债"项目中。

（6）"实收资本（或股本）""资本公积""库存股""盈余公积""未分配利润"等项目，通常应反映企业期末持有的接受投资者投入企业的实收资本、企业收购的尚未转让或注销的本公司股份金额、从净利润中提取的盈余公积余额等。以人民币以外的货币作为记账本位币的企业，可以增设"外币报表折算差额"项目，列在"未分配利润"项目之后。

第三节 利润表

一、利润表及其作用

利润表又称损益表，是反映企业在一定期间内（月份、年度）生产经营成果的会计报表。它是以"收入－费用＝利润"会计方程式为理论依据，按照一定的分类标准和次序，把企业某一期间的所有收入、费用进行对比，从而计算出该期的净利润。利润表是一种动态报表。

利润表主要能向有关方面提供以下信息：

（1）企业在一定时期内取得的营业收入、营业外收入、投资净收益等。

（2）企业在同一时期为取得上述收入所发生的全部费用和支出，包括营业成本、销售费用、营业税金及附加、管理费用、财务费用、营业外支出、所得税费用等。

（3）上述收支相抵后，企业在一定时期内形成的净利润或净亏损。

通过利润表反映的收入、成本、费用和支出情况，能够反映生产经营的收益情况和各种耗费情况，表明企业生产经营成果；同时，通过利润表提供的不同时期的数字对比，可以分析企业今后的利润发展趋势、获利能力，分析企业的保本增值能力。

二、利润表的内容和结构

利润表能够反映企业在一定会计期间的利润形成情况，能够综合反映一定期间收入、费用以及经营成果。利润表按利润形成进行排列，其格式有多步式和单步式两种。

1. 多步式利润表

多步式利润表是通过多个步骤计算求出当期利润。对利润的形成分以下五个层次展开，具体如下：

第一步，根据主营业务收入和其他业务收入计算营业收入；

第二步，从营业收入出发，计算出营业利润：

营业利润＝营业收入－营业成本（主营业务成本＋其他业务成本）－营业税金及附加－销售费用－管理费用－财务费用－资产减值损失＋公允价值变动收益＋投资收益

第三步，在营业利润的基础上，计算出利润总额，即税前利润：

利润总额＝营业利润＋营业外收入－营业外支出

第四步，在利润总额的基础上，计算出净利润，即税后利润：

净利润＝利润总额－所得税费用

第五步，根据净利润计算每股收益：

每股收益包括基本每股收益和稀释每股收益。基本公式为：

每股收益＝净利润/普通股总股数

利润表的内容和格式如表8－5所示。

多步式利润表中，利润形成的排列格式注意了收入与费用支出配比的层次性，这样便于对企业生产经营情况进行分析，有利于不同企业之间进行比较，更重要的是利用多步式利润表有利于预测企业今后的盈利能力，因而被普遍采用。我国企业会计准则规定利润表采用多步式格式。

2. 单步式利润表

单步式利润表是将本期所有收入加在一起，然后再把所有费用加在一起，两者相减，一次性计算出当期净损益，在此基础上计算出每股收益。其格式见表8－6。

表8－5　　　　　　　　　　利润表（多步式）

会企：02表

编制单位：　　　　　　　　　　＿＿＿年＿＿月　　　　　　　　　　单位：元

项　　目	行次	本期金额	上期金额
一、营业收入			
减：营业成本			
营业税金及附加			
销售费用			
管理费用			
财务费用			

表8-5(续)

项　　目	行次	本期金额	上期金额
资产减值损失			
加：公允价值变动收益（损失以"－"号填列）			
投资收益（损失以"－"号填列）			
其中：对联营企业和合营企业的投资收益			
二、营业利润（亏损以"－"号填列）			
加：营业外收入			
减：营业外支出			
其中：非流动资产处置损失			
三、利润总额（亏损总额以"－"号填列）			
减：所得税费用			
四、净利润（净亏损以"－"号填列）			
五、每股收益			
（一）基本每股收益			
（二）稀释每股收益			

表8-6　　　　　　　　　　利润表（单步式）

编制单位：　　　　　　　　　　　年　　月　　　　　　　　　　　　　单位：元

项　　目	行次	本期金额	上期金额
一、营业收入			
加：公允价值变动收益（损失以"－"号填列）			
投资收益（损失以"－"号填列）			
其中：对联营企业和合营企业的投资收益			
营业外收入			
减：营业成本			
营业税金及附加			
销售费用			
管理费用			
财务费用			
资产减值损失			
营业外支出			
其中：非流动资产处置损失			
所得税费用			
二、净利润（净亏损以"－"号填列）			
三、每股收益			
（一）基本每股收益			
（二）稀释每股收益			

三、利润表有关项目的列示说明

利润表中的"上期金额"栏,应根据上期利润表中的"本期金额"栏内所列数字填列。如果本期利润表规定的各个项目的名称和内容同上期不相一致,应对上期利润表各项目的名称和数字按照本期的规定进行调整,填入本表"上期金额"栏内。

利润表中的"本期金额"栏是根据损益类账户的本期发生额编制的。

1. "营业收入"项目,反映企业经营主要业务和其他业务所确认的收入总额

例8-18 某企业2011年度"主营业务收入"科目的贷方发生额为30 000 000元,因11月份发生的购买方退货形成借方发生额为200 000元,"其他业务收入"科目的贷方发生额为2 000 000元。

该企业2011年度利润表中"营业收入"的项目金额为:

30 000 000 - 200 000 + 2 000 000 = 31 800 000(元)

企业一般应当以"主营业务收入"和"其他业务收入"两个总账科目的贷方发生额之和,作为利润表中"营业收入"项目金额。当年发生销售退回的,以应冲减销售退回主营业务收入后的金额,填列"营业收入"项目。

2. "营业成本"项目,反映企业经营主要业务和其他业务发生的实际成本总额

"营业税金及附加"项目,反映企业经营业务应负担的营业税、消费税、城市维护建设税、资源税、土地增值税和教育费附加等。"销售费用"项目,反映企业在销售商品过程中发生的包装费、广告费等费用和为销售本企业商品而专设的销售机构的职工薪酬、业务费等经营费用。"管理费用"项目,反映企业为组织和管理生产经营发生的管理费用。"财务费用"项目,反映企业筹集生产经营所需资金等而发生的筹资费用。"资产减值损失"项目,反映企业各项资产发生的减值损失。发生勘探费用的企业,应在"管理费用"和"财务费用"项目之间增设"勘探费用"项目。

例8-19 某企业2011年度"主营业务成本"科目的借方发生额为25 000 000元;2011年12月8日,当年8月销售给某单位的一批产品由于质量问题被退回,该项销售已确认成本1 000 000元;"其他业务成本"科目借方发生额为500 000元。

该企业2007年度利润表中的"营业成本"的项目金额为:

25 000 000 - 1 000 000 + 500 000 = 24 500 000(元)

企业一般应当以"主营业务成本"和"其他业务成本"两个总账科目的借方发生额之和,作为利润表中"营业成本"的项目金额。当年发生销售退回的,应当减去销售退回商品成本后的金额,填列"营业成本"项目。

例8-20 某企业2011年12月31日"资产减值损失"科目当年借方发生额为650 000元,贷方发生额为300 000元。

该企业2011年度利润表中"资产减值损失"的项目金额为:

650 000 - 300 000 = 350 000(元)

企业应当以"资产减值损失"总账科目借方发生额减去贷方发生额后的余额作为利润表中"资产减值损失"的项目金额。

3. "公允价值变动收益"项目，反映企业交易性金融资产、交易性金融负债以及采用公允价值模式计量的投资性房地产等公允价值变动形成的应计入当期损益的利得或损失。

"投资收益"项目，反映企业以各种方式对外投资所取得的收益。其中，"对联营企业和合营企业的投资收益"项目，反映采用权益法核算的对联营企业和合营企业投资在被投资单位实现的净损益中应享有的份额（不包括处置投资形成的收益）。

例 8-21 某企业 2011 年"公允价值变动损益"科目贷方发生额为 980 000 元，借方发生额为 100 000 元。

该企业 2011 年度利润表中"公允价值变动收益"的项目金额为：

980 000 - 100 000 = 880 000（元）

企业应当以"公允价值变动损益"总账科目贷方发生额减去借方发生额后的余额，作为利润表中"公允价值变动收益"的项目金额，若相减后为负数，表示公允价值变动损失，以"-"号填列。

4. "营业外收入""营业外支出"项目

"营业外收入""营业外支出"项目反映企业发生的与其经营活动无直接关系的各项收入和支出。其中，处置非流动资产损失，应当单独列示。

5. "所得税费用"项目

"所得税费用"项目反映企业根据所得税准则确认的应从当期利润总额中扣除的所得税费用。

6. "基本每股收益"和"稀释每股收益"项目

"基本每股收益"和"稀释每股收益"项目应当反映根据每股收益准则的规定计算的金额。

例 8-22 截止到 2011 年 12 月 31 日，某企业"主营业务收入"科目发生额为 2 000 000 元，"主营业务成本"科目发生额为 600 000 元，"其他业务收入"科目发生额为 500 000 元，"其他业务成本"科目发生额为 300 000 元，"营业税金及附加"科目发生额为 720 000 元，"销售费用"科目发生额为 80 000 元，"管理费用"科目发生额为 48 000 元，"财务费用"科目发生额为 12 500 元，"资产减值损失"科目借方发生额为 50 000 元（无贷方发生额），"公允价值变动损益"科目为借方发生额 420 000 元（无贷方发生额），"投资收益"科目贷方发生额为 1 050 000 元（无借方发生额），"营业外收入"科目发生额为 150 000 元，"营业外支出"科目发生额为 40 000 元，"所得税费用"科目发生额为 357 375 元。

该企业 2011 年度利润表中营业利润、利润总额和净利润的计算过程如下：

营业利润 = 2 000 000 + 500 000 - 600 000 - 300 000 - 720 000 - 80 000 - 48 000
    - 12 500 - 50 000 - 420 000 + 1 050 000 = 1 319 500（元）

利润总额 = 1 319 500 + 150 000 - 40 000 = 1 429 500（元）

净利润 = 1 429 500 - 357 375 = 1 072 125（元）

企业应当根据编制利润表的多步式步骤，确定利润表中各主要项目的金额，相关计算公式如下：

①营业利润＝营业收入－营业成本－营业税金及附加－销售费用－管理费用－财务费用－资产减值损失＋公允价值变动收益（或－公允价值变动损失）＋投资收益（或－投资损失）其中，营业收入＝主营业务收入＋其他业务收入营业成本＝主营业务成本＋其他业务成本

②利润总额＝营业利润＋营业外收入－营业外支出

③净利润＝利润总额－所得税费用

四、每股收益

普通股或潜在普通股已公开上市交易的企业以及正处于公开发行普通股或潜在普通股过程中的企业，应当在利润表中分别列示基本每股收益和稀释每股收益，并在附注中披露下列相关信息：

（1）基本每股收益和稀释每股收益分子、分母的计算过程；

（2）列报期间不具有稀释性但以后期间很可能具有稀释性的潜在普通股；

（3）在资产负债表日至财务报表批准报出日之间，企业发行在外普通股或潜在普通股发生重大变化的情况。

（一）基本每股收益

基本每股收益仅考虑当期实际发行在外的普通股股份，以归属于普通股股东的当期净利润除以当期实际发行在外的普通股总股数，所得到的加权平均数。

计算基本每股收益时，分子为归属于普通股股东的当期净利润，即企业当期实现的可供普通股股东分配的净利润或应由普通股股东分担净亏损金额。发生亏损的企业，每股收益以负数列示。以合并财务报表为基础计算的每股收益，分子应当是归属于母公司普通股股东的合并净利润，即扣减少数股东损益后的余额。

计算基本每股收益时，分母为当期实际发行在外普通股的加权算术平均数，即当期发行在外的普通股股数根据当期新发行或回购的普通股股数乘以其发行在外的时间权重计算的股数进行调整后的数量。

$$\text{发行在外普通股加权平均数} = \text{期初发行在外普通股股数} + \text{当期新发行普通股股数} \times \text{已发行时间} \div \text{报告期时间} - \text{当期回购普通股股数} \times \text{已回购时间} \div \text{报告期时间}$$

已发行时间、报告期时间和已回购时间一般按天数计算，在不影响计算结果合理性的前提下，也可以采用简化计算方法。

例8－23 A公司2010年初发行在外的普通股20 000万股；于3月17日发行普通股6 000万股；10月23日回购普通股2 000万股。公司2010年实现净利润5 200万元。则：

2010年发行在外普通股＝20 000＋6 000×290÷365－2 000×70÷365

＝24 383.56（万股）

2010年基本每股收益 = 5 200 ÷ 24 383.56 = 0.213（元）

（二）稀释每股收益

企业存在稀释性潜在普通股的，应当根据其影响分别调整归属于普通股股东的当期净利润以及发行在外普通股的加权平均数，并据以计算稀释每股收益。计算稀释每股收益时，假设潜在普通股在当期期初已经全部转换为普通股，如果潜在普通股为当期发行的，则假设在发行日就全部转换为普通股，据此计算稀释每股收益。

潜在普通股是指赋予其持有者在报告期或以后期间享有取得普通股权利的一种金融工具或其他合同。目前，我国企业发行的潜在普通股主要有可转换公司债券、认股权证、股份期权等。

稀释性潜在普通股，是指假设当期转换为普通股会减少每股收益的潜在普通股。

1. 分子的调整

计算稀释每股收益，应当根据下列事项对归属于普通股股东的当期净利润进行调整：①当期已确认为费用的稀释性潜在普通股的利息；②稀释性潜在普通股转换时将产生的收益或费用。这些调整内容应当考虑相关的所得税影响。

2. 分母的调整

计算稀释每股收益时，当期发行在外普通股的加权平均数应是计算基本每股收益时普通股的加权平均数与假定稀释性潜在普通股转换为已发行普通股而增加的普通股股数的加权平均数之和。

例8-24 上例中的A公司，假定其在2010年3月1日发行了票面年利率为3%的可转换公司债券50 000万元，每100元债券可转换为10股面值为1元的普通股。所得税税率为33%，假定不考虑可转换公司债券在负债和权益成分之间的分拆。则2010年：

基本每股收益 = 5 200 ÷ 24 383.56 = 0.213（元）

在发行之日转换将增加净收益 = 50 000 × 3% × 10 ÷ 12 × (1 - 33%)
　　　　　　　　　　　　　= 837.5（万元）

在发行之日转换将增加普通股 = (50 000 ÷ 100 × 10) × 10 ÷ 12 = 4 166.67（万股）

稀释每股收益 = (5 200 + 837.5) ÷ (24 383.56 + 4 166.67) = 0.211（元）

3. 对作为分母的普通股加权平均数进行调整

对于稀释性认股权证、股份期权，计算稀释每股收益时，一般无需调整作为分子的净利润额，只需要按照下列步骤对作为分母的普通股加权平均数进行调整：

（1）假设这些认股权证、股份期权在当期期初（或晚于当期期初的发行日）已经行权，计算按约定行权价格发行普通股将取得的收入金额。

（2）假设按照当期普通股平均市场价格发行普通股，计算需发行多少普通股能够带来上述相同的收入。

（3）比较行使认股权证、股份期权将发行的普通股股数与按照平均市场价格发行的普通股股数，差额部分相当于无对价发行的普通股，作为发行在外普通股股数的净增加额。

$$\begin{aligned}\text{增加的普通}\\ \text{股股数}\end{aligned} = \begin{aligned}\text{拟行权时转换}\\ \text{的普通股股数}\end{aligned} - \begin{aligned}\text{行权}\\ \text{价格}\end{aligned} \times \begin{aligned}\text{拟行权时转换}\\ \text{的普通股股数}\end{aligned} \div \begin{aligned}\text{当期普通股}\\ \text{平均市场价格}\end{aligned}$$

稀释性潜在普通股应当按照其稀释程度从大到小的顺序计入稀释每股收益，直至稀释每股收益达到最小值。

例8－25 假设B公司2010年度归属于普通股股东的当期净利润为8 500万元，发行在外普通股的加权平均数为30 000万股，其平均市场价格为5元。2006年初公司对外发行5 000万份认股权证，行权日为2011年3月1日，每份认股权证可以在行权日以4.5元的价格认购该公司1股新发行的股份。则该公司2010年：

基本每股收益 = 8 700 ÷ 30 000 = 0.29（元）

认股权证在发行日行权增加的普通股股数 = 5 000 - 5 000 × 4.5 ÷ 5 = 500（万股）

稀释每股收益 = 8 700 ÷ （30 000 + 500） = 0.285（元）

（三）重新计算

企业派发股票股利、公积金转增资本、拆股或并股等，会增加或减少其发行在外的普通股或潜在普通股的数量，但并不影响其净利润额，不影响企业拥有或控制的经济资源也不改变企业的盈利能力，也就意味着同样的损益要由扩大了或缩小了的股份规模来分享。因此，为了保持会计指标的前后可比性，应当按照调整后的股数重新计算各会计期间的每股收益。上述变化发生于资产负债表日至财务报告批准报出日之间的，应当以调整后的股数重新计算各会计期间的每股收益。

例8－26 C公司2009年、2010年归属于普通股股东的净利润分别为4 500万元、5 800万元。2009年初发行在外的普通股10 000万股，2009年4月初按市价新发行普通股3 000万股，2010年7月1日分派股票股利，以2009年年末的总股本13 000万股为基数每10股送3股，假设不存在其他股份变动因素。则：

重新计算的2009年发行在外普通股的加权平均数 = （10 000 + 3 000 × 9 ÷ 12）× 1.3 = 15 925（万股）

重新计算的2009年基本每股收益 = 4 500 ÷ 15 925 = 0.283（元）

2010年发行在外普通股的加权平均数 = （10 000 + 3 000）× 1.3 = 16 900（万股）

2010年基本每股收益 = 5 800 ÷ 16 900 = 0.343（元）

第四节　现金流量表

一、现金流量表的意义

现金流量表是反映企业在一定会计期间内有关现金和现金等价物的流入和流出信息的会计报表，是一张动态报表。它在资产负债表和利润表已经反映企业财务状况和经营成果信息的基础上进一步提供财务状况变动信息，凭此信息有助于企业的投资者、债权人和其他会计报表使用者了解企业如何获得现金和现金等价物，评价企业的支付能力、偿债能力和周转能力，有利于准确预测企业未来的现金流量，分析企业收益质量及影响现金净流量的因素。

二、现金流量表的内容

现金流量表所指的现金一般包括现金及现金等价物。其中现金是指企业库存现金以及可以随时用于支付的银行存款，不能随时用于支付的存款不属于现金；现金等价物是指企业持有的期限短、流动性强、易于转换为已知金额现金、价值变动风险很小的投资。期限短，一般是指从购买之日起三个月内到期的可以在市场流通的短期债券投资等。权益性投资变现的金额通常不确定，因而不属于现金等价物。企业应当根据具体情况，确定现金等价物的范围，一经确定不得随意变更。

企业的现金流量是指某一时期内现金和现金等价物流入和流出的数量。

现金流量表的基本内容有三项：

（1）经营活动所产生的现金流量。经营活动是指企业投资活动和筹资活动以外的所有交易和事项，主要包括销售商品、提供劳务、购买商品、支付职工薪酬、交纳各项税费等。通过经营活动产生的现金流量，可以说明企业的经营活动对现金流入和流出的影响程度，判断企业在不动用对外筹集资金的情况下，是否足以维持生产经营、偿还债务、支付股利、对外投资等活动。

（2）投资活动产生的现金流量。投资活动是指企业长期资产的购建和不包括现金等价物范围内的投资及其处置活动。主要包括取得和收回投资、购建和处置固定资产、购买和处置无形资产以及其他长期资产等。通过投资活动产生的现金流量，可以判断投资活动对企业现金流量净额的影响程度。

（3）筹资活动产生的现金流量。筹资活动是指导致企业资本及债务规模和构成发生变化的活动，主要包括发行股票或接收投入资本、分配现金股利、取得和偿还银行借款、发行和偿还公司债券等；通过筹资活动产生的现金流量，可以分析企业通过筹资活动获取现金的能力，判断筹资活动对企业现金流量净额的影响程度。

补充资料有三项：一是将净利润调节为经营活动现金流量；二是不涉及现金收支的投资和筹资活动；三是现金及现金等价物净变动情况。

三、现金流量表格式

现金流量表通常采用报告式结构，其基本格式见表8-7。

表8-7　　　　　　　　　　　现金流量表

会企03表

编制单位：　　　　　　　　　　　　_____年度　　　　　　　　　　单位：元

项　　目	行次	本期金额	上期金额
一、经营活动产生的现金流量：			
销售商品、提供劳务收到的现金			
收到的税费返还			

表8-7(续)

项目	行次	本期金额	上期金额
收到其他与经营活动有关的现金			
经营活动现金流入小计			
购买商品、接受劳务支付的现金			
支付给职工以及为职工支付的现金			
支付的各项税费			
支付其他与经营活动有关的现金			
经营活动现金流出小计			
经营活动产生的现金流量净额			
二、投资活动产生的现金流量：			
收回投资收到的现金			
取得投资收益收到的现金			
处置固定资产、无形资产和其他长期资产收回的现金净额			
处置子公司及其他营业单位收到的现金净额			
收到的其他与投资活动有关的现金			
投资活动现金流入小计			
购建固定资产、无形资产和其他长期资产支付的现金			
投资支付的现金			
取得子公司及其他营业单位支付的现金净额			
支付的其他与投资活动有关的现金			
投资活动现金流出小计			
投资活动产生的现金流量净额			
三、筹资活动产生的现金流量：			
吸收投资收到的现金			
取得借款收到的现金			
收到其他与筹资活动有关的现金			
筹资活动现金流入小计			
偿还债务支付的现金			
分配股利、利润或偿付利息支付的现金			
支付其他与筹资活动有关的现金			
筹资活动现金流出小计			
筹资活动产生的现金流量净额			
四、汇率变动对现金及现金等价物的影响			
五、现金及现金等价物净增加额			
加：期初现金及现金等价物余额			
六、期末现金及现金等价物余额			

四、现金流量表编制说明

现金流量表的编制方法有直接法和间接法两种。直接法是通过现金收入和支出的主要类别，反映来自企业经营活动的现金流量；间接法是根据利润表中的净收益，调整为现金流量，即从净收益中加上未支付现金的支出，如折旧、摊销等，再减去未收到现金的销货应收款等项目，求出实际的现金流量。

《企业会计准则——现金流量表》要求企业采用直接法报告经营活动的现金流量，同时要求在补充资料中用间接法来计算现金流量。采用直接法报告经营活动的现金流量时，企业有关现金流量的信息可从会计记录中直接获得，也可以在利润表中的营业收入、营业成本等数据的基础上，通过调整存货和经营性应收应付项目的变动，以及固定资产折旧、无形资产摊销等项目后获得。现将其主要项目填表方法简述如下：

（一）经营活动产生的现金流量

1. "销售商品、提供劳务收到的现金"项目

该项目一般应包括：当期销售商品或提供劳务所收到的现金（包括增值税销项税额）；当期收到前期销售商品、提供劳务的应收账款或应收票据；当期的预收账款；收回前期核销的坏账损失。减去当期和前期因销货退回而支付的现金。企业销售材料和代购代销业务收到的现金，也在本项目中反映。本项目可根据"库存现金""银行存款""应收账款""应收票据""预收账款""主营业务收入""其他业务收入"等科目的记录分析填列。

根据账户记录分析计算该项目的金额，通常采用以下公式：

销售商品、提供劳务收到的现金 = 当期销售商品、提供劳务收到的现金 + 当期收回前期的应收账款和应收票据 + 当期预收的款项 - 当期销售退回支付的现金 + 当期收回前期核销的坏账损失

例8-27 甲公司本期收到商品销售收入现金120万元；支付客户退货价款5万元；应收账款期初余额为10万元，期末余额为8万元；应收票据期初余额为15万元，期末余额为6万元（均包括增值税款）；当期的预收账款为25万元。则该公司：

销售商品、提供劳务收到的现金 = 120 + (10 - 8) + (15 - 6) + 25 - 5 = 151（万元）

2. "收到的税费返回"项目

本项目反映企业收到返还的各种税费，包括收到的增值税、消费税、营业税、所得税、关税和教育费附加等返还款。本项目可根据"库存现金""银行存款""营业外收入"等科目的记录分析填列。如某公司本期收到出口产品增值税退还5万元，收到消费税退还2万元，共计7万元计入"收到的税费返回"项目。

3. "收到其他与经营活动有关活动的现金"项目

该项目反映企业除了上述各项以外，收到的其他与经营活动有关的现金，如罚款、流动资产损失中的个人赔款、经营租赁租金等。若其中的某项数额较大，应单列项目反映。本项目可根据"库存现金""银行存款""营业外收入"等科目的记录分析填列。

4. "购买商品、接受劳务支付的现金"项目

该项目一般包括：当期购买商品、接受劳务支付的库存现金；当期支付前期的购货应付账款或应付票据（均包括增值税款进项税额）；当期预付的账款；减去购货退回所收到的库存现金。企业代购代销业务支付的现金，也在本项目中反映。本项目可根据"库存现金""银行存款""应付账款""应付票据""预付账款""主营业务成本""其他业务成本"等科目的记录分析填列。

根据账户记录分析计算该项目的金额，通常采用以下公式：

购买商品、接受劳务支付的现金 = 当期购买商品、接受劳务支付的现金 + 当期支付前期的应付账款和应付票据 + 当期预付的款项 - 当期购货退回收到的现金

例 8 - 28 甲公司当期购买原材料支付现金 30 万元；当期支付前期进货应付账款 20 万元；当期预付购货款 3 万元（均包括增值税）。则甲公司：

购买商品、接受劳务所支付的现金 = 30 + 20 + 3 = 53（万元）

5. "支付给职工以及为职工支付的现金"项目

该项目包括本期实际支付给职工的工资、奖金、各种津贴和补贴等，以及为职工支付的养老金、保险金和其他各项费用。企业代扣代缴的职工个人所得税，也在本项目反映。本项目不包括支付给离退休人员的各项费用以及支付给在建工程人员的工资及其他费用。企业支付给离退休人员的各项费用（包括支付的统筹退休金以及未参加统筹的退休人员的费用），在"支付其他与经营活动有关的现金"项目反映；支付给在建工程人员的工资及其他费用，在"购建固定资产、无形资产和其他长期资产所支付的现金"项目反映。本项目可根据"库存现金""银行存款""应付职工薪酬"等科目的记录分析填列。如甲公司支付给经营人员的工资、奖金等支出 5 万元，应列入"经营活动所支付给职工以及为职工支付的现金"项目。

6. "支付的各种税费"项目

本项目反映企业按规定支付的各项税费，包括本期发生并支付的税费，以及本期支付以前各期发生的税费和预交的税金，包括增值税、消费税、营业税、所得税、关税和教育费附加等，但不包括计入固定资产价值、实际支付的耕地占用税，也不包括本期退回的增值税、所得税。本期退回的增值税、所得税在"收到的税费返回"项目反映。本项目可根据"库存现金""银行存款""应交税费"等科目的记录分析填列。

7. "支付的其他与经营活动有关活动的现金"项目

本项目反映企业除了上述各项以外的其他与经营活动有关的现金流出。如经营租赁所支付的租金、支付的罚款、差旅费、业务招待费、保险费等。若其中的某项数额较大，应单列项目反映。本项目可根据"库存现金""管理费用""营业外支出"等科目的记录分析填列。

（二）投资活动产生的现金流量

1. "收回投资收到的现金"项目

本项目反映企业出售、转让或到期收回除现金等价物以外的对其他企业的权益工具、债务工具和合营中的权益等投资收到的现金。收回债务工具实现的投资收益、处

置子公司及其他营业单位收到的现金净额不包括在本项目内。本项目可根据"库存现金""银行存款""可供出售金融资产""持有至到期投资""长期股权投资"等科目的记录分析填列。

2. "取得投资收益收到的现金"项目

本项目反映企业除现金等价物以外的对其他企业的权益工具、债务工具和合营中的权益投资分回的现金股利和利息等，不包括股票股利。本项目可根据"库存现金""银行存款""投资收益"等科目的记录分析填列。

3. "处置固定资产、无形资产和其他长期资产收回的现金净额"项目

本项目反映企业出售、报废固定资产、无形资产和其他长期资产收到的现金（包括因资产毁损而收到的保险赔款），减去为处置这些资产而支付的有关费用后的净额。如果收回的现金净额为负数，则应在"支付的其他与投资活动有关的现金"项目反映。本项目可根据"库存现金""银行存款""固定资产清理"等科目的记录分析填列。

如甲公司出售设备一台，收到价款5万元，支付设备拆卸费用等0.5万元。收到处置固定资产的现金净额为4.5万元（5万元－0.5万元）。

4. "处置子公司及其他营业单位收到的现金净额"项目

本项目反映企业处置子公司及其他营业单位收到的现金，减去相关处置费用以及子公司及其他营业单位持有的现金和现金等价物后的净额。本项目可根据"库存现金""银行存款""长期股权投资"等科目的记录分析填列。

5. "收到其他与投资活动有关的现金"项目

本项目反映企业除了上述各项以外，所收到的其他与投资活动有关的现金流入。如企业收回购买股票和债券时支付的已宣告但尚未领取的现金股利、已到付息期但尚未领取的债券利息。若其中的某项数额较大，应单列项目反映。本项目可根据"库存现金""银行存款""应收股利""应收利息"等科目的记录分析填列。

6. "购建固定资产、无形资产和其他长期资产支付的现金"项目

本项目包括企业购买、建造固定资产，取得无形资产和其他长期资产所支付的现金，以及用现金支付的应由在建工程和无形资产职工薪酬，不包括为购建固定资产而发生的借款利息资本化的部分，以及融资租赁租入固定资产所支付的租金和利息。企业支付的借款利息和融资租赁租入固定资产所支付的租金和利息，在筹资活动产生的现金流量中反映。本项目可根据"库存现金""银行存款""固定资产""在建工程""无形资产"等科目的记录分析填列。

如甲公司购入机器一台，付价款30万元（含增值税），"购建固定资产、无形资产和其他长期资产支付的现金"为30万元。

7. "投资支付的现金"项目

本项目反映企业除现金等价物以外的对其他企业的权益工具、债务工具和合营中的权益投资所支付的现金，以及支付的佣金、手续费等交易费用，但取得子公司及其他营业单位支付的现金净额除外。本项目可根据"库存现金""银行存款""可供出售金融资产""持有至到期投资""长期股权投资"等科目的记录分析填列。

8. "取得子公司及其他营业单位支付的现金净额"项目

本项目反映企业购买子公司及其他营业单位，购买出价中以现金支付部分，减去子公司及其他营业单位持有的现金及现金等价物后的净额。本项目可根据"库存现金""银行存款""长期股权投资"等科目的记录分析填列。

9. "支付其他与投资活动有关的现金"项目

本项目反映企业除上述各项以外，支付的其他与投资活动有关的现金，如企业购买股票和债券时，实际支付的价款中包含有已宣告但尚未领取的现金股利、已到付息期但尚未领取的债券利息等。若其中的某项数额较大，应单列项目反映。本项目可根据"库存现金""银行存款""应收股利""应收利息"等科目的记录分析填列。

(三) 筹资活动产生的现金流量

筹资活动是指导致企业资本及债务规模和构成发生变化的活动。

1. "吸收投资收到的现金"项目

本项目反映企业收到投资者投入的现金。包括发行股票、债券所实际收到的款项，减去直接支付的佣金、手续费、宣传费、咨询费、印刷费等发行费用后的净额。本项目可根据"库存现金""银行存款""实收资本（或股本）"等科目的记录分析填列。

2. "取得借款收到的现金"项目

本项目反映企业举借各种短期、长期借款所收到的现金，根据收入时的实际借款金额计算。企业因借款而发生的借款利息和债券利息列入"分配股利、利润或偿付利息支付的现金"项目。本项目可根据"库存现金""银行存款""短期借款""长期借款"等科目的记录分析填列。

3. "收到其他与筹资活动有关的现金"项目

本项目反映企业除上述各项目外，所收到的其他与筹资活动有关的库存现金流入。如接受现金捐赠等。若其中的某项数额较大，应单列项目反映。本项目可根据"库存现金""银行存款""营业外收入"等科目的记录分析填列。

4. "偿还债务支付的现金"项目

本项目反映企业偿还债务本金所支付的现金，包括归还金融企业借款本金、偿付债券本金等。按当期实际支付的偿债金额填列。企业因借款而发生的借款利息和债券利息列入"分配股利、利润或偿付利息支付的现金"项目，不包括在本项目内。本项目可根据"库存现金""银行存款""短期借款""长期借款""应付债券"等科目的记录分析填列。

如甲公司归还部分金融企业借款 10 万元，偿付利息 3.5 万元。甲公司应列入"偿还债务支付的现金" 10 万元，列入"分配股利、利润或偿还债券支付的现金" 3.5 万元。

5. "分配股利、利润或偿付利息支付的现金"项目

本项目反映企业实际支付的现金股利、支付给其他投资单位的利润以及用现金支付的债券利息、借款利息等。本项目可根据"库存现金""银行存款""短期借款""应付股利""应付利息""财务费用"等科目的记录分析填列。

6. "支付其他与筹资活动有关的现金"项目

本项目反映企业除上述各项目外,所支付的其他与筹资活动有关的现金流出。如捐赠现金支出、融资租入固定资产支付的租赁费等。若其中的某项数额较大,应单列项目反映。本项目可根据"库存现金""银行存款""营业外支出""长期应付款"等科目的记录分析填列。

(四)汇率变动对现金及现金等价物的影响

本项目反映企业的外币现金流量以及境外子公司的现金流量折算为人民币时,所采用的现金流量发生日的即期汇率或按照系统合理的方法确定的、与现金流量发生日即期汇率近似汇率折算的人民币金额与"现金及现金等价物净增加额"中的外币现金净增加额按期末汇率折算的人民币金额之间的差额。

在编制现金流量表时,可逐笔计算外币业务发生的汇率变动对现金的影响,也可不逐笔计算而采用简化的计算方法,即通过现金流量表补充资料中"现金及现金等价物净增加额"数额与现金流量表中"经营活动产生的现金流量净额""投资活动产生的现金流量净额""筹资活动产生的现金流量净额"三项之和比较,其差额即为"汇率变动对现金及现金等价物的影响"项目的金额。

(五)现金及现金等价物净增加额

现金及现金等价物净增加额是指经营活动产生的现金流量净额、投资活动产生的现金流量净额、筹资活动产生的现金流量净额三项之和。

(六)现金流量表补充资料

除现金流量表正表反映的信息之外,企业还应在附注中披露将净利润调节为经营活动现金流量、不涉及现金收支的重大投资和筹资活动、现金及现金等价物净变动情况等信息,这些信息是通过编制现金流量表补充资料表提供的。现金流量表补充资料见表8-8。

表8-8　　　　　　　　　　现金流量表补充资料

补充资料	行次	本期金额	上期金额
1. 将净利润调节为经营活动现金流量:			
净利润			
加:资产减值准备			
固定资产折旧、油气资产折耗生产性生物资产折旧			
无形资产摊销			
长期待摊费用摊销			
待摊费用减少(减:增加)			
处置固定资产、无形资产和其他长期资产的损失(收益以"-"号填列)			
固定资产报废损失(收益以"-"号填列)			
公允价值变动损失(收益以"-"号填列)			

表8-8(续)

补充资料	行次	本期金额	上期金额
财务费用（收益以"-"号填列）			
投资损失（收益以"-"号填列）			
递延所得税资产减少（增加以"-"号填列）			
递延所得税负债增加（减少以"-"号填列）			
存货的减少（增加以"-"号填列）			
经营性应收项目的减少（增加以"-"号填列）			
经营性应付项目的增加（减少以"-"号填列）			
其他			
经营活动产生的现金流量净额			
2. 不涉及现金收支的重大投资和筹资活动：			
债务转为资本			
一年内到期的可转换公司债券			
融资租入固定资产			
3. 现金及现金等价物净变动情况：			
现金的期末金额			
减：现金的期初余额			
加：现金等价物的期末余额			
减：现金等价物的期初余额			
现金及现金等价物净增加额			

现金流量表补充资料包括三个方面的内容：

1. 将净利润调节为经营活动现金流量

现金流量表采用直接法反映经营活动产生的现金流量，同时，企业还应采用间接法反映经营活动产生的现金流量。间接法是指以本期净利润为起点，通过调整不涉及现金收入、费用、营业外收支以及经营性应收应付等项目的增减变动，调整不属于经营活动的现金收支项目，据此计算并列报经营活动产生的现金流量的方法。在我国，现金流量表补充资料应采用间接法反映经营活动产生的现金流量情况，以对现金流量表中采用直接法反映的经营活动现金流量进行核对和补充说明。

采用间接法反映经营活动产生的现金流量时，需要对四大类项目进行调整：第一，实际没有支付现金的费用；第二，实际没有收到现金的收益；第三，不属于经营活动的损益；第四，经营性应收应付项目的增减变动。

（1）资产减值准备

该项目反映企业本期实际计提的各项资产减值准备，包括坏账准备、存货跌价准备、长期股权投资减值准备、持有至到期投资减值准备、投资性房地产减值准备、固定资产减值准备、在建工程减值准备、无形资产减值准备、商誉减值准备、生产性生物资产减值准备、油气资产减值准备等。本项目可以根据"资产减值损失"科目的记录分析填列。

(2) 固定资产折旧、生产性生物资产折旧、油气资产折耗

该项目反映企业本期累计计提的固定资产折旧、生产性生物资产折旧、油气资产折耗。本项目可以根据"累计折旧""累计折耗"等科目的贷方发生额分析填列。

(3) 无形资产摊销

该项目反映企业本期累计摊入成本费用的无形资产价值。本项目可以根据"累计摊销"科目的贷方发生额分析填列。

(4) 长期待摊费用摊销

该项目反映企业本期累计摊入成本费用的长期待摊费用。本项目可以根据"长期待摊费用"科目的贷方发生额分析填列。

(5) 处置固定资产、无形资产和其他长期资产的损失

该项目反映企业本期处置固定资产、无形资产和其他长期资产发生的净损失（或净收益）。若为净收益则以"-"号填列。本项目可以根据"营业外收入""营业外支出"科目所属有关明细分类科目的记录分析填列。

(6) 固定资产报废损失

该项目反映企业本期发生的固定资产盘亏净损失。本项目可以根据"营业外收入""营业外支出"科目所属有关明细分类科目的记录分析填列。

(7) 公允价值变动损失

该项目反映企业本期持有的交易性金融资产、交易性金融负债、采用公允价值模式计量的投资性房地产等公允价值变动形成的净损失。若为净收益则以"-"号填列。本项目可以根据"公允价值变动损益"科目所属有关明细分类科目的记录分析填列。

(8) 财务费用

该项目反映企业本期实际发生的属于投资活动或筹资活动的财务费用。属于投资活动、筹资活动的部分，在计算净利润时已扣除，但这部分发生的现金流出不属于经营活动现金流量的范畴，所以，在将净利润调节为经营活动现金流量时，要予以加回。本项目可以根据"财务费用"科目的本期借方发生额分析填列。若为收益则以"-"号填列。

(9) 投资损失

该项目反映企业本期对外投资实际发生的投资损失减去收益后的净额。本项目可以根据利润表"投资收益"项目的数字填列。若为投资收益，则以"-"号填列。

(10) 递延所得税资产减少

该项目反映企业资产负债表"递延所得税资产"项目的期初余额与期末余额的差额。本项目可以根据"递延所得税资产"科目的发生额分析填列。期末大于期初的数额，以"-"号填列。

(11) 递延所得税负债增加

该项目反映企业资产负债表"递延所得税负债"项目的期初余额与期末余额的差额。本项目可以根据"递延所得税负债"科目的发生额分析填列。期末小于期初的数

额，以"-"号填列。

（12）存货的减少

该项目反映企业资产负债表"存货"项目的期初余额与期末余额的差额。本项目可以根据"存货"科目的发生额分析填列。期末大于期初的数额，以"-"号填列。

（13）经营性应收项目的减少

该项目反映企业本期经营性应收项目（包括应收票据、应收账款、预付账款、长期应收款和其他应收款等经营性应收项目中与经营活动有关的部分及应收的增值税销项税额等）的期初余额与期末余额的差额。期末大于期初的数额，以"-"号填列。

（14）经营性应付项目的增加

该项目反映企业本期经营性应付项目（包括应付票据、应付账款、预收账款、应付职工薪酬、应交税费和其他应付款等经营性应付项目中与经营活动有关的部分及应付的增值税进项税额等）的期初余额与期末余额的差额。期末小于期初的数额，以"-"号填列。

2. 不涉及现金收支的重大投资和筹资活动

该项目反映企业一定会计期间内影响资产和负债但不形成该期间现金收支的所有重大投资和筹资活动的信息。这些投资和筹资活动是企业的重大理财活动，对企业以后各期的现金流量将产生重大影响，因此，应单列项目在补充资料中反映。目前，我国企业现金流量表补充资料中列示的不涉及现金收支的重大投资和筹资活动项目主要有以下几项：

（1）"债务转为资本"项目。反映企业本期转为资本的债务数额。

（2）"一年内到期的可转换公司债券"项目。反映企业一年内到期的可转换公司债券本息。

（3）"融资租入固定资产"项目。反映企业本期融资租入固定资产的最低租赁付款额扣除应分期计入利息费用的未确认融资费用后的净额。

3. 现金及现金等价物净变动情况

该项目反映企业一定会计期间现金及现金等价物的期末余额减去期初余额后的净增加（减少）额，是对现金流量表中"现金及现金等价物净增加额"项目的补充说明。该项目的金额应与现金流量表"现金及现金等价物净增加额"项目的金额核对相符。

四、现金流量表的编制方法

在具体编制现金流量表时，企业可根据业务量的大小及复杂程度，采用工作底稿法、T形账户法，也可直接根据有关科目的记录分析填列。

（一）工作底稿法

工作底稿法是以工作底稿为手段，以利润表和资产负债表的数据为基础，结合有关科目的记录，对现金流量表的每一项目进行分析并编制调整分录，从而编制出现金流量表的一种方法。

采用工作底稿法编制现金流量表的具体步骤是：

（1）将资产负债表的年初余额和期末余额过入工作底稿的年初余额栏和期末余额栏。

（2）对当期业务进行分析并编制调整分录。调整分录大体有如下几类：

①涉及利润表中的收入、成本和费用项目以及资产负债表中的资产、负债及所有者权益项目，通过调整，将权责发生制下的收入、费用转换为现金基础。

②涉及资产负债表和现金流量表中的投资、筹资项目，反映投资和筹资活动的现金流量。

③涉及利润表和现金流量表中的投资、筹资项目，目的是将利润表中有关投资和筹资方面的收入和费用列入现金流量表投资、筹资现金流量中去。

此外，还有一些调整分录并不涉及现金收支，只是为了核对资产负债表项目的期末、年初变动。

在调整分录中，有关现金和现金等价物的事项，并不直接借记或贷记现金，而分别计入"经营活动产生的现金流量""投资活动产生的现金流量""筹资活动产生的现金流量"有关项目，借记表明现金流入、贷记表明现金流出。

（3）将调整分录过入工作底稿中的相应部分。

（4）核对调整分录，借贷合计应当相等，资产负债表项目年初余额加减调整分录中的借贷金额以后，应当等于期末余额。

（5）根据工作底稿中的现金流量表项目部分正式编制现金流量表。

（二）T型账户法

T型账户法是以利润表和资产负债表的数据为基础，结合有关科目的记录，对现金流量表的每一项目进行分析并编制调整分录，通过"T型账户"编制出现金流量表的一种方法。

采用T型账户法编制现金流量表的具体步骤如下：

（1）为所有非现金项目（包括利润表项目和资产负债表项目）分别开设T型账户，并将各自的期末年初变动数过入该账户。

（2）开设一个大的"现金及现金等价物"T型账户每边分为经营活动、投资活动和筹资活动三个部分，左边记录现金流入，右边记录现金流出。与其他账户一样，过入期末年初变动数。

（3）以利润表项目为基础，结合资产负债表分析每一个非现金项目的增减变动，并据此编制调整分录。

（4）将调整分录过入各T型账户，并进行核对，该账户借贷相抵后的余额与原先过入的期末期初变动数应当一致。

（5）根据大的"现金及现金等价物"T型账户编制正式的现金流量表。

（三）分析填列法

分析填列法是直接根据资产负债表、利润表和有关会计科目明细账的记录，分析计算出现金流量表各项目的金额，并据以编制现金流量表的一种方法。

第五节 所有者权益变动表

一、所有者权益变动表的意义

所有者权益变动表,在股份有限公司又叫股东权益变动表。它是用来反映构成所有者权益的各组成部分在当期的增减变动情况及其结果的会计报表。所有者权益变动表包括在年度会计报表中,是资产负债表的附表。

所有者权益变动表的主要作用:

(1) 反映所有者权益总量的增减变动以及所有者权益增减变动的重要结构性信息;

(2) 反映正常生产经营活动导致的所有者权益变动、直接计入当期损益导致的所有者权益变动以及直接计入权益的所有者权益变动;

(3) 单独列示项目反映期间内向所有者分配利润的情况,以使报表使用者了解所有者权益增减变动的根源,深入分析企业股东权益增减变化的原因,并进而对企业的资本保值增值情况作出正确判断,提供对决策有用的信息。

二、所有者权益变动表的内容和格式

所有者权益变动表包括表首、正表两部分。其中,表首说明报表名称、编制单位、编制的会计期间、报表编号、货币名称、计量单位等;正表是股东权益增减变动表的主体,具体说明所有者权益变动表的各项内容,包括实收资本(或股本)、资本公积、盈余公积、未分配利润等。每个项目中,又分为年初余额、本年增加数、本年减少数、年末余额四小项,每个小项中,又分别具体情况列示其不同内容。

所有者权益变动表的具体格式见表 8-9。

表 8-9　　　　　　　　　　所有者权益(股东权益)变动表

会企:04 表

编制单位:　　　　　　　　　　　　　　年度　　　　　　　　　　　　　　单位:元

项　目	行次	本年金额						上年金额					
		实收资本(或股本)	资本公积	减:库存股	盈余公积	未分配利润	所有者权益合计	实收资本(或股本)	资本公积	减:库存股	盈余公积	未分配利润	所有者权益合计
一、上年年末余额													
加:会计政策变更													
前期差错更正													
二、本年年初余额													
三、本年增减变动金额(减少以"-"号填列)													
(一)净利润													

表8-9(续)

项 目	行次	本年金额						上年金额					
		实收资本（或股本）	资本公积	减：库存股	盈余公积	未分配利润	所有者权益合计	实收资本（或股本）	资本公积	减：库存股	盈余公积	未分配利润	所有者权益合计
（二）直接计入所有者权益的利得和损失													
1. 可供出售金融资产公允价值变动净额													
2. 权益法下被投资单位其他所有者权益变动的影响													
3. 与计入所有者权益项目相关的所得税影响													
4. 其他													
上述（一）和（二）小计													
（三）所有者投入和减少资本													
1. 所有者投入资本													
2. 股份支付计入所有者权益的金额													
3. 其他													
（四）利润分配													
1. 提取盈余公积													
2. 对所有者（或股东）的分配													
3. 其他													
（五）所有者权益内部结转													
1.资本公积转增资本(或股本)													
2.盈余公积转增资本(或股本)													
3.盈余公积弥补亏损													
4.其他													
四、本年年末余额													

三、所有者权益变动表的填列方法

"上年末余额"栏，反映企业上年资产负债表中实收资本（或股本）、资本公积、库存股、盈余公积、未分配利润的年末余额。

"会计政策变更""前期差错更正"栏，分别反映企业采用追溯调整法处理的会计政策变更的累积影响金额和采用追溯重溯法处理的会计差错更正的累积影响金额。

"本年增减变动额"栏所属各项目的填列方法：

（1）"净利润"项目，反映企业当年实现的净利润（或净亏损）金额。

（2）"直接计入所有者权益的利得和损失"项目，反映企业当年直接计入所有者权益的利得和损失金额。

①"可供出售金融资产公允价值变动净额"项目，反映企业持有的可供出售金融

资产当年公允价值变动的金额。

②"权益法下被投资单位其他所有者权益变动的影响"项目，反映企业对按照权益法核算的长期股权投资，在被投资单位除当年实现的净损益以外其他所有者权益当年变动中应享有的份额。

③"与计入所有者权益项目相关的所得税影响"项目，反映企业根据《企业会计准则第18号——所得税》规定应计入所有者权益项目的当年所得税影响金额。

(3)"所有者投入和减少资本"项目，反映企业多年所有者投入的资本和减少的资本。

①"所有者投入资本"项目，反映企业接受投资者投入形成的实收资本（或股本）和资本溢价（或股本溢价）。

②"股本支付计入所有者权益的金额"项目，反映企业处于等待期中的权益结算的股份支付当年计入资本公积的金额。

(4)"利润分配"项目，反映企业当年的利润分配金额。

①"提取盈余公积"项目，反映企业按照规定提取的盈余公积。

②"对所有者（或股东）的分配"项目，反映企业对所有者（或股东）分配利润（或股利）的金额。

(5)"所有者权益内部结转"项目，反映企业在构成所有者权益的组成部分之间的增减变动情况。

①"资本公积转增资本（或股本）"项目，反映企业以资本公积转增资本或股本的金额。

②"盈余公积转增资本（或股本）"项目，反映企业以盈余公积转增资本或股本的金额。

③"盈余公积弥补亏损"项目，反映企业以盈余公积弥补亏损的金额。

第六节　附注

一、附注的概念

附注是对资产负债表、利润表、行进流量表和所有者权益变动表等报表中列示项目的文字描述或明细资料，以及对未能在这些报表中列示项目的说明等。

附注是财务报表不可或缺的组成部分。报表使用者了解企业的财务状况、经营成果和现金流量，应当全面阅读附注，附注相对于报表而言，同样具有重要性。根据会计准则规定，附注应当按照一定的结构进行系统合理的排列和分类，有顺序地披露信息。

二、附注的主要内容

（一）企业的基本情况

（1）企业注册地、组织形式和总部地址。
（2）企业的业务性质和主要经营活动。
（3）母公司以及集团最终母公司的名称。
（4）财务报告的批准报出者和财务报告批准报出日。

（二）财务报表的编制基础

在报表附注的编制基础说明部分，应明确表述：以持续经营为基础，根据实际发生的交易和事项，按照《企业会计准则——基本准则》和其他各项具体会计准则、应用指南及准则解释的规定进行确认和计量，在此基础上编制财务报表；并且，应说明编制符合企业会计准则要求的财务报表需要使用相应的估计和假设，这些估计和假设的运用会影响到财务报告日的资产、负债和或有负债的披露，以及报告期间的收入和费用。

（三）遵循企业会计准则的声明

企业应当声明编制的财务报表符合企业会计准则的要求，真实、完整地反映了企业的财务状况、经营成果和现金流量等有关信息。

（四）重要会计政策和会计估计

企业应当披露重要的会计政策和会计估计，不重要的会计政策和会计估计可以不披露。在披露重要会计政策和会计估计时，应当披露重要会计政策的确定依据和财务报表项目的计量基础，以及会计估计中所采用的关键假设和不确定因素。

（五）会计政策和会计估计变更以及差错更正的说明

企业应当按照《企业会计准则第28号——会计政策、会计估计变更和差错更正》及其应用指南的规定，披露会计政策和会计估计变更以及差错更正的有关情况。

（六）重要报表项目的说明

企业对报表重要项目的说明，应当按照资产负债表、利润表、现金流量表、所有者权益变动表及其项目列示的顺序进行披露，应当以文字和数字描述相结合的方式进行披露。报表重要项目的明细金额合计，应当与报表项目金额相衔接。

1. 交易性金融资产

应当披露交易性金融资产的构成及期初、期末公允价值等信息。

2. 应收款项

企业应当披露应收款项的账龄结构和客户类别以及期初、期末账面余额等信息。

3. 存货

企业应当披露如下信息：
（1）各类存货的年初账面价值、本期增加数、本期减少数以及期末账面价值；

（2）确定发出存货成本所采用的方法；

（3）存货可变现净值的确定依据，存货跌价准备的计提方法，当期计提存货跌价准备的金额，当期转回存货跌价准备的金额，以及计提和转回的有关情况。

（4）用于担保的存货的账面价值。

4. 可供出售金融资产

企业应当披露可供出售金融资产的构成以及期初、期末公允价值等信息。

5. 持有至到期投资

企业应当披露持有至到期投资的构成以及期初、期末账面余额等信息。

6. 长期股权投资

企业应当披露下列信息：

（1）子公司、合营企业和联合企业清单，包括企业名称、注册地、业务性质、投资企业的持股比例和表决权比例；

（2）合营企业和联合企业当期的主要财务信息，包括资产、负债、收入、费用等合计金额；

（3）被投资企业向投资企业转移资金的能力受到严格限制的情况；

（4）当期及累计未确认的投资损失金额；

（5）与子公司、合营企业和联合企业投资相关的或有负债。

7. 投资性房地产

企业应当披露下列信息：

（1）投资性房地产的种类、金额和计量模式；

（2）采用成本模式的，投资性房地产的折旧或摊销，以及减值准备的计提情况；

（3）采用公允价值模式的，公允价值的确定依据和方法，以及公允价值变动对损益的影响。

（4）房地产转换情况、理由，以及对损益或所有者权益的影响。

（5）当期处置的投资性房地产及其对损益的影响。

8. 固定资产

（1）固定资产的确认条件、分类、计量基础和折旧方法；

（2）各类固定资产的使用寿命、预计净残值和折旧率；

（3）各类固定资产的期初和期末原价、累计折旧额及固定资产减值准备累计金额；

（4）当期确认的折旧费用；

（5）对固定资产所有权的限制及其金额和用于担保的固定资产的账面价值；

（6）准备处置的固定资产名称、账面价值、公允价值、预计处置费用和预计处置时间。

9. 无形资产

企业应当披露下列信息：

（1）无形资产的期初和期末账面余额、累计摊销额及其减值准备累计金额；

（2）使用寿命有限的无形资产，其使用寿命的估计情况；使用寿命不确定的无形资产，其使用寿命不确定的判断依据；

（3）无形资产的摊销方法；

（4）用于担保的无形资产的账面价值、当期摊销额等情况；

（5）计入当期损益和确认为无形资产的研究开发支出金额。

10. 交易性金融负债

企业应当披露交易性金融负债的构成以及期初、期末公允价值等信息。

11. 职工薪酬

企业应当披露下列信息：

（1）应当支付给职工的工资、奖金、津贴和补贴，以及期末应付未付的余额；

（2）应当为职工缴纳的医疗保险费、养老保险费、失业保险费、工伤保险费和生育保险费等社会保险费，以及期末应付未付的余额；

（3）应当为职工缴存的住房公积金，以及期末应付未付的余额；

（4）为职工提供的非货币性福利，及其计算依据；

（5）应当支付的因解除劳动关系给予的补偿，以及期末应付未付的余额；

（6）其他职工薪酬。

12. 应交税费

企业应当披露应交税费的构成以及期初、期末账面余额等信息。

13. 短期借款和长期借款

企业应当披露短期借款、长期借款的构成以及期初、期末账面余额等信息。

对于期末逾期借款，应分别贷款单位、借款金额、逾期时间、年利率、逾期未偿还原因和预期还款期等进行披露。

14. 应付债券

企业应当披露应付债券的构成以及期初、期末账面余额等信息。

15. 长期应付款

企业应当披露长期应付款的构成以及期初、期末账面余额等信息。

16. 营业收入

企业应当披露营业收入的构成以及本期、上期发生额等信息。

17. 公允价值变动收益

企业应当披露公允价值变动收益的来源及本期、上期发生额等信息。

18. 投资收益

企业应当披露投资收益的来源及本期、上期发生额等信息。

19. 减值损失

企业应当披露各项资产的减值损失及本期、上期发生额等信息。

20. 营业外收入

企业应当披露营业外收入的构成以及本期、上期发生额等信息。

21. 营业外支出

企业应当披露营业外支出的构成以及本期、上期发生额等信息。

22. 所得税

企业应当披露下列信息：

(1) 所得税费用（收益）的主要组成部分；

(2) 所得税费用（收益）与会计利润关系的说明；

(3) 未确认递延所得税资产的可抵扣暂时性差异、可抵扣亏损的金额（如果存在到期日，还应披露到期日）；

(4) 对每一类暂时性差异和可抵扣亏损，在列报期间确认的递延所得税资产或递延所得税负债的金额，确认递延所得税资产的依据；

(5) 未确认递延所得税负债的，与对子公司、联营企业及合营企业投资相关的暂时性差异金额。

23. 政府补助

企业应当披露下列信息：

(1) 政府补助的种类及金额；

(2) 计入当期损益的政府补助金额；

(3) 本期返还的政府补助金额及原因。

24. 非货币性资产交换

企业应当披露下列信息：

(1) 换入资产、换出资产的类别；

(2) 换入资产成本的确定方式；

(3) 换入资产、换出资产的公允价值及换出资产的账面价值。

25. 股份支付

企业应当披露下列信息：

(1) 当期授予、行权和失效的各项权益工具总额

(2) 期末发行在外的股份期权或其他权益工具行权价的范围和合同剩余期限；

(3) 当期行权的股份期权或其他权益工具以其行权日价格计算的加权平均价格；

(4) 股份支付交易对当期财务状况和经营成果的影响。

26. 债务重组

债权人应当披露下列信息：

(1) 债务重组方式；

(2) 确认的债务重组损失金额；

(3) 债权转为股份所导致的投资增加额及该投资占债务人股份总额的比例；

(4) 或有应收金额；

(5) 债务重组中受让的非现金资产的公允价值、由债权转成股份的公允价值和修改其他债务条件后债权的公允价值的确定方法及依据。

债务人应当披露下列信息：

(1) 债务重组方式；

(2) 确认的债务重组利得总额；

(3) 将债务转为资本所导致的实收资本（或股本）增加额；

(4) 或有应付金额；

(5) 债务重组中转让的非现金资产的公允价值、由债务转成股份的公允价值和修

改其他债务条件后债务的公允价值的确定方法及依据。

27．借款费用

企业应当披露下列信息：

（1）当期资本化的借款费用金额；

（2）当期用于计算确定借款费用资本化金额的资本化率。

28．外币折算

企业应当披露下列信息：

（1）计入当期损益的汇兑差额；

（2）处置境外经营对外币财务报表折算差额的影响。

29．企业合并

企业合并发生当期的期末，合并方应当披露与同一控制下企业合并有关的下列信息：

（1）参与合并企业的基本情况；

（2）属于同一控制下企业合并的判断依据；

（3）合并日的确定依据；

（4）以支付现金、转让非现金资产以及承担债务作为合并对价的，所支付对价在合并日的账面价值；以发行权益性证券作为合并对价的，合并中发行权益性证券的数量及定价原则，以及参与合并各方交换有表决权股份的比例；

（5）被合并方的资产、负债在上一会计期间资产负债表日及合并日的账面价值；被合并方自合并当期期初至合并日的收入、净利润、现金流量等情况；

（6）合并合同或协议约定将承担被合并方或有负债的情况；

（7）被合并方采用的会计政策与合并方不一致所作调整情况的说明；

（8）合并后已处置或准备处置被合并方资产、负债的账面价值、处置价格等。

企业合并发生当期的期末，购买方应当披露与非同一控制下企业合并有关的下列信息：

（1）参与合并企业的基本情况；

（2）购买日的确定依据；

（3）合并成本的构成及其账面价值、公允价值及公允价值的确定方法；

（4）被购买方各项可辨认资产、负债在上一会计期间资产负债表日及购买日的账面价值和公允价值；

（5）合并合同或协议约定将承担被购买方或有负债的情况；

（6）被购买方自购买之日起至报告期末的收入、净利润、现金流量等情况；

（7）商誉的金额及其确定方法；

（8）因合并成本小于合并中取得的被购买方可辨认净资产公允价值的份额计入当期损益的金额；

（9）合并后已处置或准备处置被购买方资产、负债的账面价值、处置的价格等。

30．或有事项

企业应当披露下列信息：

(1) 预计负债

①预计负债的种类、形成原因以及经济利益流出不确定性的说明；

②各类预计负债的期初、期末余额和本期变动情况；

③与预计负债有关的预期补偿金额和本期已确认的预期补偿金额。

(2) 或有负债（不包括极小可能导致经济利益流出企业的或有负债）

①或有负债的种类及其形成原因，包括未决诉讼、未决仲裁、对外提供担保等形成的或有负债；

②经济利益流出不确定性的说明；

③或有负债预计产生的财务影响，以及获得补偿的可能性。无法预计的，应当说明原因。

(3) 企业通常不应当披露或有资产。但或有资产很可能给企业带来经济利益的，应当披露其形成的原因、预计产生的财务影响等。

(4) 在涉及未决诉讼、未决仲裁的情况下，按相关规定披露全部或部分信息预期对企业造成重大不利影响的，企业无须披露这些信息，但应当披露该未决诉讼、未决仲裁的性质，以及没有披露这些信息的事实和原因。

31. 资产负债表日后事项

企业应当披露下列信息：

(1) 每项重要的资产负债表日后非调整事项的性质、内容，及其对财务状况和经营成果的影响。无法作出估计的，应当说明原因。

(2) 资产负债表日后，企业利润分配方案中拟分配的以及经审议批准宣告发放的利润或股利。

此外，附注还应披露"分部报告"以及"关联方披露"等有关内容。

第七节 报表编制综合案例

一、资料

(1) 甲股份有限公司为一般纳税人，通常适用增值税税率为17%，所得税税率为25%。该公司20×0年12月31日的资产负债表如表8-10所示，其中，"应收账款"科目的期末余额为5 000 000元，"坏账准备"科目的期末余额为50 000元；其他诸如存货、长期股权投资、固定资产、无形资产等资产均没有计提资产减值准备；交易性金融资产期末没有公允价值变动差异。

表 8-10　　　　　　　　　　　　　资产负债表　　　　　　　　　　　　会企 01 表
编制单位：甲股份有限公司　　　　20×0 年 12 月 31 日　　　　　　　　单位：元

资　产	金额	负债和所有者权益（或股东权益）	金额
流动资产：		流动负债：	
货币资金	14 000 000	短期借款	3 000 000
交易性金融资产	150 000	交易性金融负债	0
应收票据	2 450 000	应付票据	2 000 000
应收账款	4 950 000	应付账款	9 500 000
预付款项	1 000 000	预收款项	0
应收利息	0	应付职工薪酬	1 000 000
		应交税费	360 000
其他应收款	3 000 000	应付利息	0
存货	25 800 000		
一年内到期的非流动资产	0	其他应付款	500 000
其他流动资产	0	一年内到期的非流动负债	10 000 000
流动资产合计	51 350 000	其他流动负债	0
非流动资产：		流动负债合计	26 360 000
可供出售金融资产	0	非流动负债：	
持有至到期投资	0	长期借款	6 000 000
长期应收款	0	应付债券	0
长期股权投资	2 500 000	长期应付款	0
投资性房地产		专项应付款	0
固定资产	23 000 000	预计负债	0
在建工程	0	递延所得税负债	0
工程物资	0	其他非流动负债	0
固定资产清理	0	非流动负债合计	6 000 000
生产性生物资产		负债合计	32 360 000
油气资产		所有者权益（或股东权益）：	
无形资产	6 000 000	实收资本（或股本）	50 000 000
开发支出	0	资本公积	0
商誉	0	减：库存股	
长期待摊费用	0	盈余公积	1 000 000
递延所得税资产	0	未分配利润	4 490 000
其他非流动资产	31 500 000		
非流动资产合计	36 500 000	所有者权益（或股东权益）合计	55 490 000
资产总计	87 850 000	负债和所有者权益（或股东权益）总计	87 850 000

(2) 20×1年，甲股份有限公司共发生如下经济业务：

①收到银行通知，用银行存款支付到期的商业承兑汇票1 000 000元。

②购入原材料一批，收到的增值税专用发票上注明的原材料价款1 500 000元，增值税进项税额为255 000元，款项已通过银行转账支付，材料已经验收入库。

③销售产品一批，开出的增值税专用发票上注明价款为3 000 000元，增值税销项税额为510 000元，货款尚未收到。该批产品实际成本1 800 000元，产品已发出。

④公司将交易性金融资产（股票投资）兑现165 000元，该投资的成本为130 000元，处置收益为35 000元，均存入银行。

⑤购入不需安装的设备一台，收到增值税专用发票上注明的设备价款为850 000元，增值税进项税额为144 500元，支付包装费、运费10 000元。价款及包装费、运费均以银行存款支付，设备已交付使用。

⑥从银行借入三年期借款10 000 000元，借款已存入银行账户。

⑦销售产品一批，开出的增值税专用发票上注明的销售价款为7 000 000元，增值税销项税额为1 190 000元，款项已存入银行。销售产品的实际成本为4 200 000元。

⑧公司将要到期的一张面值为2 000 000元的无息银行承兑汇票（不含增值税），连同解讫通知和进账单交银行办理转账。收到银行盖章退回的进账单一联。款项银行已收妥。

⑨公司出售一台不需用设备，收到价款3 000 000元，该设备原价4 000 000元，已提折旧1 500 000元。该项设备已办理好提货托运交接手续。

⑩支付工资3 000 000元。

⑪分配应支付的职工工资3 000 000元，其中生产人员薪酬2 600 000元，车间管理人员薪酬180 000元，行政管理部门人员薪酬220 000元。

⑫按10%提取职工福利费300 000元，其中生产工人福利费260 000元，车间管理人员福利费18 000元，行政管理部门福利费22 000元。

⑬基本生产领用原材料，成本为7 000 000元，领用周转材料，成本500 000元。

⑭计提无形资产摊销600 000元；

⑮以银行存款支付基本生产车间水电费900 000元。

⑯计提固定资产折旧1 000 000元，其中计入制造费用800 000元、管理费用200 000元。

⑰收到应收账款510 000元，存入银行。计提应收账款坏账准备9 000元。

⑱用银行存款支付产品展览费100 000元。

⑲计算并结转本期完工产品成本12 824 000元。期末没有在产品，本期生产的产品全部完工入库。

⑳广告费100 000元，已用银行存款支付。

㉑公司采用商业承兑汇票结算方式销售产品一批，开出的增值税专用发票上注明的销售价款为3 000 000元，增值税销项税额为510 000元，收到3 510 000元的商业承兑汇票一张，产品实际成本为1 500 000元。

㉒公司本期应缴纳的城市维护建设税为51 765元，应缴纳的教育费附加为

22 185元。

㉓用银行存款缴纳增值税739 500元；城市维护建设税51 765元，教育费附加为22 185元。

㉔提取应计入本期损益的长期借款利息费用100 000元，长期借款为分期付息。

㉕归还短期借款本金2 500 000元。

㉖支付长期借款利息2 100 000元。

㉗偿还长期借款10 000 000元。

㉘结转本期产品销售成本7 500 000元。

㉙将各收支科目结转本年净利润。

㉚按照净利润的10%提取法定盈余公积金。

㉛将利润分配各明细科目的余额转入"未分配利润"明细科目，结转本年利润。（假定所得税没有差异项目）

㉜用银行存款缴纳当年应交所得税。

要求：编制甲股份有限公司20×1年度经济业务的会计分录，并在此基础上编制资产负债表、利润表和现金流量表。

二、根据上述资料编制会计分录

（1）借：应付票据	1 000 000
贷：银行存款	1 000 000
（2）借：原材料	1 500 000
应交税费——应交增值税（进项税额）	255 000
贷：银行存款	1 755 000
（3）借：应收账款	3 510 000
贷：主营业务收入	3 000 000
应交税费——应交增值税（销项税额）	510 000
（4）借：银行存款	165 000
贷：交易性金融资产——成本	130 000
投资收益	35 000
（5）借：固定资产	860 000
应交税费——应交增值税（进项税额）	144 500
贷：银行存款	1 004 500
（6）借：银行存款	10 000 000
贷：长期借款	10 000 000
（7）借：银行存款	8 190 000
贷：主营业务收入	7 000 000
应交税费——应交增值税（销项税额）	1 190 000
（8）借：银行存款	2 000 000
贷：应收票据	2 000 000

(9) 借：固定资产清理　　　　　　　　　　　　　　　　　2 500 000
　　　　累计折旧　　　　　　　　　　　　　　　　　　　1 500 000
　　　　　贷：固定资产　　　　　　　　　　　　　　　　　　　　4 000 000
　　　借：银行存款　　　　　　　　　　　　　　　　　　　3 000 000
　　　　　贷：固定资产清理　　　　　　　　　　　　　　　　　　3 000 000
　　　借：固定资产清理　　　　　　　　　　　　　　　　　　500 000
　　　　　贷：营业外收入——处置固定资产净收益　　　　　　　　500 000
(10) 借：应付职工薪酬　　　　　　　　　　　　　　　　　3 000 000
　　　　　贷：银行存款　　　　　　　　　　　　　　　　　　　3 000 000
(11) 借：生产成本　　　　　　　　　　　　　　　　　　　2 600 000
　　　　制造费用　　　　　　　　　　　　　　　　　　　　180 000
　　　　管理费用　　　　　　　　　　　　　　　　　　　　220 000
　　　　　贷：应付职工薪酬——工资　　　　　　　　　　　　　3 000 000
(12) 借：生产成本　　　　　　　　　　　　　　　　　　　　260 000
　　　　制造费用　　　　　　　　　　　　　　　　　　　　 18 000
　　　　管理费用　　　　　　　　　　　　　　　　　　　　 22 000
　　　　　贷：应付职工薪酬——职工福利　　　　　　　　　　　　300 000
(13) 借：生产成本　　　　　　　　　　　　　　　　　　　7 000 000
　　　　　贷：原材料　　　　　　　　　　　　　　　　　　　　7 000 000
　　　借：制造费用　　　　　　　　　　　　　　　　　　　　500 000
　　　　　贷：周转材料　　　　　　　　　　　　　　　　　　　　500 000
(14) 借：管理费用——无形资产摊销　　　　　　　　　　　　600 000
　　　　　贷：累计摊销　　　　　　　　　　　　　　　　　　　　600 000
(15) 借：制造费用——水电费　　　　　　　　　　　　　　　900 000
　　　　　贷：银行存款　　　　　　　　　　　　　　　　　　　　900 000
(16) 借：制造费用——折旧费　　　　　　　　　　　　　　　800 000
　　　　管理费用——折旧费　　　　　　　　　　　　　　　200 000
　　　　　贷：累计折旧　　　　　　　　　　　　　　　　　　　1 000 000
(17) 借：银行存款　　　　　　　　　　　　　　　　　　　　510 000
　　　　　贷：应收账款　　　　　　　　　　　　　　　　　　　　510 000
　　　借：资产减值损失——坏账准备　　　　　　　　　　　　　9 000
　　　　　贷：坏账准备　　　　　　　　　　　　　　　　　　　　　9 000
(18) 借：销售费用——展览费　　　　　　　　　　　　　　　100 000
　　　　　贷：银行存款　　　　　　　　　　　　　　　　　　　　100 000
(19) 借：生产成本　　　　　　　　　　　　　　　　　　　2 398 000
　　　　　贷：制造费用　　　　　　　　　　　　　　　　　　　2 398 000
　　　借：库存商品　　　　　　　　　　　　　　　　　　 12 258 000
　　　　　贷：生产成本　　　　　　　　　　　　　　　　　　 12 258 000

（20）借：销售费用——广告费　　　　　　　　　　　　　100 000
　　　　贷：银行存款　　　　　　　　　　　　　　　　　　　100 000
（21）借：应收票据　　　　　　　　　　　　　　　　　3 510 000
　　　　贷：主营业务收入　　　　　　　　　　　　　　　3 000 000
　　　　　　应交税费——应交增值税（销项税额）　　　　 510 000
（22）借：营业税金及附加　　　　　　　　　　　　　　　 73 950
　　　　贷：应交税费——应交城市维护建设税　　　　　　　51 765
　　　　　　　　　　——应交教育费附加　　　　　　　　　22 185
（23）借：应交税费——应交增值税（已交税金）　　　　 739 500
　　　　　　　　　——应交城市维护建设税　　　　　　　 51 765
　　　　　　　　　——应交教育费附加　　　　　　　　　 22 185
　　　　贷：银行存款　　　　　　　　　　　　　　　　　 813 450
（24）借：财务费用　　　　　　　　　　　　　　　　　　100 000
　　　　贷：应付利息　　　　　　　　　　　　　　　　　　100 000
（25）借：短期借款　　　　　　　　　　　　　　　　　2 500 000
　　　　贷：银行存款　　　　　　　　　　　　　　　　　2 500 000
（26）借：应付利息　　　　　　　　　　　　　　　　　2 100 000
　　　　贷：银行存款　　　　　　　　　　　　　　　　　2 100 000
（27）借：长期借款　　　　　　　　　　　　　　　　 10 000 000
　　　　贷：银行存款　　　　　　　　　　　　　　　　10 000 000
（28）借：主营业务成本　　　　　　　　　　　　　　　7 500 000
　　　　贷：库存商品　　　　　　　　　　　　　　　　　7 500 000
（29）借：主营业务收入　　　　　　　　　　　　　　 13 000 000
　　　　　　投资收益　　　　　　　　　　　　　　　　　 35 000
　　　　　　营业外收入　　　　　　　　　　　　　　　　500 000
　　　　贷：本年利润　　　　　　　　　　　　　　　　13 535 000
　　　借：本年利润　　　　　　　　　　　　　　　　　8 924 950
　　　　贷：主营业务成本　　　　　　　　　　　　　　 7 500 000
　　　　　　营业税金及附加　　　　　　　　　　　　　　 73 950
　　　　　　销售费用　　　　　　　　　　　　　　　　　200 000
　　　　　　管理费用　　　　　　　　　　　　　　　　1 042 000
　　　　　　财务费用　　　　　　　　　　　　　　　　　100 000
　　　　　　资产减值损失　　　　　　　　　　　　　　　　9 000
　　　借：本年利润　　　　　　　　　　　　　　　　1 152 512.50
　　　　贷：所得税费用　　　　　　　　　　　　　　 1 152 512.50
　　　借：本年利润　　　　　　　　　　　　　　　　3 457 537.50
　　　　贷：利润分配——未分配利润　　　　　　　　 3 457 537.50

(30) 借：利润分配——提取的法定盈余公积　　　　345 753.75
　　　　贷：盈余公积——法定盈余公积　　　　　　　　　345 753.75
(31) 借：利润分配——未分配利润　　　　　　　　345 753.75
　　　　贷：利润分配——提取的法定盈余公积　　　　　　345 753.75
(32) 借：所得税费用　　　　　　　　　　　　　1 152 512.50
　　　　贷：应交税费——应交所得税　　　　　　　　　1 152 512.50
　　借：应交税费——应交所得税　　　　　　　1 152 512.50
　　　　贷：银行存款　　　　　　　　　　　　　　　　1 152 512.50

三、根据上述业务处理编制科目汇总表

如表 8-11 所示。

表 8-11　　　　　　　　　　科目汇总表　　　　　　　　　　单位：元

会计科目名称	借方发生额	贷方发生额	会计科目名称	借方发生额	贷方发生额
库存现金	—	—	短期借款	2 500 000	—
银行存款	23 865 000	24 425 462.50	交易性金融负债	—	—
其他货币资金	—	—	应付票据	1 000 000	—
交易性金融资产	—	130 000	应付账款	—	—
应收票据	3 510 000	2 000 000	预收账款	—	—
应收账款	3 510 000	510 000	应付职工薪酬	3 000 000	3 300 000
预付账款	—	—	应交税费	2 365 462.50	3 436 462.50
应收股利	—	—	应付股利	—	—
应收利息	—	—	应付利息	2 100 000	100 000
其他应收款	—	—	其他应付款	—	—
坏账准备	—	9 000	预提费用	—	—
材料采购	—	—	长期借款	10 000 000	10 000 000
在途物资	—	—	长期债券	—	—
原材料	1 500 000	7 000 000	长期应付款	—	—
材料成本差异	—	—	未确认融资费用	—	—
库存商品	12 258 000	7 500 000	专项应付款	—	—
发出商品	—	—	递延所得税负债	—	—
商品进销差价	—	—			
委托加工物资	—	—	实收资本	—	—
周转材料	—	500 000	资本公积	—	—
存货跌价准备	—	—	盈余公积	—	345 753.75
待摊费用	—	—	本年利润	13 535 000	13 535 000
可供出售金融资产	—	—	利润分配	691 507.50	3 803 291.25
长期股权投资	—	—			

表8-11(续)

会计科目名称	借方发生额	贷方发生额	会计科目名称	借方发生额	贷方发生额
长期股权投资减值准备	—	—	生产成本	12 258 000	12 258 000
投资性房地产	—	—	制造费用	2 398 000	2 398 000
长期应收款	—	—			
未实现融资收益	—	—	主营业务收入	13 000 000	13 000 000
固定资产	860 000	4 000 000	其他业务收入	—	—
累计折旧	1 500 000	1 000 000	投资收益	35 000	35 000
固定资产减值准备	—	—	营业外收入	500 000	500 000
在建工程	—	—	主营业务成本	7 500 000	7 500 000
工程物资	—	—	其他业务成本	—	—
固定资产清理	3 000 000	3 000 000	营业税金及附加	73 950	73 950
无形资产	—	—	销售费用	200 000	200 000
累计摊销	—	600 000	管理费用	1 042 000	1 042 000
无形资产减值准备	—	—	财务费用	100 000	100 000
商誉	—	—	资产减值损失	9 000	9 000
长期待摊费用	—	—	营业外支出		
递延所得税资产	—	—	所得税费用	1 152 512.50	1 152 512.50
待处理财产损溢	—	—	以前年度损益调整		
	50 003 000	50 674 462.50		73 460 432.50	72 788 970
		−671 462.50			671 462.50

(四) 根据年初资产负债表,会计分录和科目汇总表编制年末资产负债表

如表8-12所示。

表8-12　　　　　　　　　　资产负债表　　　　　　　　　　会企01表
编制单位:甲股份有限公司　　　20×1年12月31日　　　　　　　单位:元

资产	期初数	期末数	负债和所有者权益(或股东权益)	期初数	期末数
流动资产:			流动负债:		
货币资金	15 000 000	14 439 537.50	短期借款	3 000 000	500 000
交易性金融资产	150 000	20 000	交易性金融负债	0	0
应收票据	2 450 000	3 960 000	应付票据	2 000 000	1 000 000
应收账款	10 000 000	12 991 000	应付账款	9 500 000	9 500 000
预付款项	2 000 000	2 000 000	预收款项	0	0
应收利息	0	0	应付职工薪酬	0	300 000

表8-12(续)

资产	期初数	期末数	负债和所有者权益（或股东权益）	期初数	期末数
其他应收款	3 000 000	3 000 000	应交税费	0	1 071 000
存货	25 800 000	24 558 000	应付利息	2 000 000	0
一年内到期的非流动资产	0	0	其他应付款	500 000	500 000
其他流动资产	0	0	一年内到期的非流动负债	10 000 000	10 000 000
流动资产合计	58 400 000	60 968 537.50	其他流动负债	0	0
非流动资产：	0	0	流动负债合计	27 000 000	22 871 000
可供出售金融资产	0	0	非流动负债：		
持有至到期投资	0	0	长期借款	6 000 000	6 000 000
长期应收款	0	0	应付债券	0	0
长期股权投资	2 500 000	2 500 000	长期应付款	0	0
投资性房地产	0	0	专项应付款	0	0
固定资产	23 000 000	20 360 000	预计负债	0	0
在建工程	0	0	递延所得税负债	0	0
工程物资	0	0	其他非流动负债	0	0
固定资产清理	0	0	非流动负债合计	6 000 000	6 000 000
生产性生物资产	0	0	负债合计	33 000 000	28 871 000
油气资产	0	0	所有者权益（或股东权益）：		
无形资产	6 000 000	5 400 000	实收资本（或股本）	50 000 000	50 000 000
开发支出	0	0	资本公积	0	0
商誉	0	0	减：库存股	0	0
长期待摊费用	0	0	盈余公积	1 000 000	1 345 753.75
递延所得税资产	0	0	未分配利润	5 900 000	9 011 783.75
其他非流动资产	0	0	所有者权益（或股东权益）合计	56 900 000	60 357 537.50
非流动资产合计	31 500 000	28 260 000		0	
资产总计	89 900 000	89 228 537.50	负债和所有者权益（或股东权益）总计	89 900 000	89 228 537.50

（五）编制年度利润表

根据本年相关科目发生额编制利润表如表8-13所示。

表 8-13　　　　　　　　　　　　　利　润　表　　　　　　　　　　　　　会企 02 表
编制单位：甲股份有限公司　　　　　　　20×1 年度　　　　　　　　　　　　　单位：元

项目	本月数	本年数
一、营业收入		13 000 000
减：营业成本		7 500 000
营业税金及附加		73 950
销售费用		200 000
管理费用		1 042 000
财务费用		100 000
资产减值损失		9 000
加：公允价值变动收益（损失以"-"号填列）		
投资收益（损失以"-"号填列）		35 000
其中：对联营企业和合营企业的投资收益		
二、营业利润（亏损以"-"号填列）	—	4 110 050
加：营业外收入		500 000
减：营业外支出		—
其中：非流动资产处置损失		
三、利润总额（亏损总额以"-"号填列）	—	4 610 050
减：所得税费用		1 152 512.50
四、净利润（净亏损以"-"号填列）	—	3 457 537.50
五、每股收益：		
（一）基本每股收益		
（二）稀释每股收益		
六、其他综合收益		
七、综合收益总额	—	3 457 537.50

第九章 财产清查

第一节 财产清查的意义

一、财产清查的概念

财产清查是指企业、行政事业单位通过对本单位各项财产物资、现金的实地盘点，以及对银行存款、债权债务等往来款项的核对，查明某一时点的实际结存数与账面余额数是否相符，即账实是否相符。财产清查是会计核算中一项专门的方法。

企业、行政事业单位通过填制、审核会计凭证，登记有关账簿，记录和反映资产、权益的增减变化和结果，因此账簿记录与财产物资的实际结存应保持一致。但是在实际工作中，由于各种主客观原因，造成账实不符。如检验、计量不准确，自然损耗、自然灾害、意外损失，因保管不善造成损毁，以及贪污、盗窃，账簿中错记、漏记等等原因，都会使账实不一致。企业、行政事业单位为确保会计核算资料的客观、真实、准确，保证财产物资的安全、完整，一方面要建立健全岗位责任制，加强监督、管理，另一方面必须建立清查制度，对资产和权益进行深入、细致的清查、核对工作。

二、财产清查的意义

财产清查是会计核算方法中一项重要的内容，也是发挥会计监督职能作用的重要方面。它对企业、行政事业单位经济活动的正常顺利进行，具有重要的意义：

（1）通过财产清查，查明资产、权益的实际结存情况，并与账面余额核对，确定账实是否相符。若查明不符，应按照会计核算的规定手续及时进行账项调整，查找盈亏原因和责任归属，以确保会计资料的真实可靠。

（2）通过财产清查，查明财产物资在保管、保存过程中，有无短缺、损毁、霉变、被贪污盗窃等现象，保证企业、行政事业单位财产物资的安全、完整。对清查中出现的问题，要及时指出，查明原因，追究有关责任人员的经济责任和法律责任。通过清查，了解掌握财产物资的储备和利用情况，储备不足的要及时进货，保证供给；反之要及时处理闲置、超储积压物资。同时采取有力措施挖掘各方潜力，发挥财产物资的最佳效能，提高利用率。通过清查，促使企业健全财产物资管理的规章制度，提高管理水平。

（3）通过财产清查，查清在债权、债务的结算活动中有无长期拖欠或不合理的情况，查明应交付国家的各种税款、费用等是否及时、足额的上交等。通过清查，促使企业、行政事业单位严格遵守法律、法规、财经纪律，认真执行结算制度，及时做好资金的偿还、收回工作。

三、财产清查的种类

实际经济活动中，企业、行政事业单位进行财产清查的方法、手段各种各样。下面介绍几种财产清查的具体方法。

（一）按财产清查的范围和对象划分，可以分为全面清查和局部清查

1. 全面清查

全面清查是指对全部资产和权益进行全部彻底的盘查、核对。全面清查的范围广泛，涉及的内容繁多，需要较长时间，动用大量的人力、物力。因此全面清查一般在年终决算前进行一次，以确保会计年度内会计核算的全部数据资料、财务会计报告的真实、准确。在本单位发生撤销、改组、合并以及改变隶属关系等情况下，必须进行一次全面清产核资，确定财产物资的现时价值，检查账实相符的程度，以明确各方经济责任。

2. 局部清查

局部清查是指根据经济活动的需要对某一部分资产、权益所进行的清点、核对。局部清查一般针对性较强，切实关系到本单位日常经济活动的正常顺利进行，如各种存货，各种贵重物品、货币资金、债权、债务等，对这些项目需要定期进行清查，在有关保管人员调动时也需要进行专题清查。通过清查，可以及时了解财产物资的具体分布、使用情况、存在状态，明确经济责任，加强内部管理。

（二）按财产清查的时间划分，可以分为定期清查和不定期清查

1. 定期清查

定期清查是指按照预先计划安排好的具体时间，对资产、权益进行的清查。企业、行政事业单位一般定于月末、季末、年末结账之前进行。根据经济活动的特点和管理的需要，采用全面清查或局部清查的方法。

2. 不定期清查

不定期清查是指根据实际情况进行的随机的、临时性的清查。不定期清查事先不规定好具体时间，如果工作需要，可随时进行。例如：发生自然灾害或意外损失时，保管人员调动更换时，财政、税收、审计等部门进行突击会计检查时等。由于当时实际工作需要查明有关财产物资的真实情况，单位应及时安排人力、物力，做好配合、协调工作，保证清查工作的圆满进行。

四、财产清查的范围

财产清查的范围相当广泛，包括本单位全部资产和权益，即使当时暂不在本单位存放，以及虽属外单位或个人所有，但存放在本单位的财产物资。

工业企业财产清查的范围包括：

（1）货币资金的清查。主要是对库存现金和银行存款的清查。

（2）各种存货的清查。主要包括对库存原材料、燃料、包装物、低值易耗品、库存商品、在产品、自制半成品、外购商品等的清查。

（3）固定资产的清查。主要包括机器、厂房、办公设备、汽车以及在建工程物资等的清查。

（4）委托加工或受托加工的材料，以及租赁的固定资产、包装物的清查。

（5）应收、应付，预收、预付等各种往来款项的清查。

四、财产清查的方法

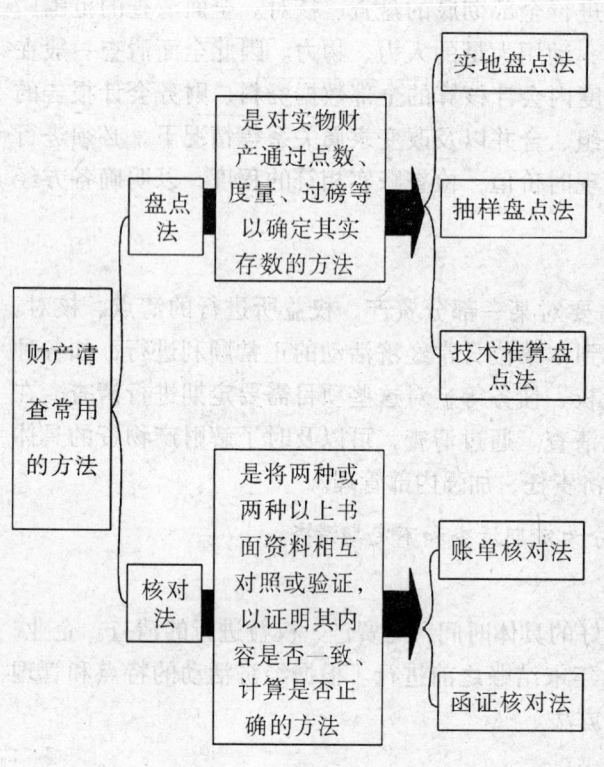

财产清查常用的方法：

- **盘点法**：是对实物财产通过点数、度量、过磅等以确定其实存数的方法
  - **实地盘点法**：是到实物财产存放地点进行具体点数、度量和过磅等，以确定其实存数的方法，主要应用于机器设备、包装完好的原材料和库存商品等。
  - **抽样盘点法**：就是对实物财产抽取一定数量的样本进行盘点后来推断其整体实存数的方法，主要应用于数量较大而重量又比较均匀的财产。
  - **技术推算盘点法**：就是运用算术或几何方法测算出有关数据来确定其实存数的方法，主要应用于数量较大而又笨重，不便于逐一点数、度量和过磅的财产。

- **核对法**：是将两种或两种以上书面资料相互对照或验证，以证明其内容是否一致、计算是否正确的方法
  - **账单核对法**：就是将账簿记录的余额与有关的表单相互对照或验证的方法，主要应用于银行存款日记账余额与银行对账单的核对。
  - **函证核对法**：就是以发函方式与有关单位进行账目核对的方法，主要应用于委托加工物资、委托代管物资以及应收、应付款项的核对。

图9-1 财产清查的方法

第二节 货币资金的清查

一、货币资金清查的原始凭证

1. 库存现金的清查

库存现金的清查使用实地盘点法，即通过对库存现金的实地盘点来确定其实存数是否与现金日记账余额相符的方法。

库存现金清查有两种情况：一是日常工作中由出纳员于每日营业终了时清点库存现金实有数，并与现金日记账进行核对；二是由专门的清查小组对库存现金的清查，清查时应当由清查人员会同出纳员共同进行，不仅清点库存现金的实有数，还要检查是否遵守现金管理制度的规定。

库存现金清查完毕，应根据现金日记账余额与盘点结果填制"库存现金盘点报告表"，并由盘点人员和出纳员共同签章，以示负责。"库存现金盘点报告表"的格式见图9-2：

库存现金盘点报告表

单位名称：A公司　　　2005年10月31日　　　　　　　单位：元

实存金额		账存金额	对比结果		备注
			盘盈	盘亏	
现金实有数	1 258.20				未入账付款凭证系盘点前付出，并已审批。
已付款未入账的付款凭证	242.00				
合计	1 500.20	1500.00		0.20	

盘点人签章：×××　　　　　出纳员签章：×××

图9-2

2. 银行存款的清查

银行存款的清查使用账单核对法，即将银行存款日记的余额与银行对账单的余额相核对，以查明其是否相符的方法。具体操作方法是：将银行存款日记账与银行对账单进行逐笔核对，在双方都有的记录处作出核对记录如打"√"，对只有一方有记录的要作进一步的核实，分析其产生不一致的原因，以便作出相应的处理。如出现只有一方有记录的现象，必定出现银行存款日记账余额与银行对账单余额不相符的现象。产生不相符的原因大致有两个：

（1）一方记录有错误或双方记录都有错误，属于哪一方的错误，就由哪一方按照规定的更正方法进行更正。

（2）未达账项。未达账项是指在银行和企业之间，由于凭证的传递时间不同导致的记账时间不一致而发生的，一方已经登记入账而另一方尚未收到凭证而尚未入账的款项。

未达账项包括以下四种类型：

第一，企业送存银行的款项，企业已作银行存款增加入账，而银行尚未办妥收款手续，未记入企业的银行存款户，即企业已收银行未收。

第二，企业开出了付款凭证，企业已作银行存款减少入账，而银行尚未办妥付款手续，未记入企业的银行存款户，即企业已付银行未付。

第三，银行已为企业收进款项，增加企业银行存款的账户，而企业尚未收到收款凭证，未记入企业的银行存款户，即银行已收企业未收。

第四，银行已为企业支付款项，减少企业银行存款的账户，而企业尚未收到付款凭证，未记入企业的银行存款户，即银行已付企业未付。

为验证银行存款日记账余额的正确性，必须采用一定的方法对双方的余额进行调整，实际工作中是以编制"银行存款余额调节表"来进行的。其方法是：在企业与银行双方账面余额的基础上各自补记增加对方已收款而己方尚未收款的款项，补记减少对方已付款而己方尚未付款的款项。

例9-1 A公司2010年10月31日银行存款日记账余额为458 632元，银行对账单余额为487 351元，经逐笔核对，发现下列未达账项：①31日，企业将现金4 600元存入银行，根据进账单，企业已记银行存款增加，而银行尚未入账；②30日，企业开出的转账支票21 500元支付前欠的货款，企业已记银行存款减少，而银行尚未入账；③31日，银行代收的货款35 100元已收到，记企业的银行存款增加，而企业尚未入账；④31日，银行代付企业的水电费23 281元，记企业的银行存款减少，而企业尚未入账。

根据资料编制银行存款余额调节表如表9-2。

表9-1　　　　　　　　　　　　银行存款余额调节表
　　　　　　　　　　　　　　　　2010年10月31日　　　　　　　　　　　　　　　单位：元

项目	金额	项目	金额
企业银行存款日记账余额	458 632	银行对账单余额	487 351
加：银行已收企业未收	35 100	加：企业已收银行未收	4 600
减：银行已付企业未付	23 281	减：企业已付银行未付	21 500
余额	470 451	余额	470 451

调节后如果双方余额相等，则可认为双方记录正确，但不能肯定；如果双方余额不等，则可肯定一方或双方记录有错误，应找出错误并予以更正。

二、现金清查结果的处理

1. 账户设置

为了反映和监督各单位在财产清查过程中查明的各种财产的盈亏或毁损及其报经批准后的转销数额，应设置"待处理财产损溢"账户。该账户属于双重性账户。其设置"待处理流动资产损溢"和"待处理固定资产损溢"两个明细分类账户，进行明细分类核算。其借方登记各项财产的盘亏或毁损数额和各项盘盈财产报经批准后的转销数；贷方登记各项财产的盘盈数额和各项盘亏或毁损财产报经批准后的转销数。期末一般无余额。

2. 账务处理

（1）如为现金短缺，属于应由责任人赔偿或保险公司赔偿的部分，计入其他应收款；属于无法查明的其他原因，计入管理费用。

（2）如为现金溢余，属于应支付给有关人员或单位的，计入其他应付款；属于无法查明原因的，计入营业外收入。

例9-2 某企业2010年3月份进行库存现金清查中发现长款500元。其会计处理如下：
  （1）发现时：
  借：库存现金   500
    贷：待处理财产损溢——待处理流动资产损溢   500
  （2）经反复检查，未查明原因，转作营业外收入处理：
  借：待处理财产损溢——待处理流动资产损溢   500
    贷：营业外收入   500

例 9-3 某企业 2002 年 5 月在库存现金清查中发现短款 800 元。
  （1）发现时：
  借：待处理财产损溢——待处理流动资产损溢   800
    贷：库存现金   800
  （2）查明原因，该短款属于出纳员王红的责任，应由出纳员赔偿 500 元，其余无法查明原因：
  借：其他应收款——王红   500
    管理费用   300
    贷：待处理财产损溢——待处理流动资产损溢   800

第三节 实物财产的清查

一、实物财产清查的原始凭证

  实物财产由于其形态、体积、重量以及堆放方式不同，其清查方法也不相同，比较常用的是盘点法。
  盘点时，实物财产保管人员应会同专门清查人员一起进行，如实将盘点结果登记在盘存单上，并经专门清查人员和实物保管人员同时签章生效。
  盘存单是财产物资盘点结果的书面证明，也是反映实物财产实有数的原始凭证，一般一式三联，第一联留存备查，第二联交实物保管员保存，第三联交会计部门与账面记录相对。
  盘点结束后将盘存单所记录的实存数与账面结存数进行对比，如不符应编制账存实存对比表，以确定实物资产的盘盈数或盘亏数。
  账存实存对比表是调整账簿记录的原始凭证，也是分析盈亏原因、明确经济责任的依据。
  在实际工作中为简化编表工作，账存实存对比表通常只编列账实不符资产，此时该表只反映盈亏情况，因而也叫盘盈盘亏报告表。
  例 9-4 海城市恒易机电设备有限公司 2006 年 1 月 31 日财产清查情况资料见图 9-3、图 9-4：

海城市恒易机电设备有限公司
盘盈、盘亏报告表
2006年1月31日　　编号：06010101

类别	名称	计量单位	单价	账存数量	实存数量	对比结果 盘盈 数量	对比结果 盘盈 金额	对比结果 盘亏 数量	对比结果 盘亏 金额
原材料	乙材料	kg	60.00	3000	3005	5	300.00		

原因以及处理意见：

审批意见：

仓库主管：　　　制表：李雷生

第二联　会计记账

图 9-3

海城市恒易机电设备有限公司
盘盈、盘亏报告表
2006年1月31日　　编号：06010301

类别	名称	计量单位	单价	账存数量	实存数量	对比结果 盘盈 数量	对比结果 盘盈 金额	对比结果 盘亏 数量	对比结果 盘亏 金额
固定资产	M设备	台	3000.00	8	7			1	3000.00

原因以及处理意见：经查对账面记录，已提折旧2400元。

审批意见：

仓库主管：　　　制表：李雷生

第二联　会计记账

图 9-4

海城市恒易机电设备有限公司2006年1月31日财产清查结果的处理情况资料见图9-5、图9-6：

海城市恒易机电设备有限公司
盘盈、盘亏报告表
2006年1月31日　　编号：06010101

类别	名称	计量单位	单价	账存数量	实存数量	对比结果 盘盈 数量	对比结果 盘盈 金额	对比结果 盘亏 数量	对比结果 盘亏 金额
原材料	乙材料	kg	60.00	3000	3005	5	300.00		

原因以及处理意见：原材料属收发过程中计量误差，作自然溢余处理。

审批意见：同意处理意见
刘贵祥
2006.1.31

仓库主管：邓晓静　　　制表：李雷生

第三联　审批凭证

图 9-5

海城市恒易机电设备有限公司
盘盈、盘亏报告表
2006年1月31日　　　编号：06010301

类别	名称	计量单位	单价	账存数量	实存数量	对比结果			
						盘盈		盘亏	
						数量	金额	数量	金额
固定资产	M设备	台	3000.00	8	7			1	3000.00

原因以及处理意见：经查对账面记录，已提折旧2400元。固定资产系拾荒人盗窃，已被拆散不能使用，已提折旧2400元，净值作营业外支出。

审批意见：同意处理意见　刘贵祥　2006.1.31

第三联　审批凭证

仓库主管：邓晓静　　　制表：李雷生

图 9-6

二、原材料清查结果的处理

1. 原材料盘盈经批准后冲减管理费用

例 9-5　甲公司在财产清查中盘盈 A 材料 1 000 千克，实际单位成本 60 元，经查属于材料收发计量方面的错误。应作如下会计处理：

（1）批准处理前：

借：原材料——A 材料　　　　　　　　　　　　　　　　60 000
　　贷：待处理财产损溢——待处理流动资产损溢　　　　　　60 000

（2）批准处理后：

借：待处理财产损溢——待处理流动资产损溢　　　　　　60 000
　　贷：管理费用　　　　　　　　　　　　　　　　　　　60 000

2. 原材料盘亏分别以下情况进行会计处理

（1）属于自然损耗产生的定额内的合理损耗，经批准后即可转作"管理费用"账户。
（2）属于自然灾害造成的非常损失，经批准后即可作"营业外支出"账户处理。
（3）属于责任者个人赔偿的，经批准后即可转作记入"其他应收款"账户处理。

例 9-6　甲公司在财产清查中发现盘亏 B 材料 500 千克，实际单位成本 200 元，经查属于一般经营损失。应作如下会计处理：

（1）批准处理前：

借：待处理财产损溢——待处理流动资产损溢　　　　　　100 000
　　贷：原材料——B 材料　　　　　　　　　　　　　　　100 000

（2）批准处理后：

借：管理费用　　　　　　　　　　　　　　　　　　　　100 000
　　贷：待处理财产损溢——待处理流动资产损溢　　　　　100 000

例 9-7　甲公司在财产清查中发现毁损 L 材料 300 千克，实际单位成本 100 元，经查属于材料保管员的过失造成的，按规定由其个人赔偿 20 000 元，残料已办理入库手续，价值 2 000 元。应作如下会计处理：

（1）批准处理前：

借：待处理财产损溢——待处理流动资产损溢　　　　　　　　30 000
　　贷：原材料——L 材料　　　　　　　　　　　　　　　　　　30 000

（2）批准处理后：

①由过失人赔款部分：

借：其他应收款　　　　　　　　　　　　　　　　　　　　　20 000
　　贷：待处理财产损溢——待处理流动资产损溢　　　　　　　20 000

②残料入库：

借：原材料——L 材料　　　　　　　　　　　　　　　　　　20 000
　　贷：待处理财产损溢——待处理流动资产损溢　　　　　　　20 000

③材料毁损净损失：

借：管理费用　　　　　　　　　　　　　　　　　　　　　　80 000
　　贷：待处理财产损溢——待处理流动资产损溢　　　　　　　80 000

例 9-8　甲公司因台风造成一批库存 B 材料毁损，实际成本 70 000 元，根据保险责任范围及保险合同规定，应由保险公司赔偿 50 000 元。应作如下会计处理：

（1）批准处理前：

借：待处理财产损溢——待处理流动资产损溢　　　　　　　　70 000
　　贷：原材料——B 材料　　　　　　　　　　　　　　　　　　70 000

（2）批准处理后：

借：其他应收款　　　　　　　　　　　　　　　　　　　　　50 000
　　营业外支出——非常损失　　　　　　　　　　　　　　　　20 000
　　贷：待处理财产损溢——待处理流动资产损溢　　　　　　　70 000

三、固定资产清查结果的处理

1. 固定资产盘盈经批准后作为以前年度损益调整

例 9-9　某企业 2010 年 12 月在财产清查中盘盈机床一台，重置成本为 50 000 元。经批准将该盘盈的机床转作以前年度损益调整。

（1）批准前：

借：固定资产　　　　　　　　　　　　　　　　　　　　　　50 000
　　贷：待处理财产损溢——待处理固定资产损溢　　　　　　　50 000

（2）批准后：

借：待处理财产损溢——待处理固定资产损溢　　　　　　　　50 000
　　贷：以前年度损益调整　　　　　　　　　　　　　　　　　50 000

2. 固定资产盘亏经批准后作为营业外支出

例 9-10　某企业 2010 年 12 月在财产清查中盘亏设备一台，账面余额为 40 000

元，累计折旧 5 000 元。经批准将该盘亏的设备转作营业外支出。

（1）批准前：

借：待处理财产损溢——待处理固定资产损溢　　　　　　35 000
　　累计折旧　　　　　　　　　　　　　　　　　　　　　5 000
　　贷：固定资产　　　　　　　　　　　　　　　　　　　　　　40 000

（2）批准后：

借：营业外支出　　　　　　　　　　　　　　　　　　　35 000
　　贷：待处理财产损溢——待处理固定资产损溢　　　　　　　　35 000

四、在产品的清查

对于在产品的清查工作，企业可以定期进行清查，也可以不定期轮流清查。如果企业的生产车间没有建立在产品的日常收发核算，则每月月末都必须清查一次在产品，以便取得在产品的实际盘存资料。

清查后，应根据盘点结果和账面资料编制在产品盘点表，填明在产品的账面数、实存数和盘存盈亏数，以及盈亏的原因和处理意见。对于报废和毁损的在产品，还要登记残值。

在产品发生盘盈时，盘盈在产品的成本，借记"生产成本"科目，并记入相应的生产成本明细账各成本项目，贷记"待处理财产损溢"科目；按管理权限经批准进行处理时，借记"待处理财产损溢"科目，贷记"管理费用"科目。

在产品发生盘亏和毁损时，借记"待处理财产损溢"科目，贷记"生产成本"科目，并从相应的生产成本明细账各成本项目中转出，冲减在产品成本；毁损在产品的残值，借记"原材料"科目，贷记"待处理财产损溢"科目；按管理权限报经批准进行处理时，应借记"待处理财产损溢"科目，贷记"管理费用""其他应收款"等有关科目。

例 9-11　甲公司在财产清查中盘亏 A 在产品 10 件，实际单位生产成本 50 元，经查属于厂区内部运输过程中遗失，应由责任人周华赔偿。会计处理如下：

（1）批准处理前：

借：待处理财产损溢——待处理流动资产损溢　　　　　　500
　　贷：生产成本——基本生产成本——A 产品　　　　　　　　500

（2）批准处理后：

借：其他应收款——周华　　　　　　　　　　　　　　　500
　　贷：待处理财产损溢——待处理流动资产损溢　　　　　　　500

第四节 债权债务的清查

一、债权债务的清查方法

债权债务清查的方法一般使用函证核对法。企业首先在检查本单位各项往来款项账簿记录正确和完整的基础上编制"往来款项对账单",送(寄)交对方单位核对。"往来款项对账单"的内容可分为两部分,上半部分说明债权或债务形成的原因、时间及其金额,要求予以核对,下半部分是回单,请对方单位在核对的基础上说明是否有误及其有误的金额等。"往来款项对账单"的格式见图9-7:

往来款项对账单

滁城市九江机电商场:

贵单位 __2006__ 年 __1__ 月 __23__ 日购入我单位 __A产品400台、B产品500台__,合计价税款 __468,000__ 元,已于当日付款 __268,000__ 元,尚有 __200,000__ 元款项未付,请核对后将回单寄回我单位为感。

（滁城市恒易机电设备有限公司 财务专用章 2006年1月29日）

(请沿此虚线裁开,将以下回联寄回)

往来款项对账单（回联）

滁城市恒易机电设备有限公司:

你单位寄来的"往来款项对账单"已经收到,经核对无误。☑
你单位寄来的"往来款项对账单"已经收到,经核对存在下列差异:□
1.
2.

（滁城市九江机电商场 财务专用章 2006年1月30日）

图9-7

债权债务清查时要注意,为方便对方寄回回联,在邮寄往来款项对账单时,应填写好回寄的信封,并贴足邮票。

对方单位在收到往来款项对账单后,应认真进行核对,根据核对的具体情况选择"你单位寄来的'往来款项对账单'已经收到,经核对无误",还是选择"你单位寄来的'往来款项对账单'已经收到,经核对存在下列差异",并在后面的"□"打"√"。如果选择后者,还应具体说明存在差异的情况。

需要说明的是,往来款项对账单不是原始凭证,因此,无需编制记账凭证,也不能作为记账的凭据,它的目的仅仅是为了核对账目。

二、债权债务的清查结果的账务处理

企业应当在资产负债表日对应收款项的账面价值进行检查,有客观证据表明该应收款项发生减值的,应当将该应收的账面价值减记至预计未来现金流量现值,减记的金额确认为减值损失。

企业的各项款项,可能会因为购买方的拒绝付款、破产、死亡等原因而无法收回。这类无法收回的应收款项就是坏账。因坏账而使企业遭受的损失称为坏账损失,通过"资产减值损失"科目进行核算。确定应收款项减值有两种方法,即直接转销法和备抵法。

(一)直接转销法

采用直接转销法时,日常核算中应收款项可能发生的坏账损失不予考虑,只有在实际发生坏账时,才作为损失计入当期损益,同时冲减相应的应收款项,即借记"资产减值损失"科目,贷记"应收账款"科目。

例9-12 2005年甲企业发生一笔35 000元的应收账款,长期无法收回,于2008年年末确认为坏账,2008年年末编制如下会计分录:

借:资产减值损失——坏账损失　　　　　　　　　　　　35 000
　　贷:应收账款　　　　　　　　　　　　　　　　　　　　35 000

这种方法处理的优点是账务处理简单、实用,其缺点是不符合权责发生制和收入与费用相互配比的会计原则。在这种方法下,只有坏账已经发生时,才能将其确认为当期费用、导致各期收益不实。这在一定程度上歪曲了期末的财务状况。

(二)备抵法

我国会计准则规定采用备抵法确定应收款项的减值。备抵法是采用一定的估值方法估计坏账损失,计入当期费用,同时建立坏账准备,在坏账实际发生时,冲减相应的坏账准备和应收款项。与直接转销法相比较,坏账损失计入了同一期间的损益,体现了收入与费用配比的原则,避免企业明盈实亏。在资产负债表上列示应收款项净额,使报表使用者能了解企业应收款项的可变现净额。

由于发生坏账损失带有很大的不确定性,所以企业只能根据过去与购买方交往的经验、当前的市场政策和行业因素,准确地估计每期应收款项未来现金流量现值,从而确定本期减值损失金额,计入当期损益。企业在预测未来现金流量现值时,应当在合理预计未来现金流量时,合理选用折现利率。短期应收款项预计未来现金流量与其现值相差很小,在确认相关减值损失时,可不对预计未来现金流量进行折现。

企业应当设置"坏账准备"科目,核算应收款项的坏账准备计提、转销情况。企业当期计提的坏账准备应当计入资产减值损失。"坏账准备"科目的贷方登记当期计提的坏账准备金额,借方登记当期实际发生的坏账损失金额和冲减的坏账准备金额,期末余额一般在贷方,反应企业已计提但尚未转销的坏账准备。

坏账准备可按以下公式计算:

当期应计提的坏账准备＝期末按应收款项期末余额计算的坏账准备应有余额－(或＋)计提前"坏账准备"科目的贷方(或借方)余额

其中,"坏账准备"应有余额的具体确定方法,准则给出了多种选择,主要有应收账款余额百分比法,应收账款账龄分析法,销货百分比法和个别认定法,在此不作具体介绍,只着重说明相关的账务处理方法。

企业计提坏账准备时,按应减记的金额,借记"资产减值损失——计提的坏账准备"科目,贷记"坏账准备"科目。冲减多计提的坏账准备时,借记"坏账准备"科目,贷记"资产减值损失——计提的坏账准备"科目。

例 9-13 A公司销售一批产品给B公司,价款500 000元,按照合同约定B公司应当于2008年8月30日付清所欠A公司货款。截至2008年12月31日A公司得知B公司发生重大经营损失,根据经验针对上述货款计提50 000元坏账准备。2008年年末编制如下会计分录:

借:资产减值损失——计提坏账准备　　　　　　　　　　　50 000
　　贷:坏账准备　　　　　　　　　　　　　　　　　　　　　　50 000

企业确实无法收回的应收款项按管理权限报经批准后作为坏账转销时,应当冲减已计提的坏账准备。已确认并转销的应收款项在以后又收回的,应当按实际收到的金额增加坏账准备的账面余额。企业发生坏账损失时,借记"坏账准备"科目,贷记"应收账款""其他应收款"等科目。

例 9-14 假如A公司2009年对B公司的应收款项实际发生坏账损失20 000元,确认坏账损失时,A公司编制如下会计分录:

借:坏账准备　　　　　　　　　　　　　　　　　　　　　　20 000
　　贷:应收账款——B公司　　　　　　　　　　　　　　　　　20 000

例 9-15 A公司为了维持与B公司的长期协作关系,2009年4月与B公司协商同意免除对B公司的应收账款100 000元,余款要求B公司立即用银行存款支付。

A公司的账务处理:

借:银行存款　　　　　　　　　　　　　　　　　　　　　400 000
　　坏账准备　　　　　　　　　　　　　　　　　　　　　　50 000
　　营业外支出——债务重组损失　　　　　　　　　　　　　50 000
　　贷:应收账款——B公司　　　　　　　　　　　　　　　　500 000

B公司的账务处理:

借：应付账款——A公司	500 000	
贷：银行存款		400 000
营业外收入——债务重组利得		100 000

例9-16 承例9-13和例9-14，假设A公司2009年年末应收B公司账款余额为800 000元，经减值测试，A公司应计提80 000元坏账准备。

根据A公司坏账核算方法，其"坏账准备"科目贷方应保持的余额为80 000元，计提坏账准备前，"坏账准备"科目的实际贷方余额为30 000（50 000-20 000）元，因此本年应计提的坏账准备金额为50 000（80 000-30 000）元。A公司应编制如下会计分录：

借：资产减值损失——计提的坏账准备	50 000	
贷：坏账准备		50 000

已确认并转销的应收款项在以后又收回的，应当按实际收到的金额增加坏账准备的账面余额，即借记"应收账款""其他应收款"等科目，贷记"坏账准备"科目；同时，借记"银行存款"等科目，贷记"应收账款""其他应收款"等科目。也可按实际收回的金额，借记"银行存款"等科目，贷记"坏账准备"。

例9-17 A公司2009年5月，收到已转销的坏账10 000元，已存入银行。A公司应编制如下会计分录：

借：应收账款	10 000	
贷：坏账准备		10 000
借：银行存款	10 000	
贷：应收账款		10 000

或：

借：银行存款	10 000	
贷：坏账准备		10 000

第十章 会计工作的组织

第一节 会计工作组织的意义与要求

一、组织会计工作的意义

会计工作组织是指如何根据会计工作的特点去制定企业的会计法规、设置会计机构、配备会计工作人员、保管会计档案等方面的会计组织工作，从而合理保证会计工作系统有效地正常运行。

会计是一项复杂而细致的系统工作，其内部各组成部分的协调和组织问题至关重要，只有相互协调、组织有序，才能使得整个会计系统运行有序、工作顺利。具体而言，会计工作组织的主要内容包括：会计机构的设置、会计人员的配备、会计人员的职责权限、会计档案的保管、会计法规制度的制定和规范以及会计工作的电算等。

如何科学地组织会计工作对于完成会计职能，实现会计的目标，发挥会计在经济管理中的作用，具有十分重要的意义，其具体表现在以下方面：

1. 有利于维护国家的财经法规

会计工作的政策性、原则性和制度性都极其强烈，它所提供的各项信息既涉及国家的方针政策、法律法规及制度的贯彻执行，也关乎各单位经济计划和经济预算的落实兑现。会计机构必须认真贯彻国家的财经法规、严格监督企业经济活动的实施，会计人员要勇于同一切违法乱纪、贪污浪费的不良行为作斗争，积极维护国家财经法纪的严肃性和企业经济预算的有效性。

2. 有利于提高会计工作的质量和效率

会计工作极为细致复杂，从凭证到账簿再到报表，所有的会计信息都必须通过一系列的程序和手续，反映不同部门的各项经济业务，其程序、手续和数字之间皆有密不可分的联系，故而会计机构和会计人员之间只有通过合理的手续制度和处理程序，方能使各个生产经营环节相互配合、协调一致地联成有机系统，以保证会计工作质量、提高会计工作效率。

3. 有利于创新会计方法和完善会计制度

会计工作是经济管理工作的重要组成部分，它既有独立的职能，又同其他经济管理工作存在十分密切的联系，并且相互影响、相互制约、相互促进。"经济越发展，会计越重要"，随着经济全球化的深入，会计法规制度体系逐步健全，会计在加强企业管理、提高经济效益、促进企业发展等方面的重要作用愈加明显。为此，要开拓财会工作视野、加强经济核算、创新工作效率，这就必须要有一套与时俱进会计制度、与实际情况匹配的工作机构和会计人员，既遵循工作规范，又能根据企业实际需求调整会计组织工作，由此更好、更完整地实现会计目标，从而发挥会计工作应有的作用。

二、会计工作组织的要求

"没有规矩，不成方圆"，为了确保会计信息的质量和推进会计工作的开展，会计工作的组织必须遵循以下要求：

(一) 严格按照国家的统一性规定来组织会计工作

会计工作的组织应当受到《会计法》《总会计师条例》《会计基础工作规范》《会计专业职务试行条例》《会计档案管理办法》《会计电算化管理办法》等国家统一的各种法规、制度的制约，由此才能使会计工作既满足国家宏观管理的需要，又满足企业内部管理人员、投资者、债权人、客户及其他关联者的需求。

(二) 积极适应本单位经营管理的特点和要求

会计是以会计主体为前提的。组织会计工作必须要符合国家的统一法规，但更需切合本单位的实际情况和经营管理特点。由此，会计机构的大小、会计岗位及人员的多寡、会计计算方法的采用、账务处理的程序、会计科目的设置、内部管理报表的编制等方面，都必须结合本单位的实际情况方能制定本企业会计制度，确定本企业会计工作的具体安排。

(三) 在确保质量前提下的工作精简和节约

会计工作十分复杂，如果组织不好，就会重复劳动，造成资源浪费。科学地组织好会计工作，既要准确、完整、及时地提供会计信息；也要严格会计监督，做到有效、合理、合法，确保会计工作质量。与此同时，会计管理程序的规定、会计凭证、账簿、报表的设计、会计机构以及会计人员的配置等，都应避免繁琐，力求精简节约、提高工作效率。

(四) 在贯彻单位整体经济责任制下推进会计责任制度的建设

会计是单位经济管理工作的重要组成。要科学地组织会计工作，就应在保证贯彻企业整体经济责任制的同时，建立并完善会计独特的责任制度。要合理分工、相互制约，力求使每个岗位上的会计人员都能认真履行本岗位职责，各岗位相互配合、共同努力，强化会计工作规范化，不断提升本单位经济管理工作的整体水平。

第二节 会计机构

会计机构是指会计主体中直接从事、组织领导和处理会计工作的职能部门。合理设置、明确任务、建立健全的会计机构，是会计工作顺利开展的重要保障。

一、会计机构的设置

设置会计机构，必须要以遵循《会计法》为依据。《会计法》第三十六条明确规定："各单位应当根据会计业务的需要，设置会计机构，或者在有关机构中设置会计人员并指定会计主管人员；不具备条件设置的，应当委托经批准设立从事会计代理记账业务的中介机构代理记账。"为此，会计机构设置应当明确以下三点：

（1）根据这一规定，为了科学合理地组织好会计工作，各单位都必须要本着实事求是的原则设置相应的会计机构。不过，单位有大就有小，业务有繁就有简。是否设置单独的会计机构，会计机构的性质、组织定位，会计机构的级数、与其他管理机构的分工协调等，都不可能搞"一刀切"。同时，单位的有效经营管理是以信息的及时准确和全面系统为前提的，单位的经营管理要求越高，其对本单位会计信息系统的要求也越高，从而决定了该单位设置会计机构的性质。也即是说，会计机构的设置既要与本单位经济规模及管理体制相适应，也要与单位会计工作的组织形式及业务需要相适应；还要与本单位其他管理机构相协调。会计机构的设置要综合权衡，设置妥善解决设置性质、分设与合设、设置级数、与其他管理机构的分工协调等方方面面的问题，方能确保本单位经济核算与监督工作的正常进行。

（2）根据这样的弹性规定，一个单位是否单独设置会计机构，往往取决于单位规模、经济业务及管理要求。单位规模大小决定单位内部职能部门的设置，也决定会计机构的设置与否。一般来说，单位规模大、经济业务多、财务收支数额较大、会计业务较多的党团社会团体或经济组织，都应单独设置会计机构，如会计（或财务）处、部、科、股、组等，以便及时组织本单位各项经济活动和财务收支的核算，确保会计工作效率及会计信息质量，实行有效的会计监督。而对规模很小、业务及人员简单的行政组织单位，可以不设单独的会计机构，但需将会计业务并入其他的职能部门或进行代理记账。

（3）企事业单位和党团行政部门设置会计机构，不仅需要满足对经费收支及时核算和报告的要求，同时也需要严格单位的内部会计控制制度、内部稽核制度，以保证该单位预算资金的安全与合理地使用。

①内部会计控制包括内部会计控制体系、会计人员岗位责任制度、账务处理程序制度、内部牵制制度、稽核制度、原始记录管理制度、定额管理制度、计量验收制度、财产保护制度、预算控制制度、财务收支审批制度、成本核算制度和财务会计分析制度。建立并严格执行内部会计控制制度的单位，其内部不同的机构岗位之间权责分明、相互制约、相互监督，其会计工作在经济管理中的作用就能有效发挥。

②会计稽核制度是指会计机构内部指定专人对会计核算工作进行自我检查或审核的制度。建立会计机构内部稽核制度，实行钱账分管，可以加强单位会计的相互制约、相互监督，提高会计核算的工作质量，防止会计经济事项处理过程中的差错和舞弊行为。

（3）在我国，会计管理机构的设置有三个层次：中央和省、市地方财政设立会计事务管理机构，负责领导全国会计工作；中央和地方各级企业管理机关设置会计事务管理机构，负责组织、领导和监督所属单位的会计工作；基层企业设置会计事务管理机构（如会计处、科、组），在总经理和总会计师领导下，负责办理本单位的会计工作，接受上级会计事务管理机构的指导和监督。

我国财政部是负责管理全国会计工作的领导机构。设置会计事务管理司，主管全国的会计工作。其主要职责是：负责全国统一的会计法规、准则和制度的制定和组织实施；负责管理全国会计人员专业技术职称的考评工作；依据会计工作实践出现的新问题、新情况，提出不断改进我国会计工作的新措施；监督和管理注册会计师事务所工作等。各级地方财政部门相应地设置会计处、科、股等机构，主管本地区所属各单位的会计工作。

各级业务主管部门会计机构指各级主管部门执行总预算的会计机构。一般设置会计（财务）司、局、处、科，主管本系统所属单位的会计工作。他们的主要任务：根据国家统一的会计法规、制度的要求，制定本系统适用的会计法规、制度的实施细则；负责检查、指导和监督所属单位的会计工作，审核分析并批复所属单位上报的会计报表，并编制本系统的汇总会计报表；核算本单位与财政机关以及上下级之间有关款项缴拨的会计事项；负责本地区、本系统会计人员的业务培训等。

基层单位的会计机构包括实行企业化管理的事业单位、大中型企业以及业务较多的行政单位、社会团体和其他组织，都应设置会计机构，称之为会计（财务）处、科、股等，各单位的会计机构，在行政领导人的领导下开展会计工作。在设置总会计师的单位，其会计机构直接由总会计师直接领导，对于规模小、会计简单的业务单位可以不单独设置会计机构，可在有关机构中设置会计人员并指定会计主管人员；不具备设置条件的应当委托经批准设立从事会计代理记账业务的中介机构代理记账。基层单位会计机构的主要任务是组织和处理本单位的会计工作，及时向有关部门和人员提供有效的会计信息，参与企业经济管理的预测和决策。贯彻执行国家财经制度，管好用好资金，降低成本、增收节支，努力提高经济效益。基层会计单位接受上级财务会计部门的指导和监督。

二、会计工作组织形式

由于企业的规模、业务性质、生产组织和经营特色有较大差异，会计工作的组织形式一般按企业会计核算的内容完整性和独立性分为独立核算和非独立核算两种核算方式。实行独立核算的单位通常都拥有供日常生产经营活动所需用的钱财，要在银行独立开设账户，并对外办理结算业务；会计主体具有完整的凭证、账簿及报表系统，实行独立编制财务计划，独立核算、自负盈亏。实行非独立核算方式的单位一般不专设会计机构，但需配备专职会计人员，由上级机构汇总记账。

实行独立核算方式的会计主体，其会计工作的组织形式又可分为集中核算和非集中核算两种形式。

集中核算就是把整个单位的主要会计工作都集中在会计部门进行的核算。在这种组织形式下，单位内部的其他部门和下属单位只对其经济业务的发生填制原始凭证，并定期将汇总表送交会计部门。会计部门接手审核，然后据以填制记账凭证，登记总分类账和明细分类账，编制财务报表。集中核算可以减少环节、简化手续，便于会计部门全面及时地掌握单位的财务状况和经济成果。但缺点是不利于单位内部经济责任的划分和落实。

非集中核算是相对于集中核算而言的，又称分散核算，是将会计工作分散在单位内部会计部门以外的其他部门和下属单位进行的核算。在分散核算形式下，会计部门以外的其他部门和下属单位在会计部门的指导下，对其发生的经济业务进行全面的核算，包括填制原始凭证、凭证整理、登记明细账、成本核算、编制内部报表等，单位会计部门则进行总分类核算和编制单位会计报表。非集中核算可使各职能部门和下属单位随时了解其经济活动状况，能及时发现并处理问题，有利于经济责任制的贯彻落实。缺点是核算形式层次多，手续繁杂。

当然，两种会计工作组织形式并非对立的。在同一单位，可能对某些业务采取集中核算而对另外一些业务又采用非集中核算。究竟采取何种核算形式，主要还是取决于内部经营管理的需要，内部是否实行分级管理、分级核算等。但无论采取何种形式的核算，企业的对外债权债务结算、现金及银行存款的收付、物资的供销等最后都应当在会计部门集中处理。

实行内部经济核算制的单位，根据其管理需要也可以采用分散核算的形式。但此时这些部门不能单独对外签订交易合同，也不可在银行开设独立结算账户，同外单位发生的债权债务结算必须要通过会计部门负责办理。同时，会计机构对单位内部的非独立核算单位的核算工作，要加强指导和监督。

三、会计工作岗位的设置

会计岗位是指从事会计工作，办理会计事项的具体职位。会计岗位的设置主要涉及两个方面：一是工作岗位的基本状况；二是工作岗位的人员落实。工作岗位的基本状况是企业里的工作岗位分类组织情况。企业应根据自身规模大小、业务量多少等具体情况设置会计岗位。会计档案正式移交档案管理部门后的会计档案管理工作，不属于会计岗位；医院门诊收费员、住院处收费员、商场收费（银）员不属于会计岗位；单位内部审计委员会成员、内部审计岗位均不属于会计岗位。

目前我国会计工作的示范性岗位设置主要有会计机构负责人或会计主管、出纳、财产物资核算、工资核算、成本费用核算、财务成果核算、资金核算、往来核算、总账报表、稽核、档案管理、电算化岗位等。其主要职责要求有：

（1）综合财务岗。主要职责是负责货币资金出纳与保管、收付凭证审核、相关日记账的登记工作；并且办理企业和其他单位之间往来结算、支付；监督企业贯彻执行国家现金管理制度、结算制度和信贷制度；负责登记总账，总账、日记账和明细账间的核对，总账余额的试算平衡，编制资产负债表并与其他会计报表核对；进行企业财务状况的综合分析、财务预测；负责参与制定和分析货币资金收支和融资计划、参与制定企业财务计划与生产经营决策等。

（2）工资核算岗。主要负责企业员工的各种薪金报酬的计算；办理职工工资的结算并进行有关明细核算；参与制定工资计划，协助劳资部门分析工资总额计划执行情况，控制工资总额支出，监督工资基金的使用等。

（3）固定资产核算岗。会同有关部门拟定固定资产的核算与管理办法；审核固定资产的购置调拨、内部转移、租赁清理等活动；负责固定资产的明细核算和报表编制；分析固定资产的使用效果；参与固定资产的清查；参与制定固定资产的重置、更新和修理计划，指导和监督固定资产的使用和管理核算工作。

（4）材料核算岗。主要负责审核材料采购的发票、账单等结算凭证；进行材料采购、收发、结存方面的明细核算；参与库存材料的清查；配合有关部门制定材料物资消耗定额、参与审查汇编材料采购资金的计划；指导和监督供应、仓库和车间部门的材料核算、控制材料成本和分析采购资金的使用占用情况等。

（5）成本费用岗。会同有关部门建立健全成本费用核算管理、原始记录、消耗定额和计量检验等制度；审核各项成本费用开支；负责参与自制半成品和产成品的清查；负责库存商品的明细分类核算；进行成本核算、编制成本报表；参与成本计划的制订、执行、分析，改进成本管理的基础性工作等。

（6）收入和利润核算岗。负责库存产品收发、销售和营业外收支凭证等的审核；负责进行库存商品、销售款项结算，办理利润和利润分配的明细核算业务；计算应交税费，进行利润分配，编制利润表；协助有关部门对产成品、库存商品进行清查，分析成品资金的占用情况；参与市场预测，参与销售、利润及其分配计划的制订和执行等。

（7）资金岗。拟定资金管理和核算办法；负责企业生产经营所需资金的筹集、使用、调度；负责资金筹集和企业各项投资的明细分类核算；随时掌握了解资金市场动态，不断降低资金成本、提高融资效率；负责编制现金流量表。

总的说来，会计工作岗位的设置应遵从《会计基础工作规范》规定的基本原则和示范性要求：一是会计工作岗位可以一人一岗、一人多岗或者一岗多人。在人员配备上要符合内部牵制制度的要求，不相容的业务不能由同一会计人员来执行，要落实钱、账、物的分管制度，出纳人员不得兼管稽核、会计档案保管和收入、费用、债权债务账目的登记工作等。二是要有计划地进行会计人员的工作岗位轮换。轮换能使会计人员更全面地熟悉经济业务，提高其综合业务素质，防范错误和舞弊行为的发生。三是会计工作岗位的设置应根据单位经济业务的需要，可以调整、分解、合并会计工作岗位。开展会计电算化的单位，可根据需要设置相应的会计电算化岗位，也可与其他工作岗位相结合，以确保会计电算化工作的顺利进行。

会计电算化工作岗位可分为基本会计岗位和电算化会计岗位。基本会计岗位与手工各会计岗位相对应。会计电算化岗位是直接管理、操作、维护计算机及会计软件系统的工作岗位，主要包括：①电算化主管。负责协调计算机及会计软件系统的运行工作。②软件操作。负责输入记账凭证和原始凭证等会计数据，输出记账凭证、会计账簿、会计报表和进行部分会计数据处理工作。③审核记账。负责对输入计算机的会计数据（原始凭证和记账凭证）进行审核，操作会计软件登记机内账簿，对打印输出的账簿、报表进行确认。④电算化维护。负责保证计算机硬件、软件的正常运行，管理机内会计数据。⑤电算化审查。负责监督计算机及会计软件系统的运行，防止利用计算机进行舞弊。⑥数据分析。负责对计算机内的会计数据进行分析。采用大型、小型计算机和计算机网络会计软件的单位，可以由会计主管兼任。

四、内部会计管理制度

内部会计管理制度是指各企事业单位根据国家有关会计法律、法规、规章和制度的规定，结合本单位的经营与业务管理特点的要求，旨在规范单位内部会计管理活动而制定的有关会计工作的各项内部制度、措施和办法。

各企事业单位的内部会计管理应当设置哪些制度、各制度应当包括哪些内容？《会计基础工作规范》及相关会计法规制度已为会计工作指明了目标和方向。各单位组织应根据有关会计法规，结合不同地区、不同部门和不同行业的会计核算和业务管理需求，依据自身内部控制的系统状况作进行充实和细化，进而使会计法规和理财自主权落到实处。总之，建立健全单位内部会计管理制度，是贯彻执行会计法规、制度，保证各单位会计工作有序进行的重要措施，是加强会计基础工作的重要手段。根据近年会计核算和管理的实践，内部会计管理制度的建设内容主要有：

（1）内部会计管理体系建设。建立会计工作的组织管理体系，主要包括单位领导人、总会计师（或会计主管）对会计工作的领导职责；会计机构及其负责人、会计主管（或主要会计人员）的管理职责与权限；会计部门与其他职能部门的分工与协调关系；企事业单位内部的会计核算组织形式等。

（2）会计人员岗位责任制度建设。建立严谨的单位内部会计人员管理制度尤为重要，主要包括：会计人员的工作岗位及其职数设置；各会计工作的岗位职责与标准；各会计工作岗位的定员及其具体分工；会计工作岗位的轮换措施及其会计工作岗位的考核办法等。

（3）原始记录的管理制度建设。原始记录的管理制度建设是要为原始凭证的开具、接收、传递、使用保管等工作建立规范的管理制度，以确保会计核算各基础环节有序、正常和高效的推进。其主要内容包括：原始记录的格式、内容以及填制方法；原始凭证的审核、填制、签署、传递和保管、汇集和反馈要求；原始记录填制人的责任、有关人员对原始凭证记录的管理责任等。

（4）账务处理程序制度建设。建立健全会计凭证、会计账簿、会计报表等会计核算及其处理流程与方法的基本规范，其主要内容包括：按照国家的统一会计制度确定单位会计科目和明细科目的设置和使用范围；从单位会计核算的实际出发，明确本单位会计凭证的格式、填制要求、审核内容、传递程序及其保管要求等；依据有关规定和单位核算要求，明确本单位总账、明细账、辅助账等会计账簿的设置、记账、对账和改错等会计核算方法的规范要求；按照国家的统一要求，明确对外会计报表的种类和编制要求，依据内部管理需求确定本单位的内部会计指标和考核指标体系等。

（5）内部牵制制度建设。内部牵制是企业内部控制的重要制度之一，主要包括内部牵制制度的原则；组织分工、钱账分离、账物分离等；对出纳和有关岗位的职责、条件和限制权限等的限制性规定；有关部门或领导对限制性岗位的定期检查及其处理办法。

(6) 稽核制度建设。稽核制度建设是要在会计机构内部指派专人对有关会计凭证、会计账簿进行审核、复查的一种制度。建立稽核制度需要与会计人员的岗位责任制度合并考虑。其主要内容有：稽核工作的组织形式和具体分工；稽核工作的职责与权限；会计凭证、会计账簿、会计报表的审核与复核等基本程序和方法的稽核；稽核结果的处理和使用等。

(7) 定额管理制度建设。定额管理是对定额的制订依据、制订程序、考核方法、奖惩措施等的设置，包括：确定定额管理的范围，如工时定额、物资消耗定额、成本费用定额、人员定额、用工定额等；依据企业实际制定和修订定额的依据、程序和方法；定额的执行；定额的考核和奖惩办法等。

(8) 计量验收制度建设。计量验收是财务会计管理工作的基础，包括计量检测的手段和方法；计量验收管理的要求；计量验收人员的责任和奖惩办法。

(9) 财产清查制度建设。建立定期对财产物资进行清点盘查制度，这是保证会计的证账实相符、确保会计核算的质量和正常推进的重要措施。主要内容包括：财产清查的对象与范围；财产清查的组织与领导；财产清查的时间安排与程序、方法和要求；财产清查结果的处理，财产清查问题的处理程序、报批手续；对财产管理人员的奖惩制度与财产等。

(10) 财务收支审批制度建设。建立健全财务收支的审批范围、审批人员、审批权限、审批程序及其责任的制度，其主要内容有：①明确财务收支审批人员和审批权限；②确立财务收支审批程序；③明确对财务收支中违反规定的责任人和领导人的处理要求。

(11) 成本核算制度建设。成本核算制度主要是为针对本单位的成本计算、归集、分配的规则而立。其主要内容包括：成本核算的对象；成本核算方法和程序；相关成本的基础制度；成本考核和成本分析等。

(12) 财务会计分析制度建设。财务会计分析制度是为定期检查财务会计指标完成情况，了解会计问题和原因，提出相应改进措施，加强管理、提高效益的系列制度。其主要内容包括：财务会计分析的基本要求和组织程序；财务会计分析的时间、召集形式及其参加的部门和人员；财务会计分析的内容和具体方法；财务会计分析报告的编写要求等。

第三节 会计人员

会计人员是直接从事会计工作、处理会计业务，完成会计任务的专职或是专业人员。主要包括从事记账、算账、出纳、稽核、内部审计、报表编制、财务分析、财务会计主管、会计咨询等会计工作的现职人员，但不包括从事售票、开票、挂号、收费、报账、采购、保管和考勤等工作人员。各企事业单位和经济组织，都应当根据生产规模、经营特点和管理要求来配备一定数量和相当素质的会计从业资格人员，这是决定会计工作质量的关键性因素，是各单位会计工作正常开展的重要条件。

一、会计人员的从业资格

2005年3月1日起施行的《会计从业资格管理办法》明确规定：从事会计工作的人员必须取得会计从业资格，各单位不得任用（聘用）不具备会计从业资格的人员从事会计工作。

国家实行会计从业资格的考试制度，对会计从业资格的取得与管理作出了明确的规定，包括申请取得会计从业资格的基本条件、会计从业资格考试制度、会计从业资格证的取得、会计从业资格管理。会计从业资格证书是证明能够从事会计工作的合法凭证，在全国范围内有效。

（一）会计从业资格证书的取得

要想从事会计工作的人员，必须取得会计从业资格证书，才能从事会计工作。会计从业资格证书一经取得，全国通用。

不具备中专以上会计专业学历的人员，要从事会计工作，必须先参加会计从业资格考试，获得合格成绩，方可申请会计从业资格证书。

具备国家教育行政主管部门认可的中专以上（含中专，下同）会计类专业学历（或学位）的人员，自毕业之日起2年内（含2年），可免试会计基础、初级会计电算化（或者珠算五级），但要参加财经法规与会计职业道德科目的考试，并获得合格成绩。

考试合格单自考试之日起一年内有效，初级会计电算化合格证书和珠算等级证书长期有效。考试合格单和合格证书作为申领会计从业资格证书的依据，全省通用。

申请参加会计从业资格考试的报名条件主要有：①坚持原则，具备良好的道德品质；②遵守国家法律、法规；③具备一定的会计专业知识和技能；④热爱会计工作，秉公办事。

（二）会计从业资格证书实行注册登记和定期年检制度

为加强对会计从业资格证书的管理，敦促会计人员持证上岗，树立会计从业资格证书的权威性，我国对会计从业资格证书实行注册登记制度和年检制度。

注册登记制度是指获取会计从业资格的人员，在被单位聘用从事会计工作后，应由本人或本人所在单位提出申请，持会计从业资格证书和所在单位出具的从事会计工作的证明，按照会计从业资格管理部门规定的时间，向单位所在地或所属部门、系统的会计从业资格管理部门进行注册登记。会计从业人员因调任离任等原因从原工作单位离开且到其他地方继续从事会计工作的，应及时向原来注册登记的会计从业资格管理部门，办理从业档案的调转等手续，同时还要在办理调转手续后的三十日内，到新单位所在地区的会计从业资格管理部门重新办理注册登记手续，接受所在地区会计从业资格管理部门管理。

年检制度是对"会计从业资格证"实行定期年度检查验证制度。"会计从业资格证"年检，原则上每两年进行一次，主要审核和检查持证人员完成规定的会计人员继续教育内容和学时的情况，持证人员遵守财经法规、会计职业道德、依法履行会计职责情况。年检时间、年检范围和年检内容，主要由各省、自治区、直辖市、计划单列市财政部门、新疆生产建设兵团和中央主管部门具体规定。依据"会计从业资格管理办法"等的有关规定，执业人员拒不履行会计义务、有违规违法操作的，依据其违规情况依法吊销其"会计从业资格证书"，情节严重的自吊销"会计从业资格证书"起的两年内不得重新申请注册；情节特别严重的，五年之内不得重新申请注册登记；构成犯罪的永远不得重新申请取得"会计从业资格证书"。

二、会计人员的职责权限

明确会计人员的职责和权限，是落实会计人员岗位责任制、充分发挥会计人员积极性的必要措施。

（一）会计人员的主要职责

1. 认真贯彻落实会计规范

会计人员要端正思想，认真学习和领会党和国家的财经方针和政策精神，积极贯彻和落实《会计法》和《企业会计准则》等财经工作法律与法规，自觉遵守各项财政、税收、信贷、结算和计划制度，严格监督单位组织的生产经营活动和财务收支，维护国家的财经纪律和财务制度。

2. 认真进行会计核算

及时提供和满足各方面需要的会计信息是会计人员应具备的最基本的职责。根据《会计法》规定，会计人员必须认真审核经济业务事项的实际发生情况；严谨分析填制凭证、及时登账、报账；保证经手的会计凭证、账簿、报表及其他会计资料的合法、真实、准确和完整；切实做好财务资金的收、发；费用和债权债务的发生和结算；资本、基金的增减等日常会计核算工作；做好收入、支出、费用、债权债务、成本的计算和复核工作；真正做到开支归类准确，科目使用无误；每月及时清理往来账目，按时结账，定期核对金额，定期财产清查；及时完整编制财务预算和决算报表；真正做到手续完备、内容真实、数字准确、文字说明清楚，如实反映财务状况和经营成果。

3. 认真实行会计监督

会计监督是会计的基本职能之一，是经济监督的重要组成。会计人员要积极宣传、维护国家的财政制度和财经纪律，要认真对本单位的经济活动的合法性、合理性进行监督；要定期检查财会制度的执行情况，预防违法违纪行为的发生；要研究分析财务计划执行情况，考核资金使用效果，揭露财会管理中的问题，及时向领导提出建议，坚决同违法违纪行为作斗争。会计监督的主要内容包括：

（1）原始凭证的审核和监督。会计人员要对不真实、不合法的原始凭证坚决拒绝受理。同时对弄虚作假、严重违法的原始凭证予以扣留，事后及时向单位领导报告，要求查明原因、追究责任。对记载不准确、不完整的原始凭证，予以退回。

（2）会计账簿的监督。会计人员对伪造、变造、故意毁损会计账簿或账外设账的行为，对指使、强令编造、篡改财务报告的行为，应当予以及时的制止和纠正。对制止和纠正无效的，应当及时向上级主管单位报告，请求上级作出处理。

(3) 实物、款项和财务收支的监督。会计人员发现账簿记录与实物、款项不相符合的，应当按照有关的制度规定进行处理；超出会计人员处理权限的，应当及时向本单位领导报告；对审批手续不全的财务收支，应当予以退回，并要求补充、更正；对违反规定不应纳入单位统一会计核算的财务收支，对认为是违反国家统一的财政、财务、会计制度规定的财务收支，要坚定地予以制止和纠正；对制止和纠正无效的，应当向单位领导人提出书面请求处理意见，必要时向上级有关部门报告，单位领导或上级领导接到书面请求后，应当及时做出书面处理决定，并对决定承担责任；反之，对违规违纪的财务收支不予制止和纠正，又不向单位领导人提出书面反映意见的会计人员，也要承担相应的责任。

对其他经济活动的监督。会计人员对违反单位内部会计管理制度、违反国家利益和社会公众利益的经济活动和财务收支，都应当及时向单位领导或上级主管单位报告；对单位制定的财务预算、财务计划和业务计划等的执行情况进行监督。

4. 拟定适合本单位具体会计事项的处理办法，督促建立并严格执行内部会计管理制度

国家制定的统一会计法规只对一般的会计工作管理和会计事项处理办法做出原则性的规定。各单位要根据《会计法》国家统一的各项相关规定，结合本单位的实际情况和管理需要，建立健全相应的内部会计管理制度，制定相应的具体事项的处理办法，如建立单位会计人员岗位责任制、单位财务处理程序、内部牵制和稽核制度、单位财务收支处理制度、成本核算制度、定额管理制度、财产清查制度以及财务分析制度等。

(二) 会计人员的权限

在明确职责同时，为保障会计人员顺利地履行自己的职责，国家也赋予了会计人员以必要的工作权限，主要有以下几个方面：

(1) 有权要求本单位各有关部门、人员认真执行上级主管部门批准的和本单位制订的计划和预算。即，会计人员有权督促本单位负责人和内部各有关部门和人员严格遵守国家财经纪律、会计准则和企业财务会计制度。如果本单位领导和有关部门有违反国家法规和企业规章的情况，会计人员有权拒绝付款、拒绝报销和拒绝执行，并及时向本单位领导或上级部门报告有关情况。会计人员对违反制度、法令事项不拒绝执行，又不向上报告反映的，应负连带责任。

(2) 有权履行其经济管理职能，参与本单位财务计划的编制、各类定额的制定和经济合同的签订等管理活动。即，会计人员有权以其特有的专业地位参与企业的各种管理会议，及时了解企业的生产经营情况，并就有关事项提出自己的意见和建议。

(3) 有权对本单位所有会计事项进行会计监督和检查。即，会计人员有权监督、检查本单位有关部门的财务收支、资金使用和财产保管、收发、计量、检验等情况，有权要求本单位领导、上级机关和执法部门对会计人员如实反映的会计监督和检查问题进行及时的调查处理，并及时反馈处理决定。各级领导、有关部门和有关人员也要积极支持和协助会计人员的会计监督和检查工作。

会计人员应当正确行使上述权限，同时应当广泛宣传、解释国家财经制度，以求

正确行使自己权限的同时取得更好的经济管理效果。

（三）会计人员的专业技术职务与职责

由于会计工作具有极强的专业技术性，会计从业人员就必须具备相应的专业理论知识和专业从业技能。为了合理地使用会计人员，有效地发挥会计人员的从业积极性和专业创造性，各企事业单位应当依据会计人员的学历、技术资格统考测试、从业年限、业务水平和工作成绩，评聘相应的会计专业职务、授予相称的专业技术工作职责。

会计专业职务是区分会计从业人员业务技能的技术等级。会计专业职务可分为会计员、助理会计师、会计师、高级会计师。其中会计员和助理会计师为初级职务，会计师为中级职务，高级会计师为高级职务。按照《会计专业职务试行条例》（以下简称《条例》）的规定，不同的会计专业职务有相应的任职条件及其基本职责。

1. 会计员的基本条件和职责

（1）会计员的基本条件。《条例》规定的会计员的基本条件有：①初步掌握了财务会计的基本知识和基本技能；②熟悉并能认真对照要求执行有关财经法规和财会制度；③能够承担一个财务会计岗位的工作；④中等专业技术学校及以上的学校毕业，在财务会计工作岗位上见习一年期满，并通过会计员资格考试合格。

（2）会计员的基本职责是：负责具体审核和办理财务收支事项，编制记账凭证，登记会计账簿，编制会计报表和办理其他会计事务。

2. 助理会计师的基本条件和职责

（1）助理会计师的基本条件为：掌握一般的财务会计基础理论和专业知识；熟悉并能正确执行有关的财经方针政策和财会法规制度；能负责一个方面或某个重要岗位的会计工作。具备担任助理会计师资格的人员有：取得硕士学位、第二学位或其他相应研究生学位，具备履行助理会计师职责的能力；大学本科毕业，在会计岗位上见习一年期满；大学专科毕业并担任会计员职务两年以上；中等专业学校毕业、担任会计员职务四年以上；通过助理会计师专业技术资格考试。

（2）助理会计师的基本职责是：负责草拟本单位一般的财务会计制度、规定、办法；解释、解答财务会计法规、制度中相关的一般规定；分析检查某一方面或某些事项的财务收支和预算的执行情况。

3. 中级会计师的基本条件和职责

（1）中级会计师的基本条件为：较为系统地掌握了财务会计的基本理论和专业知识；掌握并能正确地贯彻执行有关的财经方针、政策和财会法规、制度；具有一定的财会工作经验，能胜任一个单位或管理一个地区、一个部门、一个系统某个方面的财务会计工作。具备担任中级会计师资格的人员有：取得博士学位并具有履行会计师职责的能力；取得硕士学位并担任助理会计师职务两年左右；取得第二学位或研究生结业证书并担任助理会计师职务二至三年；大学本科或大学专科毕业并担任助理会计师职务四年以上；掌握一门外语并通过会计师专业技术职务资格考试。

（2）中级会计师的基本职责是：负责草拟较为重要的财务会计制度、规定、办法；解释、解答财会方面法规、制度中的重要问题；分析、检查财务收支和预算的执行情况；培养初级会计人才。

4. 高级会计师的基本条件和职责

（1）高级会计师的基本条件为：较为系统地掌握经济管理、财务会计理论和专业知识；具有较高的政策水平和较为丰富的财会工作经验；能独立担当一个地区、一个部门或一个系统的财务会计管理工作；具备担任高级会计师资格的人员有：取得博士学位并已担任会计师二至三年时间；取得硕士学位、第二学位或研究生结业证书并担任会计师职务三年以上；大学本科毕业并担任会计师职务五年以上；较熟练地掌握一门外语。

（2）高级会计师的职责是：负责草拟、解释和解答一个地区、一个部门、一个系统或在全国实施的财会法规、制度、办法；组织和指导一个地区或一个部门、一个系统的经济核算和财会工作；培养中级以上会计人才。

确定各级专业技术职务，一般都要求按照以上的基本条件、学历和相应的从业工作年限的执行。但是，对确有真才实学、成绩显著、贡献突出、符合实际任职条件的，在确定其相应专业职务时，可不受学历和工作年限的限制。

（四）总会计师制度

总会计师是在单位负责人的领导下，主管单位经济核算和财会工作的负责人，是单位行政领导群体的重要成员之一。

1. 总会计师制度的设立

为强化各单位的经济核算和财会工作，我国自1961年始即在一些大中型国有企业中逐步推行了总会计师制度的试点工作。在1985年颁布实施的《会计法》中，首次以法律的形式明确肯定了总会计师制度，从而大大推进了我国总会计师制度的发展。1990年年底，国务院发布施行《总会计师条例》，对会计师的地位、职责、权限、任免和奖惩作了较为全面系统的详细规范。随后在1993年修改《会计法》时再次明确规定："大、中型企业、事业单位和业务主管部门可以设置总会计师。总会计师由具有会计师以上专业技术任职资格的人员担任。"这次修订的《会计法》对设置总会计师的范围又有了新的规定，且是"必须设置总会计师"，即国有的和国有资产占控股地位或主导地位的大中型企业必须设置总会计师。总会计师的任职资格、任免程序、职责权限由国务院规定。明确总会计师的地位，有利于总会计师依法充分行使职权，发挥总会计师应有的作用。

2. 总会计师的任职条件

总会计师是单位高层领导成员，不同于单位内部财会机构负责人，更不同于一般的会计人员。为确保总会计师制度的实施，发挥总会计师在经济管理中的重要职能作用，新修订的《会计法》规定"总会计师的任职资格、任免程序、职责权限由国务院规定"。按照《总会计师条例》规定，总会计师应当具备的任职条件具体有以下几个方面：一是坚持社会主义方向，积极为社会主义市场经济建设和改革开放服务。总会计师既是财会专家，更是单位的行政领导人，政治素质是必须具备的。二是坚持原则、廉洁奉公。总会计师担当单位财会与经济工作的领导，掌管单位经济命脉和财经大权，肩负国家财经安全的重任,廉洁奉公是总会计师的必备条件。三是取得会计师专业技术资格后,主管一个单位或者担任单位内部一个重要方面的财务会计工作时间不少于三年。作为单位高管的总会计师,不仅要有较高的财务会计理论知识,还应有充足的财经组织协调能力和丰富的决策经验,其管理能力和经验的时间积累是胜任的必要保障。四是要有较高的理论政策水平,熟悉国家财经纪律、法规、方针和政策,掌握现代化管理的有关知识。五是具备本行业的基本业务知识,熟悉行业情况,有较强的组织领导能力。六是身体健康,能胜任本职工作。

3. 总会计师的职责与权限

总会计师是单位行政的重要领导成员,其主要职责是:

(1) 负责本单位的财会组织工作,包括组织编制和执行单位预算、财务收支计划、信贷计划,拟订资金筹措和使用方案,开辟财源、有效地使用资金;进行成本费用预测、计划、控制、预算、分析和考核,督促本单位有关部门的降耗减费、提高经济效益;建立和健全经济核算制度,利用财务会计资料进行经济活动分析;承办单位主要行政领导人交办的其他财经工作。

(2) 负责本单位的财会机构设置和人员配备。提出本单位会计专业职务的设置和聘任方案;组织对会计人员的业务培训和考核;支持会计人员依法行使职权。

(3) 参与涉及单位重要经济活动的管理决策、研讨。参与协助单位的主要行政领导人对企事业单位的生产经营、业务发展以及基本建设投资等问题的研讨决策;参与新产品开发、技术发行科技研究、商品(劳务)价格、工资奖金和绩效考核方案的制订修订;参与重大经济合同和经济协议的研究、审查。

总会计师依法行使职权,应受到法律的保护,任何人包括任何单位主要领导人在内,都不得阻碍总会计师依法行使职权。根据规定,总会计师的权限是:

(1) 对本单位违反国家财经纪律、法规、方针、政策、制度和有可能在经济上造成的损失、浪费的行为,总会计师有权制止和纠正;制止、纠正无效时,提请单位主要行政领导处理。单位主要行政领导人不同意总会计师对前款行为的处理意见的,总会计师应当依照《会计法》第十九条的规定执行。

(2) 有权组织本单位各职能部门、直属基层组织的经济核算,财务会计和成本管理方面的工作。

(3) 主管审批财务收支工作。除一般的财务收支可由总会计师授权的财会机构负责人或其他指定人员审批外,单位的重大财务收支须经总会计师审批或者由总会计师报单位主要行政领导人批准。

(4) 单位财务预算与收支计划、成本和费用计划、信贷计划、财务专题报告、会计决算报表的上传下达,须经总会计师签署;涉及财务收支的重大业务计划、经济合同、经济协议等,在单位内部须经总会计师会签后有效。

(5) 会计人员的任用、晋升、调动、奖惩应当事先征求总会计师的意见;财会机构负责人或者会计主管人员的人选,应当由总会计师进行业务考核,并依照有关规定进行审批。

三、会计人员工作岗位职责

做好会计工作，加强财务管理，提高管理水平，促进经济发展，这是会计人员的光荣任务。会计人员要通过财会工作管好资金、提高资金使用效果，促进增产节约、增收节支，为维护财经秩序和经济发展服务。单位的主要会计岗位职责有：

（一）出纳岗位职责

出纳岗位的职责主要是现金与支票的管理。

（1）办理现金收付、现金支票、转账支票及银行汇兑结算业务。

（2）初步审核现金报销单据的合法性和真实性，办理现金报销手续。

（3）办理国际收支申报手续。

（4）填写现金支票、转账支票及汇款凭证，开立还款收据、交款收据及客户回款收据，登记现金和银行存款日记账。

（5）每日对库存现金进行盘点与结算，保管库存现金和各种有价证券。

（6）保管有关印章、单据（支票、支票报销单、支票申请单、收据和空白支票等）。

（二）流动资金核算岗位职责

（1）熟练掌握并应用财经法规和财会制度，拟订流动资金管理和核算实施办法，参与企业流动资金的管理和核算，制订有关规章制度。

（2）根据生产经营计划和加速资金周转的要求，参与核定各类存货的进、销、存的资金定额。

（3）负责筹措生产资金，根据产、供、销计划，按照"以销定产，以产定购，以购定资"的原则，编制资金供求计划和银行借、还款计划；在制订流动资金管理制度的基础上，合理调度流动资金，加速资金周转，保证资金供求，考核资金使用效果，提出不断改进资金管理效率的建议。

（4）及时、准确、足额地解缴各种税费款项。

（5）实行管用结合，归口分级落实管理，建立流动资金的清查盘点制度，定期进行各类流动资金、存货的清查盘点；负责资金流转监督，负责处理各类流动资产非正常增减事项，对清查盘点中发现的盘盈、盘亏、毁损和报废等流动资产，须经核实，根据审批程序，办理审批手续，根据批准文件，进行账务处理。

（6）编制各类资金报表，准确、及时地反映资金运动变化情况。

（三）固定资产核算岗位职责

（1）根据财经法规，会同有关部门拟定固定资产管理制度与核算办法，加强固定资产管理。

（2）划定固定资产与低值易耗品的界限，会同有关部门编制固定资产目录；正确进行固定资产的界定、分类、增减、折旧、清理等核算工作，监督固定资产使用部门管好、用好固定资产。

(3) 对购置、调入、调出、出售、封存、清理、报废的固定资产，要办理会计手续，建立固定资产明细卡片，定期进行核对，做到账、卡、物相符。

(4) 会同有关部门定期参与固定资产清查盘点，发现盘盈、盘亏和毁损等情况要查明原因，明确责任，按规定的审批程序办理报批手续，根据批准文件进行账务处理。

(5) 按照财务管理制度规定，正确计算和提取固定资产折旧。

(6) 参与编制固定资产更新改造和大修理计划，做好固定资产修理的管理与核算工作。

(7) 负责固定资产的明细核算，在定期盘点的基础上，按期编报固定资产增减变动情况的会计报表。

(四) 无形资产、递延资产核算岗位职责

(1) 根据有关财经管理制度税法的要求，正确界定无形资产的核算范围。

(2) 正确进行各类无形资产、递延资产的界定、计价和核算。

(3) 根据有关财经管理制度税法的要求，准确、合理地进行无形资产和递延资产价值的摊销和核算工作。

(4) 根据有关财经管理制度税法的要求，正确进行各类无形资产的处置和报废。

(五) 工资核算岗位职责

(1) 根据劳动工资管理办法，执行有关工资管理政策，根据工资基金管理部门审批的计划合理使用工资基金。

(2) 遵循按劳分配原则，根据各部门提供的工资核算原始资料，参与制订工资发放标准，开展对实有员工的各种津贴、补贴标准、各种代扣代缴款变动通知单等进行审核，做好工资发放的准备工作，编制请示报告，经领导批准后及时填制工资表，准确、及时地计发职工工资。

(3) 根据工资的用途和发生地点，按照合理的标准，分配工资费用，正确计算产品成本，按照职工工资总额一定的比例，提取职工福利基金、工会经费、职工教育费等，并进行相应的明细核算。

(4) 向职工宣传缴纳养老金、失业金及医疗保险金、大病救济金的意义。按时完成收缴工作。

(5) 保管工资核算资料的责任整理、装订，发送财务报表及填制经济活动资料手册，定期归档。

(六) 成本核算岗位职责

(1) 严格遵守国家和单位的成本开支范围和成本管理条例，结合本单位生产经营及管理要求，制订本单位成本管理和核算办法。

(2) 根据本单位的生产经营计划和管理特点，编制成本、费用和利润等计划，并将成本指标分解落实至各成本责任部门，确保计划实现。

(3) 建立成本考核体系，健全各项成本费用的原始记录，为准确计算成本、降低生产费用提供依据，加强成本控制。

（4）按照成本核算规定，确定成本核算对象，正确进行生产成本核算，对生产经营活动中发生的各项成本费用，进行正确的分类、审核、记录、归集和分配。

（5）根据有关规定，正确执行成本开支标准和开支范围，正确进行管理费用、制造费用和期间成本的核算，按时编制产品成本、费用报表。

（6）对照成本费用计划，收集各种成本费用资料，分析计划执行情况，预测成本费用发展趋势，比较同行业的成本水平，找出成本升降原因，提出降低成本、费用的途径，加强成本管理。

（7）协助有关部门开展班组群众性核算，定期核对产成品库存情况，落实经济责任制。

（七）收入利润核算岗位职责

（1）熟悉并掌握本单位有关利润核算的制度规定，根据目标利润和单位销售计划、成本计划等有关资料，编制利润计划，落实责任，采取有效措施督促检查，保证利润指标的实现。

（2）认真审查有关凭证，严格按照销售合同、国家政策规定银行结算制度，及时办理销售款项的结算，催收销售货款。发生销售纠纷，货款被拒付时，会同有关部门及时收回各种货款，必要时上门催收货款。

（3）按照有关规定，严格审查各类费用开支和用利润归还的各类借款。依据有关凭证，正确计算销售收入、成本、费用、税金和利润以及其他各项收支的明细核算。

（4）根据会计制度规定，正确计算企业的盈亏和利润分配，登记有关明细账，如实反映企业利润的形成和分配情况。

（5）建立健全产成品的出入库和保管制度，协助有关部门对产成品进行清查盘点，经常核对产成品的账面余额和实际库存数，核对销货往来明细账，做到账实、账账相符，及时处理各种坏账损失，清理回收销货款。

（6）根据账簿记录和有关资料，准确、及时地编制有关的损益表和利润分配表。

（7）分析考核利润计划的执行情况，找出偏离计划的原因，预测市场销售情况，提出扩大销售、增收节支和增加利润的建议和措施。

（八）往来核算岗位职责

（1）严格相关财经法规规定的结算纪律，建立应收、应付款项及其他往来款项的核算和管理制度，及时清算、强化管理。

（2）按照单位和个人分设明细账，认真办理各种往来款项的明细核算，经常核对余额，做到账表相符，年终抄列清单，并向领导或有关部门报告。

（3）及时督促预借费的报销处理，不得拖欠、不准挪用，对照标准，严格支出。

（4）按照相关规定，及时清理各类往来款项的进度质量，对各种呆账要查明原因，根据制度规定妥善处理。

（5）根据会计制度的要求，按规定的方法和比例提取坏账准备金。

（九）总账报表岗位职责

（1）根据会计制度要求和本行本单位的生产经营和财务核算的特点，设置会计科目、会计凭证和会计账簿。

（2）熟悉本单位会计核算规程、凭证传递路线和手续、会计核算工作细则及会计核算形式等方面的知识，按照规定的方法记账、结账、对账。

（3）严格审查各类会计和汇总单，及时登记总账及相应的分管明细账，保持总账与各明细账余额相符。

（4）期末终了，根据总账和有关明细账的记录编制资产负债表、损益表、现金流量表及其他分管的报表。严格账表、账证的核对工作，核对无误后及时报呈。

（5）根据会计报表及各类管理报告编写财务报告、进行综合分析，全面反映本单位的财务状况和经济活动情况。

（6）根据综合分析，提出本单位资金、销售、成本和盈亏管理等的发展预测，对本单位的经济管理情况进行可行性研究，为各级经营和管理者提供决策参考。

（7）收集、整理各种会计资料，及时办理归档手续，管好会计档案。

（十）稽核岗位职责

（1）根据相关财经法规规定，确立和维护本单位内部控制与稽核制度。

（2）拟订年度稽核计划，据以检查单位内部控制制度。

（3）根据财经法规及会计制度要求，审核本单位会计政策的合规合法性。

（4）根据财经法规及会计制度要求，对涉及所有会计核算流程的经济活动进行逐一审核，审核会计凭证、账簿记录和各种会计报表是否真实、合法，手续是否完备，数据是否真实。

（5）据实揭露检得的不合规会计事项及异常现象，提出审核意见，附工作底稿及相关资料等形成稽核报告，及时上报处理，并加以追踪，定期作成追踪报告。

（十一）会计主管岗位职责

（1）按照《会计法》和有关财经法规、政策和制度的规定，在总会计师的领导下，具体负责组织本单位的财会人员办理会计事务、执行会计监督，充分发挥会计机构的管理作用。

（2）参加单位各类经营与管理会议，结合本行业特点和本单位实际，会同有关职能部门建立健全本单位各项会计制度和管理办法，依照本单位财务管理要求合理、有效地组织本单位的会计工作。

（3）定期组织有关岗位编制财务收支预算、成本计划和期间费用计划。并将计划指标按经济责任范围归口分配、下达落实；并作为控制标准，定期进行检查、总结分析，实事求是地进行业绩评价；针对存在的问题，提出建议和措施。

（4）按照相关规定和管理要求，对资金的筹集与使用、收回与分配、计税与解缴、费用开支与盈亏计算等进行全面的会计核算与监督。

（5）组织本单位会计人员的政治理论学习和业务技术学习，与时俱进，不断提高财会人员的业务水平和会计管理水平。

（6）承办总经理、总会计师交办的其他工作。

第四节　会计法规

会计法规是国家管理会计工作的法律、条例、规则、章程、制度等的总称。它以会计理论为指导，将会计工作的各项原则和方法用法规的形式明确下来，以期达到一定目标的经济管理规范。目前，我国的会计法律制度体系主要有会计法律、会计行政法规、国家统一的会计制度和地方性会计法规四个层次：

（1）会计法律即会计法。《中华人民共和国会计法》（以下简称《会计法》）是我国会计工作的根本大法，也是会计法律制度体系中层次最高的法律规范。它是经过立法程序制定的，是会计工作的基本法规，是制定其他会计法规的依据。1999年10月31日，中华人民共和国第九届全国人民代表大会通过的《会计法》自2000年7月1日起实行，旨在调整我国经济生活中会计关系的法律规范。《会计法》全文七章五十二条，分为总则，会计核算，公司、企业会计核算的特别规定，会计监督，会计机构和会计人员，法律责任和附则，是指导会计工作的最高准则。

（2）会计行政法规。行政法是由国务院制定、发布的，或国务院有关部门拟订经国务院批准发布的，用于调整我国经济生活中某些特定会计关系的法律规范。制定会计行政法规的依据是《会计法》。如国务院发布的《企业财务会计报告条例》，经国务院批准并由财政部门发布的《企业会计准则》，1990年12月由国务院发布的《总会计师条例》，1992年11月由国务院批准、同月由财政部发布的《企业会计准则》等。

（3）国家统一的会计制度。统一的会计制度是指由主管全国会计工作的行政部门——国务院财政部或联合其他部门在其职权范围内，依法制定发布的包括各种某些会计工作内容的会计规章和会计规范性文件。如《会计基础工作规范》《企业会计制度》《会计基础工作规范》《金融企业会计制度》《股份有限公司会计制度》《小企业会计制度》《民间非营利组织会计制度》《内部会计控制规范》《会计从业资格管理办法》《会计档案管理办法》等，它们是根据《中华人民共和国立法法》规定的程序，由财政部或相关部门联合制定公布的制度办法。

（4）地方性法规。地方性法规是各省、自治区、直辖市的人民代表大会及其常委会在与宪法和会计法律和行政法规不相抵触的前提下制定的地方性会计法规。根据规定，实行计划单列管理的计划单列市、经济特区的人民代表大会及其常委会在宪法、法律和行政法规允许范围内制定、实施有关会计工作的规范性文件，也属于地方性会计法规，是我国会计法律制度的重要组成部分。

会计法规是与会计法律一致的，但在内容上更倾向于对会计法律的阐述或具体化，因而具有较强的操作性。

财政部于2006年发布了新的《会计准则》和《财务通则》，2007年7月1日起实行，这即标志着我国的企业会计准则体系的构建工作已基本完成。完善后的企业会计准则体系由基本准则、具体准则和应用指南三个层次构成：第一层为基本准则，第二层为具体会计准则，第三层为具体会计准则的应用指南。

（一）基本准则

基本准则以《会计法》为依据，规定了会计核算工作的指导思想、主要规则、一般程序及财务会计报告的基本要求。基本准则起统驭作用，主要明确了会计核算的一般原则、会计要素划分、会计要素内容、会计要素的确认和计量、会计报表的种类和编制的一般规定，是制定会计核算制度和具体准则的依据。2006年2月15日新修订发布的《企业会计准则——基本准则》共11章50条，涵盖的主要内容是：

（1）会计准则的性质、制定的依据、适用范围、记账方法。会计核算基本前提（会计主体、持续经营、会计分期、货币计量和权责发生制）和基础工作。

（2）会计核算的一般原则。即真实性原则、相关性原则、一贯性原则、可比性原则、及时性原则、配比原则、谨慎性原则、实际成本原则、划分权益性支出和资本性支出的原则、实质重于形式的原则、重要性原则和清晰性原则。

（3）会计的六大要素（资产、负债、所有者权益、收入费用、利润），会计计量属性（历史成本、重置成本、可变现净值、现值以及公允价值等）。

（4）财务会计报告的基本种类、内容和要求。企业必须编制和对外报送三种主要会计报表，即资产负债表、利润表、现金流量表、所有者权益（股东权益）变动表以及附注。

（二）具体会计准则

具体会计准则在基本准则指导下针对会计事项作出的会计确认、会计计量和会计报告的具体规定。新发布的具体准则一共38个，这些具体准则又分为基本业务准则、特殊行业的特定业务准则和报告准则三类：

（1）基本业务准则规定了各行各业共同经济业务的会计核算。如会计政策、会计估计变更和差错更正、资产负债表日后事项、所得税、存货、固定资产、无形资产、长期股权投资、外币业务、租赁、建造合同、职工薪酬、股份支付、政府补助、借款费用、企业年金基金、收入、每股收益、资产减值、或有事项、投资性房地产、企业合并、非货币性资产交换等会计准则。

（2）特殊行业的特定业务准则是对特殊行业的特定业务进行会计核算做出的规定。如石油天然气开采、生物资产、金融工具列报、金融资产转移、套期保值、原保险合同、再保险合同等会计准则。

（3）财务报告准则。它是对财务报告的组成、格式、内容和列示方法等做出的具体规定。如财务报表列报、现金流量表、合并财务报表、中期财务报告、分布报告、关联方披露等会计准则。

（三）《企业会计准则——应用指南》

具体会计准则的应用指南则类似于《企业会计制度》，是根据基本准则和具体准则制定的，主要针对会计科目的设置、会计分录的编制和报表的填报等会计业务操作层面的内容做出示范性指导。主要内容有企业会计准则应用指南、金融企业的会计科目和会计报表、非金融企业的会计科目和会计报表。主要是应用于规范经济业务处理所涉及的会计科目、账务处理、会计报表及其格式的操作。由于金融企业的业务与一般工商企业的业务存在较大区别，所以按金融、非金融两类企业的不同特点分别制定企业会计准则的应用指南。

第五节　会计档案与会计工作交接

会计工作交接与会计档案管理工作是会计基础工作的重要内容，做好会计工作交接与会计档案管理工作尤为重要。

一、会计档案

会计档案是指会计凭证、会计账簿和财务报表等会计专业材料，是对经济活动的生动记录和客观写照，是反映单位经济业务的重要史料和证据。会计档案作为国家经济档案的重要组成部分，在各单位中的重要作用无以替换。会计档案作为会计事项的历史记录，是总结工作体验，指导了经营管理人对于更好地进行决策，查验经济财务问题，无疑都具有重要的作用。对会计档案的重视程度，也是检验有关单位经济秩序是否正常和合法的标准。会计档案在维护单位正常的生产、经营秩序方面具有十分重要的作用。因此，必须加强对会计档案管理工作的高度重视，建立和建全会计档案立卷、归档、保管、交接、查（调）阅、销毁等管理制度，管好用好会计档案。

（一）会计档案内容

会计档案的内容包括：会计凭证、账簿、报表及其他核算资料四个部分。

（1）会计凭证。会计凭证是记录经济业务，明确经济责任的书面证明。包括原始凭证、记账凭证（收付转）、汇总凭证、银行对账单、余额调节表等内容。

（2）会计账簿。账簿是以凭证为依据，全面、连续、系统记录经济业务的簿籍。它包括按会计科目设置的总分类账、明细账、日记账以及辅助登记备查簿等。

（3）财务报表。财务报表是总结性书面文件，主要有快报、中报、年报和其他财务报告（包括会计报表主表、附表、附注及文字说明等）。

（4）其他会计核算资料。其他会计核算资料是由会计部门负责办理的有关数据资料。如：经济合同、财务数据统计资料、财务清查汇总资料、核定资金定额的数据资料、会计档案移交册、会计档案保管清册、会计档案销毁清册和其他应当保存的会计核算专业资料。实行会计电算化单位存储在磁性介质上的会计数据、程序文件及其他会计核算资料均应视同会计档案一并管理。

（二）会计档案的归档和保管

会计档案是单位最重要的经济管理数据，应该按照《会计档案管理办法》的归档要求整理、装订、保管。

会计档案整理应当采用"三统一"的办法，即统一分类标准、统一档案形成、统一管理要求，并分门别类按各卷顺序编号。会计档案的装订主要包括会计凭证、会计账簿、会计报表及其他文字资料的装订。根据《会计档案管理办法》规定，当年的会计档案，可暂由财会部门保管一年。期满之后，编造清册移交给单位的档案部门统一保管。未设立专门档案管理机构的单位，要由单位财会部门指定专人保管，但出纳人不得兼管会计档案。

档案部门接收保管的会计档案，原则上要保持原卷册的封装。个别需要拆封重新整理的，应当会同原财务会计部门和经办人共同拆封整理，以分清责任。保存的会计档案应该被本单位积极利用，原则上不得外借。如有特殊需要，须经本单位负责人或上级主管单位批准，按规定办理登记手续，且不得拆散原卷，并应限期归还。

会计档案的保管要求科学妥善、有序存放、查找借阅手续完备，并严防毁损、散失和泄密。为了全面反映会计档案管理情况，应设置"会计档案备查表"及时记载会计档案的保存数、借阅数和归档数，做到心中有数、不出差错。

(三) 会计档案的保管期限

会计档案的重要程度不同，其保管期限也有所不同。根据其特点，会计档案的保管期限分为永久和定期两类。永久档案即长期保管，是针对那些记录内容相对稳定，具有长期使用价值，并对以后财会计工作具有重大影响和直接作用的档案，必须永久保存、不可以销毁的档案；对那些记录内容经常变化，只在一定时期内有参考价值的档案则采取定期保管，定期期限有3年、5年、15年、25年五种。会计档案的保管期限从会计年度终了后的第一天算起。

《会计档案管理办法》具体规定了我国企业和其他组织、预算单位等会计档案的保管期限，这个期限就是会计档案的最低保管期限，大致如下：

永久保存档案：会计档案保管清册，会计档案销毁清册以及年度财务报告、财政总决算、行政单位和事业单位决算、税收年报（决算）。期限25年档案：现金和银行存款日记账；税收日记账（总账）和税收票证分类出纳账。期限15年档案：会计凭证类；总账、明细账、日记账和辅助账簿（不包括现金和银行存款）；会计移交清册；行政单位和事业单位的各种会计凭证；各种完税凭证和缴退库凭证；财政总预算拨款凭证及其他会计凭证；农牧业税结算凭证；会计移交清册。期限10年档案：国家金库编送的各种报表及缴库退库凭证；各收入机关编送的报表；财政总预算保管行政单位和事业单位决算、税收年报、国家金库年报、基本建设拨货款年报；税收会计报表（包括票证报表）。期限5年档案：固定资产卡片于固定资产报废清理后保管5年；银行余额调节表；银行对账单；财政总预算会计月、季度报表；行政单位和事业单位会计月、季度报表。期限3年档案：月、季度财务报告；财政总预算会计旬报。

(四) 会计档案的销毁

会计档案保管期满，需要销毁时，由档案部门提出意见，会同财会部门共同鉴定，严格审查，编造会计档案销毁清册，上报审批、派员监销。对其中未结债权债务和其他未了事项的原始凭证、不得销毁，应单独抽出立卷，保管到未了事项的完结为止。销毁会计档案时，应由档案部门、财会部门和审计部门共同派员监销；销毁后经办人在"销毁清册"上签名盖章，注明"已销毁"字样和销毁日期，以示责任，同时将监销情况形成书面报告一式两份，一份报本单位领导，一份归入档案备查。销毁清册永久保存。

二、会计工作交接

会计工作交接制度是会计工作的一项重要制度，也是会计基础工作的重要内容之一；办好会计工作交接手续，有利于保持会计工作的连续性，有利于防止因会计人员变动而发生账目不清、工作混乱，也有利进一步明确责任。《会计法》和《会计基础工作规范》规定：会计人员工作调动或者因故离职，必须与接管人办理交接手续。会计人员临时离职或者因病暂时不能工作；需要有人接替或代理工作的，也应按照规定办理交接手续。没有办清交接手续的，不得调动和离职。

会计工作交接的基本程序大致可分为交接前的准备、移交、监交、移交后事项处理四个阶段。

（一）交接前的准备工作

会计人员在办理工作交接前，必须及时做好以下各项准备工作：
（1）对已受理的经济业务，尚未填制会计凭证的应当填制完毕。
（2）对尚未登记的账目，应登记完毕，并在最后一笔余额后加盖经办人员的印章。
（3）整理应移交的各项资料，对未了事项和遗留问题，写出书面材料。
（4）编制移交清册，列明移交的凭证、账簿、报表、印章、现金、有价证券、支票簿、发票、文件、其他会计资料和物品等内容；实行电算化单位，还应在移交清册中列明会计软件及密码，会计软件数据磁盘及有关资料，实物等内容。

（二）移交点收

移交人员按照移交清册逐项移交，接管人员应逐项核对点收：
（1）现金、有价证券要根据会计账簿有关记录进行点收。库存现金、有价证券必须与会计账簿余额一致，不一致时，移交人应在规定期限内负责查清。
（2）会计凭证、会计账簿、会计报表和其他会计资料必须完整无缺。如有短缺，要查明原因，并在移交清册中注明，由移交人员负责。
（3）银行存款账户余额要与银行对账单核对相符；各种财产物资和债权、债务的明细账户余额，要与总账有关账户余额核对相符；对重要实物要实地盘点，对余额较大的往来账要与往来单位个人核对。
（4）移交人员经管的票据、印章和其他物品等必须交接清楚。对从事会计电算化工作的，要对有关电子数据在实际操作状态下进行交接。
（5）会计机构负责人，会计主管移交时，除按移交清册移交外，还应将全部财务会计工作、重大财务收支和会计人员的情况等，向接管人员详细介绍。并对移交的遗留问题，写出书面材料。

（三）监交

为了明确责任，会计人员办理交接手续，必须有监交人员负责监交：

(1) 一般会计人员办理交接手续，由会计机构负责人（会计主管）监交。

(2) 会计机构负责人（会计主管人员）办理交接手续，由单位负责人监交，必要时主管单位可以派人会同监交。

（四）移交后的事项处理

(1) 会计工作交接完毕后，交接双方和监交人员要在移交清册上签名或者盖章，并在移交清册上注明：单位名称，交接日期，交接双方和监交人的职务、姓名，移交清册页数以及需要说明的问题和意见等。

(2) 接替人员应继续使用移交的账簿，不得自行另立新账，以保持会计记录的连续性和完整性。

移交清册一般应当填制一式三份，交接双方各执一份，存档一份。移交人员对所移交的会计凭证、会计账簿、会计报表和其他相关资料的合法性、真实性承担法律责任。

第六节 会计电算化

人们目前所采用的会计数据处理技术主要有：单纯手工的处理技术和以计算机为主、手工为辅的处理技术有两种。

会计电算化就是对以电子计算机为主的当代电子技术和信息技术应用到会计实务中的简称，也可即是对信息技术（Information Technology，IT）应用到会计工作的简称。它实现了数据处理的自动化，是用电子计算机代替手工记账、算账和报账，以及部分替代人脑完成对会计信息的分析、预测、决策的过程。它使传统的手工会计信息系统发展演变为电算化会计信息系统，是会计发展史上的一次重大革命，它不仅是会计发展的需要，也是经济和科技对会计工作提出的要求。

一、会计电算化的作用与实施

会计电算化目前已成为一门融计算机科学、管理科学、信息科学和会计科学为一体的边缘学科，处于应用电子计算机的领先地位，起着带动经济管理诸领域逐步走向现代化的作用。

会计电算化提高了会计数据处理的实效性和准确性、减轻了会计人员的劳动强度，极大地提高了会计工作的效率和质量；会计电算化能提高经营管理水平、促进会计职能的转变，使财务会计管理由事后管理向事中控制、事前预测转变，为管理信息化打下坚实基础。会计电算化能推动会计技术、方法、理论和观念的创新，随着信息技术的快速发展和管理要求的不断提高，会计手工操作正逐步被会计电算化所取代。

会计电算化系统的实施是一项复杂的工程。除了要配置合适硬件设备外，更需要制订科学的总体规划与进度方案；要提前培训人员、重整经济业务流程、规范信息形成；要制定管理制度、配置系统与测试、试运行，才能最终实现计算机替代手工会计。

用"实施"这个关键词来描述，表明了实施是一个有难度的过程，对于企业资源计划（enterprise resource planning，ERP）之类的大型系统，甚关成败，近年来常有"三分软件七分实施"之说。对此，会计电算化工作的基本任务是：

促进单位会计职能的转化，制定会计电算化发展规划并组织实施；制定会计电算化法规制度，对会计核算软件及生成的会计资料符合国家统一的会计制度情况实施监督；开展会计电算化人才培训，逐步实现会计的电算化，提高会计工作水平。

二、会计电算化系统的建立

会计电算化系统是在电子计算机中实现会计数据的处理和核算过程，系统的建立通常经过以下过程：

（1）系统检查。主要任务是了解使用者的要求及其环境。通过对企业的调查，了解企业组织机构、会计部门与其他部门的信息流；通过调查，了解会计记录的特点和方法，对信息做出科学合理的归纳、汇总，对业务的数据流做出准确的判断分析。

（2）系统分析。系统分析的主要任务是明确新系统要做什么。通过对现有系统的全面详细调查分析，用符号、图表及文字来描述调查结果，包括系统总体结构及划分，系统界面及内部接口、功能，数据字典、数据流程图、输入输出要求等系统逻辑模型，作为下阶段系统设计的重要依据。

（3）系统设计。系统分析得到的逻辑模型指出了系统应该"做些什么"，系统设计则是根据逻辑模型提出"如何去做"，即系统的物理模型。包括确定所需硬件资源、模块设计说明书、系统模块结构图、数据库设计、代码设计、文件设计、输入输出设计等，编程人员根据此方案就能编出满足功能要求的应用软件。

（4）系统调试及试运行。设计完成后，紧接着要进行的是模拟数据对系统设计各个环节的测试，以此发现问题、不断完善。另外，在正式交付使用前，要人机并行操作若干个会计月度，以便两相核对，进一步检验系统设计的正确性与可靠性。

三、会计电算化对会计理论和会计实务的影响

会计电算化已使会计学科由传统的独立学科向边缘学科发展。首先，信息技术环境对会计的冲击促进了会计学内容的不断扩大和延伸。同时，作为管理学的分支，会计学与其他经济学、工学学科相互渗透、相互依赖的关系越来越强，独立性相对缩小，将逐步向边缘学科转化。

会计电算化将改变会计学科的基本理论体系。电算化已对会计假设、会计原则及复式记账方法等产生了极大的影响和冲击。

会计电算化也改变了会计信息系统的本质。传统会计信息系统是建立在工业经济基础之上，其流程和模型主要是为适应工业经济规律的需要，是典型的输出型信息模型，是经济业务的单一映射，也即是一种面向财会业务过程的模型和视图。在知识经济时代的信息技术环境下，会计信息系统能灵活地从多角度映射财会业务，能满足瞬息万变的管理需要，会计信息系统的目标实现程度、会计信息系统的依赖模型、结构、功能、性能等都将发生质的变化。

会计电算化已对会计实务形成严重冲击。随着信息技术的发展，计算机对会计理论和实务的冲击将逐渐加深。从某种角度看，会计实务就是会计基本理论指导下的"会计工艺"，而计算机会计环境下的会计工艺将会产生质的变化：科目账户设置的灵活化、产品组装与拆分自由化、计量单位的分数化、凭证制作自动化、记账实时化（在线化）、账证输出无纸化、多样化、智能化等。

随着现代信息技术，尤其是网络技术在会计领域的应用和发展，预示着网络会计即将到来，它对会计基本假设、财务报告要素的影响更为深刻。它将使大规模、按需报告成为可能，会计的未来变化无穷。

附录

Accounting Standards for Business Enterprises Basic Standard

Chapter 1 General Provisions

Article 1

In accordance with the accounting Law of The People's Republic of China and other relevant laws and regulations, this Standard is formulated to prescribe the recognition, measurement and reporting activities of enterprises for accounting purposes and to ensure the quality of accounting information.

Article 2

This Standard shall apply to enterprises (including companies) established within The People's Republic of China.

Article 3

Accounting Standards for Business Enterprises include the Basic Standard and Specific Standards. Specific Standards shall be formulated in accordance with this Standard.

Article 4

An enterprise shall prepare financial reports. The objective of financial reports is to provide accounting information about the financial position, operating result and cash flows, etc. of the enterprises to the users of the financial reports, in order to show results of management's stewardship, and assist users of financial reports to make economic decision.

Users of financial reports include investors, creditors, government and its relevant departments as well as the public.

Article 5

An enterprise shall recognize, measure and report transactions or events that the enterprise itself have occurred.

Article 6

In performing recognition, measurement and reporting for accounting purposes, an enterprise shall be assumed to be a going concern.

Article 7

An enterprise shall close the accounts and prepare financial reports for each separate accounting period.

Accounting period is divided into annual periods (yearly) and interim periods. An interim period is a reporting period shorter than a full accounting year.

Article 8

Accounting measurement shall be based on unit of currency.

Article 9

Recognition, measurement and reporting for accounting purpose shall be on an accrual basis.

Article 10

An enterprise shall determine the accounting elements based on the economic characteristics of transactions or events. Accounting elements include assets, liabilities, owner's equity, revenue, expenses and profit.

Article 11

An enterprise shall apply the double method (i. e. debit and credit) for bookkeeping purposes.

Chapter 2 Qualitative Requirements of Accounting Information

Article 12

An enterprise shall recognize, measure, report for accounting purposes transactions or events that have actually occurred, to faithfully represent the accounting elements which satisfy recognition and measurement requirements and other relevant information, and ensure the accounting information is true, reliable and complete.

Article 13

Accounting information provided by enterprise shall be relevant to the needs of the users of financial reports in making economic decisions, by helping them evaluate or forecast the past, present or future events of the enterprise.

Article 14

Accounting information provided by an enterprise shall be clear and explicable, so that it is readily understandable and useable to the users of financial reports.

Article 15

Accounting information provided by enterprises shall be comparable.

An enterprise shall adopt consistent accounting policies for same or similar transactions or events that occurred in different periods and shall not change the policies arbitrarily. If a change is required or needed, details of the change shall be explained in the notes.

Different enterprises shall adopt prescribed accounting policies to account for same similar transactions or events to ensure accounting information is comparable and prepared on a consistent basis.

Article 16

An enterprise shall recognize, measure and report transactions or events based on their substance, and not merely based on their legal form.

Article 17

Accounting information provided by an enterprise shall reflect all transactions or events that relate to its financial position, operating results and cash flows.

Article 18

An enterprise shall exercise prudence in recognition, measurement and reporting of transactions or events. It shall not overstate assets or income not understate liabilities or expenses.

Article 19

An enterprise shall recognize, measure and report transactions and events occurred in a timely manner and shall neither bring forward nor defer the accounting.

Chapter 3 Assets

Article 20

An asset is resource that is owned or controlled by an enterprise as a result of past transactions or events and is expected to generate economic benefits to the enterprise.

Last transactions and events mentioned in preceding paragraph include acquisition, production, construction or other transactions or events. Transactions or events expected to occur in the future do not give rise to assets.

Owned or controlled by an enterprise is the right to enjoy the ownership of a particular resource or, although the enterprise may not have the ownership of a particular resource, it can control the resource.

Expected to generate economic benefits to the enterprise is the potential to bring inflows of cash and cash equivalents, directly or indirectly, to the enterprise.

Article 21

A resource that satisfies the definition of an asset set out in Article 20 in this standard shall be recognized as an asset when both of the following conditions are met:

(a) it is probable that the economic benefits associated with that resource will flow to the enterprise;

(b) the cost or value of that resource can be measured reliably.

Article 22

An item that satisfies the definition and recognition criteria of an asset shall be included in the balance sheet. An item that satisfies the definition of an asset but fails to meet the recognition criteria shall not be included in the balance sheet.

Chapter 4 Liabilities

Article 23

A liability is a present obligation arising from past transactions or events which are expected to give rise to an outflow of economic benefits from the enterprise.

A present obligation is duty committed by the enterprise under current circumstance. Obligations that will result from the occurrence of future transactions or events are not present obligations and shall not be recognized as liabilities.

Article 24

An obligation that satisfies the definition of a liability set out in Article 23 in the standard shall be recognized as a liability when both of the following conditions are met:

(a) it is probable there will be an outflow of economic benefits associated with that obligation from the enterprise;

(b) and the amount of the outflow of economic benefit in the future can be measured reliably.

Article 25

An item that satisfies the definition and recognition criteria of a liability shall be included in the balance sheet. An item that satisfies the definition of a liability but fails to meet the recognition criteria shall not be included in the balance sheet.

Chapter 5 Owner's Equity

Article 26

Owner's equity is the residual interest in the assets of an enterprise after deducting all its liabilities.

Owner's equity of a company is also known as shareholders's equity.

Article 27

Owner's equity comprises capital contributed by owners, gains and losses directly recognized in owner's equity, retains earning etc.

Gains and losses directly recognized in owner's equity are those gains and losses that shall not be recognized in profit or loss of the current period but will result in changes (increases or decreases) in owner's equity, other than those relating to contributions from, or appropriations of profit to equity participants.

Gains are inflows of economic benefits that do not arise in the course of ordinary activities resulting in increases in owner's equity, other than those relating to contributions from owners.

Losses are outflows of economic benefits that do not arise in the course of ordinary activities resulting in decreases.

Article 28

The amount of owner's equity is determined by the measurement of assets and liabilities.

Article 29

An item of owner's equity shall be included in the balance sheet.

Chapter 6 Revenue

Article 30

Revenue is the gross inflow of economic benefits derived from the course of ordinary activities that result in increases in equity, other than those relating to contributions from owners.

Article 31

Revenue is recognized only when it is probable that economic benefit will flow to the enterprise, which will result in an increase in assets or decrease in liabilities and the amount of inflow of economic benefits can be measured reliably.

Article 32

An item that satisfied the definition and recognition criteria of revenue shall be included in the income statement.

Chapter 7 Expense

Article 33

Expenses are the gross outflow of economic benefits resulted from the course of ordinary activities that result in decrease in owner's equity, other than those relating to appropriations of profits to owners.

Article 34

Expenses are recognized only when it is probable there will be outflow of economic benefit from the enterprise which result in a reduction of its assets or an increase in liabilities and the amount of the outflow of economic benefits can be measured reliably.

Article 35

Directly attributable costs, such as product costs, labour costs, etc. incurred by an enterprise in the process of production of goods or rendering of services shall be recognized as cost of goods sold or services provided and are charged to profit or loss in the period in which the revenue generated from the related products or services are recognized.

Where an expenditure incurred does not generate economic benefits, or where the economic benefits derived from an expenditure do not satisfy, or cease to satisfy the recognition criteria of an asset, the expenditure shall be expensed when incurred and included in profit or loss of the current period.

Transactions or events occurred which to the assumption of a liability without recognition of an asset shall be expensed when incurred and included in profit or loss of the current period.

Article 36

An item that satisfies the definition and recognition criteria of expense shall be included in the income statement.

Chapter 8 Profit

Article 37

Profit is the operating result of an enterprise over a specific accounting period. Profit includes the net amount of revenue after deducting expenses, gains and losses directly recognized in profit of the current period, etc.

Article 38

Gains and losses directly recognized in profit of the current period are those gains and losses that shall be recognized in profit and losses directly which result in change (increases or decreases) to owner's equity, other than those relating to contributions from, or appropriations of profit to, owners.

Article 39

The amount of profit is determined by the measurement of the amount of revenue and expenses, gains and losses directly recognized in profit or loss in the current period.

Article 40

An item of profit shall be included in the income statement.

Chapter 9 Accounting Measurement

Article 41

In recording accounting elements that meet the recognition criteria in the accounting books and records and presenting them in the accounting statements and the notes (hereinafter together as "financial statements"), an enterprise shall measure the accounting elements in accordance with the prescribed accounting measurement bases.

Article 42

Accounting measurement bases mainly comprise:

a) Historical cost: Assets are recorded at the amount of cash or cash equivalents paid or the fair value of the consideration given to acquire them at the time of their acquisition. Liabilities are recorded at the amount of proceeds or assets received in exchange for the present obligation, the amount payable under contract for assuming the present obligation, or at the amount of cash or cash equivalents expected to be paid to satisfy the liability in the normal course of business.

b) Replacement cost: Assets are carried at the amount of cash or cash equivalents that have to be paid if a same or similar asset was acquired currently. Liabilities are carried at the amount of cash or cash equivalents would be currently required to settle the obligation.

c) Net realizable value: Assets are carried at the amount of cash or cash equivalents that could be obtained by selling the asset in the ordinary course of business, less the estimated costs of completion, the estimated selling cost and related tax payments.

d) Present value: Assets are carried at the present discounted value of the future net cash inflows that the item is expected to generate from its continuing use and ultimate disposal. Liabilities are carried at present discount value of the future net cash outflows that are expected to be required to settle the liabilities within the expected settlement period.

e) Fair value: Assets and liabilities are carried at the amount of which an asset could be exchanged, or a liability settled, between knowledgeable, willing parties in an arm's length transaction.

Article 43

An enterprise shall generally adopt historical cost as the measurement basis for accounting elements. If the accounting elements are measured at replacement cost, net realizable value, present value or fair value, the enterprise shall ensure such amount can be obtained and reliably measured.

Chapter 10 Financial Report

Article 44

A financial report is a document published by an enterprise to provide accounting information to reflect its financial position on a specific date and its operating result and cash flows for a particular accounting period, etc.

A financial report includes accounting statement and notes and other information or data that shall be disclosed in financial reports. Accounting statements shall at least comprise a balance sheet, an income statement and a cash flow statement.

A small enterprise need not include a cash flow statement when it prepares financial statement.

Article 45

A balance sheet is an accounting statement that reflects the financial position of an enterprise at a specific date.

Article 46

An income statement is an accounting statement that reflects the operating result of an enterprise for a certain accounting period.

Article 47

A cash flow statement is an accounting statement that reflects the inflows and outflows of cash and cash equivalents of an enterprise for a certain accounting period.

Article 48

Notes to the accounting statement are further explanations of items presented in the accounting statement, and explanations of items not presented in the accounting statements, etc.

Chapter 11 Supplementary Provisions

Article 49

The Ministry of Finance is responsible for the interpretation of this Standard.

Article 50

This standard becomes effective as from 1 January 2007.

常用的会计专业术语

1. account 账户
2. accounting system 会计系统
3. american accounting association 美国会计协会
4. american institute of certified public accountants 美国注册会计师协会
5. accounting element 会计要素
6. asset 资产
7. liability 负债
8. owners' equity 所有者权益
9. revenue 收入
10. expense 费用
11. profit 利润
12. accounting equation 会计等式
13. financial statement 财务报表
14. balance sheet 资产负债表
15. income statement 利润表
16. cash flow statement 现金流量表
17. statement of changes in owners' equity 所有者权益变动表
18. accounting entity 会计主体
19. going concern 持续经营
20. accounting period 会计分期
21. unit of currency 货币计量
22. accrual basis 权责发生制
23. cash basis 收付实现制
24. double entry method 复式记账
25. debit and credit double entry method 借贷记账
26. entry 分录
27. accounting voucher 会计凭证
28. original voucher 原始凭证
29. bookkeeping voucher 记账凭证
30. general account (general ledger) 总账
31. subsidiary ledger 明细账
32. financial accounting 财务会计
33. cost accounting 成本会计
34. management accounting 管理会计

35. certificate public accountant 注册会计师
36. financial accounting standards board 财务会计准则委员会
37. financial forecast 财务预测
38. external users 外部使用者
39. internal users 内部使用者
40. current assets 流动资产
41. non-current assets 非流动资产
42. current liabilities 流动负债
43. non-current liabilities 非流动负债
44. currency funds 货币资金
45. accounts receivable and prepayments 应收及预付款项
46. inventories 存货
47. accounts payable and receipts in advance 应付及预收款项
48. unappropriated profit 未分配利润

企业会计准则会计科目中英文对照简表

序号	编号	会计科目	英文表达法
一、资产类			
1	1001	库存现金	cash on hand
2	1002	银行存款	bank deposit
3	1012	其他货币资金	other monetary capital
4	1101	交易性金融资产	transactional monetary capital
5	1121	应收票据	notes receivable
6	1122	应收账款	accounts receivable
7	1123	预付账款	accounts prepayment
8	1131	应收股利	dividend receivable
9	1132	应收利息	accrued interest receivable
10	1221	其他应收款	other accounts receivable
11	1231	坏账准备	bad debit reserve
12	1321	代理业务资产	capital in vicarious business
13	1401	材料采购	procurement of materials
14	1402	在途物资	materials in transit
15	1403	原材料	raw materials
16	1404	材料成本差异	balance of materials
17	1405	库存商品	commodity stocks
18	1406	发出商品	goods in transit
19	1408	委托加工物资	materials for consigned processing
20	1411	周转材料	revolving materials
21	1471	存货跌价准备	reserve for stock depreciation
22	1501	持有至到期投资	held－to－maturity investment
23	1502	持有至到期投资减值准备	reserve for held－to－maturity investment impairment
24	1503	可供出售金融资产	financial assets available for sale
25	1511	长期股权投资	long－term equity investment
26	1512	长期股权投资减值准备	reserve for long－term equity investment impairment
27	1521	投资性房地产	investment real estate
28	1531	长期应收款	long－term accounts receivable
29	1532	未实现融资收益	unrealized financing profits

续表

序号	编号	会计科目	英文表达法
30	1601	固定资产	fixed assets
31	1602	累计折旧	accumulative depreciation
32	1603	固定资产减值准备	reserve for fixed assets impairment
33	1604	在建工程	construction in process
34	1605	工程物资	engineer material
35	1606	固定资产清理	disposal of fixed assets
36	1701	无形资产	intangible assets
37	1702	累计摊销	accumulated amortization
38	1703	无形资产减值准备	reserve for intangible assets impairment
39	1711	商誉	business reputation
40	1801	长期待摊费用	long – term deferred expenses
41	1811	递延所得税资产	deferred income tax assets
42	1901	待处理财产损溢	unsettled assets profit and loss
二、负债类			
43	2001	短期借款	short – term borrowings
44	2101	交易性金融负债	transactional monetary liabilities
45	2201	应付票据	notes payable
46	2202	应付账款	accounts payable
47	2203	预收账款	accounts received in advance
48	2211	应付职工薪酬	payroll payable
49	2221	应交税费	tax payable
50	2231	应付利息	accrued interest payable
51	2231	应付股利	dividend payable
52	2241	其他应付款	other accounts payable
53	2401	递延收益	deferred profits
54	2501	长期借款	long – term borrowings
55	2502	应付债券	bonds payable
56	2701	长期应付款	long – term accounts payable
57	2702	未确认融资费用	unsettled financing expenses
58	2711	专项应付款	special accounts payable
59	2901	递延所得税负债	deferred income tax liabilities
三、共同类			
60	3101	衍生工具	derivative tools

续表

序号	编号	会计科目	英文表达法
61	3201	套期工具	arbitrage tools
62	3202	被套期项目	arbitrated items
四、所有者权益类			
63	4001	实收资本	paid – in capital
64	4002	资本公积	capital surplus
65	4101	盈余公积	earned surplus
66	4103	本年利润	full – year profit
67	4104	利润分配	allocation of profits
68	4201	库存股	treasury share
五、成本类			
69	5001	生产成本	production costs
70	5101	制造费用	manufacturing expenditures
71	5201	劳务成本	service costs
72	5301	研发支出	research and development expenditures
六、损益类			
73	6001	主营业务收入	prime operating revenue
74	6051	其他业务收入	other business income
75	6101	公允价值变动损益	profit and loss from fair value changes
76	6111	投资收益	income on investment
77	6301	营业外收入	nonrevenue receipt
78	6401	主营业务成本	prime operating cost
79	6402	其他业务成本	other operating cost
80	6403	营业税金及附加	business tax and surcharges
81	6601	销售费用	marketing costs
82	6602	管理费用	managing costs
83	6603	财务费用	financing costs
84	6701	资产减值损失	assets devaluation
85	6711	营业外支出	nonoperating expenses
86	6801	所得税费用	income tax
87	6901	以前年度损益调整	profit and loss adjustment of former years

参考文献

[1] 法律出版社法规中心. 中华人民共和国会计法. 北京：法律出版社，1999.
[2] 中华人民共和国财政部. 企业会计准则. 北京：中国财政经济出版社，2006.
[3] 财政部. 企业会计准则应用指南. 北京：中国财政经济出版社，2006.
[4] 陈国辉. 基础会计. 大连：东北财经大学出版社，2003.
[5] 李相志. 基础会计学. 北京：中国财政经济出版社，2009.
[6] 孙国亮. 基础会计. 成都：西南交通大学出版社，2010.
[7] 王俊生. 基础会计学. 北京：中国财政经济出版社，2007.
[8] 于玉林. 基础会计. 上海：格致出版社，2008.